中华当代学术著作辑要

语言规划研究

陈章太 著

商务印书馆
The Commercial Press

图书在版编目(CIP)数据

语言规划研究/陈章太著.—北京:商务印书馆,2022
(中华当代学术著作辑要)
ISBN 978-7-100-20064-6

Ⅰ.①语… Ⅱ.①陈… Ⅲ.①语言规划—研究
Ⅳ.①H002

中国版本图书馆 CIP 数据核字(2021)第 119493 号

中华当代学术著作辑要

语言规划研究

陈章太　著

商 务 印 书 馆 出 版
(北京王府井大街36号　邮政编码100710)
商 务 印 书 馆 发 行
北 京 通 州 皇 家 印 刷 厂 印 刷
ISBN 978-7-100-20064-6

2022 年 2 月第 1 版　　　　开本 710×1000　1/16
2022 年 2 月北京第 1 次印刷　　印张 21¾
定价:98.00 元

中华当代学术著作辑要

出 版 说 明

学术升降，代有沉浮。中华学术，继近现代大量吸纳西学、涤荡本土体系以来，至上世纪八十年代，因重开国门，迎来了学术发展的又一个高峰期。在中西文化的相互激荡之下，中华大地集中迸发出学术创新、思想创新、文化创新的强大力量，产生了一大批卓有影响的学术成果。这些出自新一代学人的著作，充分体现了当代学术精神，不仅与中国近现代学术成就先后辉映，也成为激荡未来社会发展的文化力量。

为展现改革开放以来中国学术所取得的标志性成就，我馆组织出版"中华当代学术著作辑要"，旨在系统整理当代学人的学术成果，展现当代中国学术的演进与突破，更立足于向世界展示中华学人立足本土、独立思考的思想结晶与学术智慧，使其不仅并立于世界学术之林，更成为滋养中国乃至人类文明的宝贵资源。

"中华当代学术著作辑要"主要收录改革开放以来中国大陆学者、兼及港澳台地区和海外华人学者的原创名著，涵盖文学、历史、哲学、政治、经济、法律、社会学和文艺理论等众多学科。丛书选目遵循优中选精的原则，所收须为立意高远、见解独到，在相关学科领域具有重要影响的专著或论文集；须经历时间的积淀，具有定评，且侧重于首次出版十年以上的著作；须在当时具有广泛的学术影响，并至今仍富于生命力。

自 1897 年始创起，本馆以"昌明教育、开启民智"为己任，近年又确立了"服务教育，引领学术，担当文化，激动潮流"的出版宗旨，继上

世纪八十年代以来系统出版"汉译世界学术名著丛书"后,近期又有
"中华现代学术名著丛书"等大型学术经典丛书陆续推出,"中华当代
学术著作辑要"为又一重要接续,冀彼此间相互辉映,促成域外经典、
中华现代与当代经典的聚首,全景式展示世界学术发展的整体脉络。
尤其寄望于这套丛书的出版,不仅仅服务于当下学术,更成为引领未来
学术的基础,并让经典激发思想,激荡社会,推动文明滚滚向前。

商务印书馆编辑部

2016 年 1 月

目　　录

语言规划理论与实践研究

语言政策研究

语言文字规范化标准化研究

附　论

说语言规划

一 语言规划的性质、意义

（一）语言规划的产生

"语言规划"（language planning）是应用语言学的术语，也是社会语言学的术语，又称"语文规划""语言工程""语言标准化"等。我国过去通常称为"语文运动""文字改革"，近期常称为"语言文字工作"，有的称为"语言规范化""语文现代化"等。

语言规划的实际存在已有很长的历史，但作为社会语言学和应用语言学的分支学科，还是第二次世界大战以后的事。它产生的背景是：(1)二战结束以后，殖民地国家纷纷独立，有些国家在建国时，有一项重要工作非进行不可，这就是选择、确定、推广标准语、共同语或官方语言，并制定其规范标准。(2)随着战后政治经济、文化教育和科学技术的迅速发展，需要对语言及其应用进行规范与管理。(3)二战后，大量移民涌入西方发达国家，造成多元文化、多种语言的极其复杂的社会问题，如在行政、教育、宗教、就业等方面存在的语言问题，需要妥善解决。解决这些重要而迫切的社会语言问题，需要对国家、民族的语言进行全面、有效的规划，这就促使了语言规划的产生。

（二）语言规划的含义

什么是语言规划,有各种说法。最早在文献中使用这一术语的豪根(E. Haugen)认为:语言规划是对语言的鉴别。这固然简洁,但不太明确。语言规划的开拓者和奠基人费希曼(S. Fishman)认为:语言规划是确定、描写对语言的决策过程,及其严重性和迫切性,需要明确的解决办法,要求一种对已有问题能提供并鉴别可替换解决方案的行动理论。《中国大百科全书·语言文字卷》说明:语言规划是"国家或社会团体为了对语言进行管理而进行的各种工作的统称"。因为语言规划涉及诸多非语言因素,所以有的学者干脆把语言规划称为"关于语言的官方政策"。纵观各种说法并结合语言规划实际内容来考虑,我们认为,语言规划的基本含义是:政府或社会团体为了解决语言在社会交际中出现的问题,有目的、有计划、有组织地对语言文字及其使用进行干预与管理,使语言文字更好地为社会服务。

语言规划与语言政策、语言立法有着极为密切的关系,因此往往有人视三者为一体。三者的内容有其共同之处,它们是互有联系又有区别的关系,其中语言政策是基础、核心,是行政行为;语言立法是语言政策和语言规划的升华与保障,是法律行为;语言规划是语言政策的延伸与体现,又是语言法规的具体执行,语言规划的理论又可以为语言政策、语言法规的制定提供理论依据,语言规划既是政府行为,又是社会行为。各个国家从本国的利益和实际出发,依据国家、政府对语言的根本态度,制定并推行范围广泛的语言政策,有的国家在此基础上再制定详细、具体的语言规划,体现其语言政策;有的国家还进行语言立法,将语言政策的重要内容用法律的形式加以总结与肯定;语言规划的重要内容也被语言立法所吸收,而语言规划又要依据并执行语言法规的重要规定。例如,当代中国,保障各民族语言平等和推广普通话是政府早已确定并一贯认真执行的政策,又是 50 年来语言规划的重要内容,国家制定《宪法》及《国家通用语言文字法》时,就将这些政策加以肯定与升华,并用法律的形式给以肯定与保障,明确规定:"各民族都有使用和发展自己的语言文字的自由。""国家推广全国通用的普通话。"《民族区域自治法》《义务教育法》等法律也有相关的规定。政府的语言政策和语言规划又认真贯彻、执行国家法律在这方面的规定,更加详细、具体地规定了各民族语言和普通话的地位、关系、作用及使用范围等。又如政府的语言政策说明,推广普通话是为了克服语言障碍,有利于社会语言交际,而不是为了消灭方言,方言是不可能人为消灭的,在相当长时间内还要为各方言区的居民服务。《国家通用语言文字法》肯定这一政策,并具体规定方言可以使用的范围。政府的语言政策还申明,推行规范汉字不是为了废止繁体汉字,《国家通用语言文字法》也肯定这一政策,并明确规定繁体汉字可以使用的范围。语言政策反过来必须贯彻、执行《国家通用语言文字法》的这些规定。语言规划则必须遵照、体现国家有关法律、政策的这些规定。

（三）语言规划的性质

从语言规划的基本含义中,可以归纳出语言规划的性质特点。这就是:

1. 语言规划主要是政府行为,兼有社会行为。规划的制定与实施由政府主持、领导,或是政府授权社会团体、学术机构具体负责,政府运用其行政权力加以推动。语言规划又需要社会各界支持和人民大众参与,才能获得成功。因为由政府主持和社会大众参与,所以语言规划具有相当的权威性和社会性。世界上多数国家的语言规划都具有这种性质。语言规划也有一定的个人行为,主要是有影响的社会名人,如著名语言学家、作家、教育家、社会学家和著名政治家、社会活动家等,他们或直接参与、指导制定语言规划,或利用他们的社会影响,参与语言规划活动。前者如 19 世纪初叶,经过挪威的语言学家克努森(Knua Knudsen)和奥森(Ivar Aasen)的努力,国语和新挪威语被该国政府确定为官方语言。后者如一些国家有影响的政治家和社会活动家,他们的有关言论及言语活动对语言规划的影响。

2.语言规划是一项有目的、有计划的系统工程。它的目的是为了解决社会语言交际中的问题,改进并完善语言文字规范,更好地发挥语言的社会功能。语言规划不仅是语言自身的问题,也不是单纯的学术工作,它与社会民族、政治经济、文化教育和科学技术等有密切关系,需要综合考虑各种因素和条件,周密计划、细致安排,组织协调各有关方面共同工作,才能有效实施。

3.语言规划又是长期的社会实践活动,一般不可能一蹴而就,需要旷日持久地坚持工作,积极、稳妥地进行社会实践,才能取得实际效果。从标准语、共同语和官方语言的选择、确定、推广,到语言的规范化,术语的标准化,文字的创制、改革与完善等,无不是长期的过程、庞大的规模和复杂的实践。语言规范既是长期的工作,它必须随着社会的发展变化和语言自身的演变而适时加以调整与完善;语言规划也要与时俱进,不能千秋定格、一成不变。

(四) 语言规划的任务

语言规划的主要任务是:确定语言在国家、社会中的地位,协调语言关系,保障人民群众的语言权利,强化人们的语言规范意识,加强语言文字的规范化、标准化,提高语言声望,增强语言活力,充分发挥语言的社会交际功能,促使语言及语言生活持续、健康地发展,更好地为社会服务。语言规划的具体任务是变化的,它随着社会的不断发展和语言及语言生活的演变以及语言规划的进展而有所变化。例如我国,20世纪50~60年代,语言规划的具体任务是,执行各民族语言平等政策,保障人民群众语言权利,同时确定普通话在全国通用的地位,大力推广普通话,实行文字改革,加强现代汉语规范化。到了80~90年代,为适应国家改革开放和现代化建设的需要,语言规划的具体任务适时加以调整,除继续执行前一阶段的具体任务,又增加了语言文字信息处理管理的任务,并加速推广、普及普通话,加强语言文字规范化、标准化。

(五)语言规划的意义

语言规划是社会生活和语言生活中的大事,它对社会生活和语言生活都有重要影响和积极意义。

1.语言规划的政治意义是显著的,主要表现在确定语言地位,协调语言关系,保障人民语言权利,强化国家统一意识,从而在维护国家统一、民族团结和社会稳定等方面发挥重要作用。一个国家、一个民族,没有统一的语言,国家统一、民族团结和社会稳定必定受到损害。例如,我国是一个地域广阔、人口众多的多民族、多语言的国家,如果没有统一的语言文字,很难想象在3000多年的历史长河中,国家、民族、社会从总体说能够如此团结、统一与稳定,在这方面,历史上实行的语言平等,统一文字和推行雅言、通语、官话、国语、普通话等发挥了重大作用。欧洲文艺复兴以后,意大利、法国、西班牙等国都相继成立语言机构,制定、实施语言规划,维护本国家、本民族语言的纯洁与健康,这对欧洲国家的统一与社会稳定,及此后的工业革命有极重要的意义。阿拉伯世界推广阿拉伯语,对促进阿拉伯国家、民族的统一与团结起到了至关重要的作用。负面的例子如印度、菲律宾和非洲的有些国家,因为有些社会语言问题没能妥善解决,严重影响了这些国家的团结、稳定与发展。

2.语言规划对促进经济、文化、教育、科技等发展有重要作用。这主要体现在进行语言本体规划,加强语言文字的规范化、标准化方面,如制定标准语的语音、词汇、语法、文字的规范标准,进行文体、文字改革,术语的规范化、标准化,加强语文现代化建设等,从而促进了经济、文化、教育、科技等的进步和发展。例如,在我国,确定普通话和规范汉字为国家通用语言文字,在全国范围大力推行,并且加强普通话和汉字的规范化、标准化,便利社会交际,有助于统一市场形成,促进经济、文教事业的发展,有利于语言信息处理、自然语言理解和人工智能等的发展,其社会效益和经济效益是巨大的。

3.语言的规范化、标准化,使语言文字更加规范、好用,从而增强语言的社会功能,提高交际效率和工作效率,适应社会生活不断发展变化的需要。如,现代汉语言文字和少数民族语言文字的规范化、标准化,增强了这些语言文字的社会功能,便利工作与交际,这是明显的事实。又如,英语、法语、西班牙语的规范化程度比较高,它们的社会功能也就较强,交际效率和工作效率也较高,对社会交际和国际交流发挥了重要的作用。

4.语言规划可以对语言的历史变化产生积极影响,使语言结构本身更加规范、精密,更适合现代社会的需要,并向符合语言使用者利益的方向发展。如书面语与口语的接近或基本一致是语言发展的一种趋势,对语言的人为干预可以加速这种趋势的发展。以色列使脱离社会生活2000多年的希伯来语复活,成为现代社会交际用语,大大加速了书面语口语化的进程。汉语从清末以来进行文体改革,从文言文改为白话文,使书面语接近口语,又使口语更加规范、简洁、精确,这对语言本身的发展都有重要作用。

二　语言规划的对象、内容

（一）语言规划的对象

总体来说,语言规划的对象是语言本体及语言使用。语言本体包括口语和书面语,语言和文字,辅助语言和辅助文字;语言使用是指这些语言文字在社会及各个领域的使用。具体说,语言规划的对象是社会语言问题,具体包括语言地位、语言关系、语言规范等问题,主要是克服社会交际的语言障碍,创造或改善语言使用的条件与环境。正如豪根所说:"哪里有语言问题,哪里就要求对语言进行规划。不管是出于什么原因,如果人们对某种语言感到不满,那么就有制定规划纲领的场合。"[①]语言规划的具体对象,还包括语言使用中的政府语言行为和社会公共语言行为;个人的语言行为则不属于语言规划的对象。

语言规划还应当考虑与之关系密切的社会民族、政治经济、文化教育、科学技术等因素,并与相关计划相配合,如语言立法、社会改革、发展经济、普及教育、更新观念等,这都是与语言规划关系密切的重要因素,进行语言规划要充分考虑这些因素。

（二）语言规划的内容

语言规划的内容十分广泛和庞杂,它既包括语言及其使用的计划与管理,也包括语言规范及实施等语言工程,还有与管理、实施有关的多方面工作。学术界通常认为,语言规划的内容包括语言地位规划和语言本体规划两大部分,也有人认为还应包括语言功能规划,以及与社会因素关系密切的语言声望规划。我们取学术界的通常说法,认为语言规划的内容包括语言地位规划和语言本体规划两大部分,语言功能规划和语言声望规划属于语言规划的范畴,但不必单独作为语言规划内容的独立部分,可以包含在语言地位规划和语言本体规划两部分之中。语言规划的具体内容有:(1)贯彻、体现国家在语言文字方面的政策;(2)确定语言地位,协调语言关系;(3)制定语言文字及其应用的规范标准和法规规章;(4)加强语言文字的规范化、标准化;(5)确定语言规划实施办法。此外,语言规划还要考虑如何协调、发挥相关机构、部门的作用,如社会团体、学术机构,以及教育、传媒、商贸、文艺、信息、宗教等部门。

(三) 语言地位规划

语言地位规划,是指语言规划时为语言文字确定应有的、合适的地位,即它们在社会中的地位,并协调各种语言关系。这种规划通常要借助于政治、立法、行政力量来进行,否则是难以完成的。

语言地位规划的主要内容有:

1.配合政府制定语言政策。语言规划一般是语言政策的体现。制定语言政策时,对待社会各种语言、方言的态度,可以是同化,促使社会成员学习、使用该社会中占主导地位的语言,例如法国有 10 多种语言,其语言政策强调法语的大一统地位,大力推行法语,同化其他语言。也可以是多样化,在一国或一个语言社区中,确定并使用多种官方语言,如比利时有 6~7 种语言,该国语言政策规定荷兰语、法语、德语同为官方语言;瑞士有 4 种语言,该国语言政策规定德语、法语和意大利语为官方语言;南非有 20 多种语言,该国语言政策规定阿非利堪语(南非荷兰语)和英语为官方语言,英语多用于城市,阿非利堪语多用于农村地区。还可以是本族语化,即恢复或改造某种本民族语,并确定它为官方语言,如印度尼西亚有 200 多种语言,政府及语言规划者将原来广泛用作商贸语言的马来语改造成印尼语,并规定它为官方语言;以色列则复兴早已衰亡的希伯来语,使它与口语相结合,并规定它为该国的官方语言,还作为犹太民族的象征。还可以是国际化,以国际上广泛使用的某种语言作为官方语言或区域共同语,如澳大利亚、新西兰、印度、新加坡、巴布亚新几内亚等国,语言政策规定英语作为官方语言;塞内加尔、马里、几内亚、尼日尔、布隆迪、刚果民主共和国等国,语言政策规定法语作为这些国家的官方语言;许多阿拉伯国家,其语言政策规定阿拉伯语为他们的官方语言;马来西亚、印度尼西亚、新加坡和文莱4国,共同采用以廖内——桑佛方言为基础的标准马来语为区域性国际共同语,这是语言地位规划的重大成果。

2. 选择、确定标准语、共同语或官方语言。在多种语言或方言并存的国家或语言社区,一般只能选择一种或数种语言(方言)作为标准语、共同语或官方语言。对标准语、共同语和官方语言的选择、确定,成为第二次世界大战后一些新独立国家的重大问题,亚洲、非洲、南美洲一些新独立的国家,有些选择原宗主国的语言作为他们的官方语言,大多数国家则选择、确定本国的民族语言为标准语或官方语言;二战后成立的联合国,选择英语、法语、俄语、西班牙语、汉语、阿拉伯语6大语言为工作语言。

3. 创造、改革文字。在选择、确定标准语、共同语之后,创制、改革文字系统便成为语言地位规划的一项重要内容。创制文字是指为无文字的民族、社会创制适合该民族、社会语言、文化、心理等特点的文字系统。一般说,新创制的文字要体现如下具体特点:美观、易学、便用、容易转换、容易再造词语等。创制文字方面如我国在20世纪50年代以后先后为一些无文字的少数民族所创制的文字,如壮文、布依文、侗文、黎文、佤文、载佤文、傈僳文、纳西文、哈尼文(2种)、黔东苗文、湘西苗文、滇东北苗文和川黔滇苗文、景颇文等。改革文字是指对不能很好发挥文字功能的文字进行改革与改进,包括对已有文字形体、体制的改革,制定拼音、注音方案等。改革文字方面,如土耳其在 20 世纪 20 年代用拉丁化新文字替代使用了 1000 多年的阿拉伯字母文字;日本在明治维新后采用假名加汉字的新文字体系;我国在 20 世纪 50~60 年代进行的汉字简化和汉语拼音方案的制定,以及对一些少数民族老文字如柯尔克孜文、西双版纳傣文、德宏傣文的改革、改进。

4. 协调语言关系。地球上有 5000~6000 种语言,而在一个国家或一个语言社区中,往往也有多种或众多的语言,有些语言之间,常会受政治、经济、文化以及民族、宗教、心理等因素的影响而引发矛盾、冲突,语言地位规划可以在这方面发挥作用,采取适当措施协调语言关系。例如法国和意大利为了抵制英语的巨大影响,曾共同采取保卫本国语言的协调行动。马来西亚和印度尼西亚使用的马来语和印尼语,是马来西亚语的两种方言。1972 年印尼采用了和马来西亚语一致的正词法,从而促进了两国的语言合作与交流。近几年,中国、日本、韩国、越南、新加坡及中国的香港、澳门、台湾地区在汉字信息处理方面加强协调,共同研究、制定通用的标准,共 20902 字。在我国一些民族自治区域,各民族除使用自己的语言,国家规定国家通用语言普通话和区域中主体民族的语言同为区域通用语言,成功协调民族语言关系,这也是语言地位规划的重大成就。

5. 保障公民的语言权利。这也是语言地位规划的内容,主要是采取措施保障公民使用本民族语言,接受用本民族语言进行教育,使用本民族语言进行诉讼等权利。例如我国《宪法》规定:"各民族都有使用和发展自己的语言文字的自由。"《宪法》还规定:"国家推广全国通用的普通话。""民族自治地方的自治机关在执行职务的时候,依照本民族自治地方自治条例的规定,使用当地通用的一种或者几种语言文字。""各民族公民都有用本民族语言文字进行诉讼的权利。人民法院和人民检察院对于不通晓当地通用的语言文字的诉讼参与人,应当为他们翻译。""在少数民族聚居或者多民族共同居住的地区,应当用当地通用的语言进行审理;起诉书、判决书、布告和其他文书应当根据实际需要使用当地通用的一种或者几种文字。"《国家通用语言文字法》《民族区域自治法》《教育法》《义务教育法》《民事诉讼法》《刑事诉讼法》《行政诉讼法》《人民法院组织法》等,也有相关内容的规定,而且更详细、更具体。我国的语言规划认真执行和充分体现法律在这方面的一些规定,切实保障各民族公民的语言权利,收到了很好的效果。

(四)语言本体规划

语言本体规划,是指语言规划时对语言文字本身所进行的规范化、标准化工作,目的在于改善和增强语言文字的社会功能,便利人们使用。

语言本体规划的主要内容有:

1. 全民共同语与民族标准语的推广和规范。推广全民共同语和民族标准语是语言本体规划最重要的工作,在语言、方言复杂的国家里,这一工作尤为重要。例如西欧、北美的一些国家,在工业革命后,大力推广全民共同语和标准语,普及教育,加速了工业化进程。日本明治维新以后,借助普及教育和推行汉字加假名,强制推行国语,在短短的 20 年里就在全国范围内普及以东京音为标准音的国语,大大促进了日本的工业化发展,这是日本语言规划的重大成就。非洲的肯尼亚、乌干达、坦桑尼亚等国,采取许多措施推广斯瓦希里语,也取得很大成绩。我国从 20 世纪初开始就开展国语运动,五四运动后推行国语取得较大进展。1949 年中华人民共和国成立后,将国语改称普通话,并在全国大力推广,推广普通话由政府主导,社会参与,获得很大成功。经过半个世纪的努力,普通话已在全国大中城市普及,小城镇和广大乡村会说普通话的人也越来越多,普及率达 40% 以上。青少年多数会说普通话,民族地区也有许多人会说普通话。随着国家、社会的飞速发展和人们语言观念、语言感情的深刻变化,加上加大推普力度,在 21 世纪上半叶在全国普及普通话的目标完全可以实现。

制定并推行共同语、标准语的各项规范标准,并加强其规范化,这也是语言本体规划的重要内容。这方面包括文体改革,书面语的口语化,制定并推行语音、词汇、语法的规范标准,编纂规范性词典和标准语法书,对方言词语、外来词语、新词语进行规范。例如我国的白话文运动,以白话文取代文言文;加强现代汉语规范化,确定普通话规范标准,编写《现代汉语词典》等规范性词典,对普通话异读词及地名的读音进行审定,制定普通话水平等级标准和汉语水平等级标准,加强现代汉语教学,等等。对共同语、标准语进行规范,制定并实施其规范标准,这在各个国家几乎都是这么做的,只是有的国家做得好一些,如法国、德国、俄罗斯、日本等;有些国家做得差一些,如亚洲、非洲、南美洲的有些国家。我国的共同语、标准语规范工作也是做得好的,受到国际社会的普遍称赞,但这方面还有许多工作要做,有些规范标准还没有很好地制定。

2. 文字规范标准的制定与推行。这方面包括文字形体的选择与确定,字量、字形、字音、字序的规范,正字法正词法的制定,等等。例如我国的汉字整理、简化与规范,简化字总表的制定,现代汉语常用字表、通用字表的制定,注音字母的创制,汉语拼音方案的制定与推行,汉语拼音正词法基本规则的制定,标点符号用法的公布等。在少数民族文字方面,为一些民族文字制定各种规范标准,加强民族文字标准化。在日本,较早使用汉字,并较早注意汉字的规范化、标准化,如创制假名与汉字夹用并为汉字注音,还对汉字读音进行规范,限制汉字数量,公布当用汉字表、常用汉字表,简化一部分汉字,制定人名用字标准,确定平假名通用化,片假名主要用于科学技术术语和外国人名地名的书写及外来词语的翻译,等等。

3. 科学技术术语的标准化。科技术语是人类科技活动与研究在语言词汇系统中的结晶,加强科技术语的规范化、标准化,是语言本体规划的重要内容,对科技发展、文化交流、经济建设和语言交际有重要意义,所以国际标准化组织(ISO)和各个国家都十分重视科技术语标准化工作。国际标准化组织专门成立术语标准化技术委员会,负责协调术语标准化工作,1971 年还成立国际术语情报中心。我国也有专门机构负责这一工作,中国科学院设立"全国自然科学名词审定委员会",国家质量监督检验检疫总局设立"全国术语标准化技术委员会",共同管理这方面的工作,经常公布科技术语审定成果,对我国科技术语的标准化发挥重要的作用。为了促进科技术语及其规范的交流与合作,我国还成立中国术语工作网站。科技术语标准化是一项庞杂、长期的工作,需要政府很好地组织、协调,社会团体及权威专家积极参与,才能取得成功。

4. 新词语的整理与规范。在语言要素中,词汇是最活跃、变化最快的,这是因为词汇最直接反映社会生活和事物的变化。随着社会的不断发展和新事物的不断产生,新词语也就不断地涌现,成为词汇变化最突出的现象。在语言本体规划中,对新词语的整理与规范就是一项重要的内容。整理、规范新词语,应当采取求实、谨慎、宽容的态度,并遵循如下原则:必要原则,活力原则,品位原则,动态原则,经济明白原则。整理、规范新词语,重要而有效的办法是:权威机构在经常监测和认真研究的基础上,定期或不定期公布经过严格选定的新词语,向社会推荐使用,然后再编写、出版规范性、权威性的新词语词典,并出版修订本或增订本,供社会使用、遵循。我国自改革开放以来,对新词语的整理与规范做了大量工作,编写、出版了一批新词语编年本和新词语词典,有的水平较高、价值较大,对语言交际、语言应用、语言教学和词语规范化有积极作用。

（五）关于语言声望规划

上文说明，语言声望规划属于语言规划的范畴，它的内容可以包含在语言地位规划与语言本体规划之中。那么什么是语言声望规划呢？这里有必要作个说明。所谓语言声望规划，是指从事与声望价值有关的语言规划活动，主要包括语言规划者的声望和语言接受者的声望两部分，还包括与之相关的社会、文化、心理因素。语言规划者的声望具体包括：（1）语言规划者或语言规划机构本身具有的权威性和社会声望；（2）所进行的语言地位规划和语言本体规划的一系列主要活动所产生的声望；（3）所进行的语言地位规划和语言本体规划的辅助性活动所产生的声望。语言规划接受者的声望，指语言规划接受者心目中对语言规划者所实施的语言地位规划和语言本体规划的价值判断，具体包括：（1）语言规划者和语言规划机构在语言规划接受者心目中的声望；（2）所进行的语言地位规划和语言本体规划的一系列主要活动，在语言规划接受者心目中的声望；（3）所进行的语言地位规划和语言本体规划的辅助性活动，在语言规划接受者心目中的声望[②]。具体如我国国家语言文字工作委员会、教育部和相关机构本身的声望，和他们所进行的语言规划主要活动与辅助活动所产生的声望，以及这些机构及其活动在语言规划接受部门、社会群体及个人心目中的声望。语言声望规划贯穿语言规划的全过程，直接影响语言地位规划和语言本体规划的实施及效果，所以语言声望规划属于语言规划的范畴，应当加以重视。

三 语言规划的基本理论

（一）概说

语言规划是一项庞杂的系统工程，它在制定与实施的过程中，不仅要依据语言及语言生活的实际情况,还要考虑与其关系密切的相关因素,如社会生活的、政治经济的、文化教育的、科学技术的、民族宗教的以及观念心理的,等等。语言规划必须遵循语言及语言生活发展变化的客观规律,体现国家的意志,符合社会发展的需要,符合人民群众的意愿,符合各相关因素的实际,使语言具有完善的交际功能,能够承载所有必要的信息,充分发挥传播媒介的作用,并引导语言生活健康发展。制定和实施语言规划,应当依据一定的理论,才能取得成功。

语言规划的理论分一般理论和基本理论,这里只讨论语言规划的基本理论。语言规划基本理论,是语言规划的理论基础,指导语言规划的具体制定与实施,值得语言规划者重视。

(二)语言是人类最重要的交际工具

早在 18 世纪,学术界就提出语言是人类最重要的交际工具这一语言观,认为它是语言的基本属性。从语言规划的角度来看,这一语言观是语言规划的基本理论,是指导语言规划的最重要的理论基础。对于语言规划来说,认识语言这一基本属性,应当强调以下两点:(1)语言的交际性。这是语言基本属性最重要的特性,具体表现在语言的交际功能和交际活力,也就是语言在交际过程中所传递的信息量和传送的流畅度及语言交际效果,这是语言能否充分发挥其交际功能和表现其交际活力,顺利完成其交际任务的表现。如果语言在交际过程中传递的信息量够大,信息传送顺利、流畅,交际效果良好,说明语言的交际功能和交际活力较强,可以满足或基本满足语言使用者的交际需要,语言规划不必在大的方面,如选择和确定标准语、共同语以及对这些语言进行规范化、标准化花太大的力气,只需关注监测语言变异与语言生活的变化,适时调整、完善某些实施语言规划的具体措施。比如我国在确定普通话和规范汉字作为国家通用语言文字,并对普通话、规范汉字制定必要的规范标准以后,已经能够基本满足全国各地、各民族共同交际的需要,不必再花力气去选择其他的语言文字作为通用语言文字,并对其进行全面规范,只需在推行普通话和规范汉字过程中,视语言变异和社会变化情况对某些具体实施办法和做法作适当调整与完善,以及对普通话和规范汉字进行更细致、有效的规范,以取得语言交际的更佳效果。语言规划的成功与失败,要经过语言交际效果的检验。(2)语言的工具性。语言既是一种工具,那就有适用不适用、好用不好用之别,进行语言规划,就是要选择、确定最合适、好用的语言作为标准语、共同语或官方语言,并加强对它的规范,使其更加适用、好用。这就要充分重视语言规划的经济、适用性,并把它贯彻到全过程及每一具体措施当中,使语言应用能够取得良好效果。

(三)语言的社会性、人文性和可塑性

语言的社会性、人文性和可塑性也是语言规划的基本理论,对指导语言规划也有重要的理论意义。

1.语言是一种重要的社会现象,它存在于社会之中,并为社会交际服务,它的交际效果也要受到社会的检验,所以我们认为,语言的社会性也是语言的重要特性。社会是复杂、多变的,它使得社会生活多姿多彩,语言及语言生活复杂、丰富,因此制定语言规划要充分考虑语言的社会性。从语言社会性考虑,制定语言规划要重视以下几点:(1)要从社会生活和语言生活的实际情况和实际需要出发,不可主观臆造。(2)要充分考虑社会的变化和语言及语言生活的变化,顺乎自然,因势利导,积极稳妥地做促进工作,不可急于求成,强制推行,也不可无所作为,坐失良机。(3)语言规划要适应社会的复杂性,具有一定的宽容度,语言规范标准的制定要切实可行,有的规范标准不可一刀切,对不同社会群体可作不同要求。(4)语言文字规范化、标准化,以指导性为

主,指令性为辅。语言规划实践证明,凡是符合这些要求,其语言规划都获得较大成功,反之则遭遇较大的挫折乃至失败。

2.语言交际在社会中进行,语言一经交际、应用,必然带有一定的人文性。当然,人文性不是语言的本质属性,而是语言在交际中附着的重要特性。关于语言的人文性问题,现在学术界还在探讨,还没有形成共识。从语言规划角度看,语言的人文性主要表现在这些方面:(1)语言所反映的文化性质、文化价值和文化功能。(2)语言应用中折射出的各种文化现象,如经济形态、思想观念、道德修养、风俗习惯、宗教信仰、人际关系,等等。(3)语言交际中所反映的语言使用者的思维、情感、态度及其他文化背景等。(4)语言交际中所反映的各种社会群体的文化背景及文化特点。制定语言规划,自然要很好地考虑语言的人文性,也就是不仅要考虑语言及语言使用的状况,还要考虑与语言及语言使用有关的社会、人文因素,如民族社群情况,文化教育状况,语言使用者的文化背景、语言观念、心理状态等,把这些因素都考虑在内,才能制定出比较完善、可行、有效的语言规划。比如选择、规范、推行标准语、共同语和官方语言,进行文字的创制与改革,制定并实施双语政策,进行双语教育等,都必须考虑语言的人文性因素。

3.语言的可塑性是我们提出的概念,它指语言及语言生活形成以后,并不是不可改变的,而是可以通过语言规划使语言及语言生活朝有利于国家、民族、社会及语言使用者的方向发展。在多语国家或多语社区中,语言规划可以选择一种或几种语言、方言作为标准语、共同语或官方语言,并为所选语言制定各项规范标准,在该国或该语言社区中推行,并从立法、政策、行政、文教、科技、传媒、出版、学术、宗教等方面,采取各种有效措施,增强这些语言的活力和声望,扩大这些语言的使用范围,从而逐渐改变该国该语言社区的语言生活状况,并使语言生活朝有利于国家、民族、社会及语言使用者的方向发展。例如我国,民族语言和汉语方言分歧很大,加上地域广阔、人口众多,历史上封建割据严重,经济、文教、科技落后,在 1949 年中华人民共和国成立以前,国语一直没能占据主导地位,语言生活基本上呈单一制,即各民族基本使用自己的语言,各汉语方言区的居民基本使用自己的方言。新中国成立以后,国家确定普通话为汉民族标准语和国家官方语言,并为普通话制定规范标准和各项具体标准,从各方面采取有力措施,增强普通话的活力和声望,积极稳妥并有计划、有步骤地推广普通话,使普通话在全国范围的各个领域发挥主导作用,并成为全国通用的语言,从而逐渐改变民族地区和汉语方言区的语言生活,从基本单一语言生活到基本实现双语生活,使语言及语言生活朝有利于国家统一、民族团结、社会进步、人民生活提高及各项事业飞速发展的方向发展。又如以色列,建国后最重要的语言规划是果断复兴希伯来语,使它与口语相结合,制定各项规范标准,并大力推广、迅速普及,从而改变了以色列的语言生活,大大有利于以色列国家和犹太民族的团结、统一与发展,所以被学术界认为是国际语言规划中最杰出、最成功的创造。

四　语言规划的方法、步骤

(一) 概说

社会是千差万别的,社会语言生活是丰富多样的,它们又是不断发展变化的;各个国家有各自的国情,各个民族有各自的族情,各个语言社区也有各自的情况,因此各个国家、各个民族、各个语言社区的语言规划都有所不同。而语言规划又不单纯是语言问题,它涉及其他诸多因素,这都使得语言规划必须采用多种多样的方法,如行政的、法制的、社会的、教育的、媒体的、学术的,乃至个人的,等等,才能取得成效。从当代中国的语言规划看,同时观照国外的有些语言规划,语言规划的方法主要有5种:约定俗成与从俗从众,行政干预与语言调控,学术规范与辞书指导,宣传引导与媒体示范,个人作用与名人影响。这些方法有从上至下的,有自下而上的,也有上下结合的,各种方法常常是同时综合使用,只不过有的偏重用于语言地位规划,有的偏重用于语言本体规划。这些方法中,有的是政府行为,有的是民间行为,有的是政府行为与民间行为相结合的。

（二）约定俗成与从俗从众

约定俗成是语言在社会应用中的一种自我调节的功能,我们称它为语言的自律性,属于语言的社会行为,也是社会对语言规范的一种方法;从俗从众是行政行为,是语言规划的方法。"约定俗成"出自《荀子·正名篇》的一段名言:"名无固宜,约之以命,约定俗成谓之宜,异于约则谓之不宜。名无固实,约之以命实,约定俗成谓之实名。"大意是:名称与它所表示的事物是否合适没有必然的联系,名称是由人取的,约定俗成就是合适的,违反约定俗成就是不合适的。"约定"就是社会共同遵循的规则,即社会使用语言的通约性③;"俗成"就是社会大众形成的习惯,即大众使用语言的习惯性。这是语言规范化中的一种社会行为。语言规划应当很好地利用这种社会行为,适当采用从俗从众的方法,从社会使用语言的流行度去观察语言应用,遵循社会多数人的语言意愿与语言习惯,去确定语言地位及制定语言规范标准,引导语言及语言生活沿着有利国家、社会并规范、健康的轨道发展。如选择、确定标准语、共同语或官方语言,一般应当选择历史比较悠久,使用人口较多,基础方言稳固,方言地区政治经济文化比较发达,语言规范程度较高,语言活力最强,语言声望较高的语言作为标准语、共同语或官方语言。制定语言规范标准,要充分考虑从俗从众,将社会使用语言的普遍性和流行度作为重要依据。如汉语"荨麻疹"的"荨",过去一般读为 qián,1963 年普通话审音委员会公布的《普通话异读词三次审音总表初稿》"荨麻"注音 qiánmá,1978 年、1980 年、1983 年版《现代汉语词典》"荨麻疹"注音 qiánmázhěn,1980 年版《新华字典》"荨"注音 qián,俗读 xún。可社会上越来越多的人读 xúnmázhěn,连医护人员也大多这么读,所以 1985 年由普通话审音委员会修订,经国家语委("国家语言文字工作委员会"的简称,全书同)、国家教委、广播电视部审核的《普通话异读词审音表》"荨"注音文读 qián(～麻),白读 xún(～麻疹),1996 年和 2002 年版的《现代汉语词典》"荨麻疹"也注音为 xúnmázhěn,1990 年及以后各版的《新华字典》"荨麻疹"也都注音为 xúnmázhěn。又如广西的市名"百色",过去多读 bósè,1957 年普通话审音委员会公布的《本国地名审音初稿》"百色"注音 bósè,1978 年和 1980 年版《现代汉语词典》"百色"注音 bósè,1983 年及以后各版《现代汉语词典》未收"百色"条,1980 年版《新华字典》"百"注音(一)bǎi(二)bó(百色),社会上对"百色"一般都读 bǎisè,电台、电视台大多也这么读,所以 1963 年普通话审音委员会公布的《普通话异读词三次审音总表初稿》"百色"注音 bǎisè。"荨麻疹"读 xúnmázhěn,"百色"读 bǎisè,这是社会的约定俗成,审音时宜采用从俗从众的方法,所以后期的《审音表》及近期出版的有些词典的有关注音符合这一要求。还如普通话的轻声、儿化,近些年来明显减少,变调也逐渐简化;有些原来读轻声、儿化的词,现在社会上一般人多不读轻声、儿化了。过去"一七八不"的变调规律,现在多数人"七八"不读变调,所以普通话教学与测试中,对轻声、儿化的要求降低了,一般只要求具有区别词义、词性作用的那些词才读轻声、儿化;"一不"要求读变调,"七八"可不读变调,这也体现了俗成性。在词汇、语法规范方面,也要重视约定俗成,多采用从俗从众的方法,特别是对新词语和地名词的规范。当然,从俗从众不可绝对化,要用得适当,不可用得太滥。如有些汉字的读音,社会上读错音的人不少,如"校对"jiàoduì 错读为 xiàoduì,"涪陵"fúlíng(地名)错读为 péilíng,"千里迢迢"的"迢"tiáo 错读为 zhāo,"参差"cēncī 错读为 cānchā,这些情况就不能从俗从众,必须加以规范。

(三)行政干预与语言调控

行政干预属政府行为,是政府管理社会语言生活和解决社会语言问题的重要方法,它主要表现在制定语言政策和采取行政措施,保障语言规划的顺利进行,妥善解决社会语言问题,维护社会语言生活正常化。许多国家都利用行政手段干预社会语言生活,指导并保证该国语言规划的顺利制定与实施,保证语言规划目标的实现,保证语言文字规范化、标准化的贯彻、实行。例如法国政府的法语高级理事会、法语总委员会、法语咨询委员会及法兰西学院,日本政府的文部省及国语审议会,德国的哥德学院和德语学会、西班牙的西班牙学院,特别是土耳其的土耳其语言学会,都为各自国家行政干预社会语言事务发挥了重要作用。又如我国在 20 世纪 50~60 年代,国家确定实行文字改革、推广普通话和加强现代汉语规范化的语言文字工作三大任务,政府(包括国务院及有关部委、地方政府)发布了许多有关的指示、文件,作出许多重要决定、规定,提出许多具体要求,采取许多有效措施,推动、促进三大任务的落实与实现。比较重要的,如 1956 年 2 月 6 日国务院发布《关于推广普通话的指示》,1956 年 1 月 28 日国务院通过并发表《关于公布汉字简化方案的决议》,1957 年 11 月 1 日国务院通过并发表《关于公布汉语拼音方案草案的决议》。80 年代为适应国家实行改革开放与加强现代化建设的需要,国家制定了新时期语言文字工作方针任务,规定做好现代汉语规范工作和大力推广、积极普及普通话为首要任务,并确定研究、整理现行汉字,进一步推行《汉语拼音方案》,研究汉语汉字信息处理问题,加强语言文字的基础研究与应用研究,做好社会调查与社会咨询、服务工作等其他任务。国务院及各有关部委、地方政府及时发布指示、规定,推动新时期语言文字工作方针、任务的落实与实行。这些都是行政干预的做法,取得了很好的效果。1977 年 12 月 20 日发表的《第二次汉字简化方案(草案)》,经过试行,效果不好,造成社会用字不便与混乱。1986 年 6 月 24 日国务院批转国家语言文字工作委员会《关于废止〈第二次汉字简化方案(草案)〉和纠正社会用字混乱现象的请示》报告,并决定重新发表《简化字总表》,供社会用字遵循,收到较好的效果,这是行政干预的典型方法。行政干预的内容与措施,大多属指令性的,带有一定的强制性。新加坡实行多语制,确定马来语、华语、泰米尔语和英语同为新加坡官方语言,在华语规范中采用简化汉字和汉语拼音为规范标准。以色列建国后,政府复兴希伯来语,要求各地犹太移民学习、使用希伯来语,实现一个民族、一种语言的格局。这都带有较强的强制性,也是行政干预的典型做法。

语言调控,是指为保证贯彻、实行语言规划任务、目标及具体的语言规范标准所采取的具体措施与做法,主要是行政行为,也有社会行为,也就是所采取的措施、做法主要是指令性的,也有指导性的,主要侧重于维持语言运用标准的相对稳定。如我国 20 世纪 80 年代规定对汉字简化持谨慎态度,要使汉字形体保持相对稳定的做法,就是语言调控的方法。

(四)学术规范与辞书指导

学术规范是指经过认真、严谨的学术研究,科学、合理、适当地制定必要的语言文字规范标准,并发表施行,供社会遵照使用。辞书指导指依据语言文字规范标准编纂各种规范性、权威性的语文辞书,指导群众贯彻、执行这些规范标准,正确使用语言文字,促使语言及语言生活规范、健康地发展。例如 1955 年 10 月中国科学院在北京召开的"现代汉语规范问题学术会议",经过认真讨论、研究以后,确定把汉民族共同语称为普通话,意即普遍通行的话,并为普通话确定学术性的规范标准:以北京语音为标准音,以北方话为基础方言。后来又加上"以典范的现代白话文著作作为语法规范",使规范标准更加全面、完整。会议建议组成普通话审音委员会,确定普通话常用词汇的读音,编纂《普通话常用词正音词汇》;建议中国科学院拟订《现代汉语词典》编纂计划,拟订其他种类的词典计划要点。还有其他的建议。语言研究所承担《现代汉语词典》的编纂和《新华字典》的修订任务,经编写人员的多年努力,编纂成规范性的《现代汉语词典》,至今发行 4000 多万册,影响了上亿人对现代汉语的使用。《新华字典》的修订依据发布的语言文字规范标准,至今发行 4 亿多册,对社会语文使用影响更大。这两部辞书在贯彻我国语言文字规范标准,加强现代汉语规范化,指导社会正确使用语言文字方面,发挥了极为重要的作用,所以被国内外公认为权威性的现代汉语辞书。2004 年 2 月 13 日美联社在一篇题为《〈新华字典〉为推行简体字功不可没》的电讯稿中,称赞《新华字典》"对几代学生和很多成年人具有无可估量的价值"。又如美国韦伯斯特(Noah Webster)编写的《英语大词典》,对确立美国英语的地位起到巨大作用。德国的《杜登》(Duden)词典、《杜登德语大词典》成为德语的权威性规范。英国的《牛津英语词典》和俄罗斯科学院的《俄语大词典》,发行量也很大,分别对贯彻、推行英语、俄语的规范标准,指导人们学习、使用英语、俄语作出了重大贡献,充分体现了辞书指导的重要作用。教材对人们使用语言文字的影响也很大,尤其是中小学语文教材和供人们学习语文用的一般教材,对语言文字使用影响更大。这是因为学习者要遵照语文教材来学习、使用语言文字,同时教材的发行量比一般图书的发行量大得多。比如美国韦伯斯特编写的《美国拼音课本》,发行量超过 1 亿册,对社会学习、使用英语影响巨大。我国在 20 世纪 50 年代研制的中学汉语教学语法体系,和依据该体系编写的中小学语文教材,对促进我国语言规范化和推广普通话发挥了重要作用。语言及语言生活是变化的,语言规划应是动态的、相对稳定的,辞书编纂事业要不断发展,规范性词典也应适时加以修订,才能适应社会的实际需要,起到指导语言应用的作用。

(五)宣传引导与媒体示范

宣传引导与媒体示范是行政行为和社会行为相结合的语言规划方法。语言规划关系到社会方方面面和子孙后代,意义是重大而深远的,可社会上除有些领导者与有识之士外,一般人对它并不太了解,也不太重视,这就需要借助各种媒体,进行广泛宣传,让社会各界和广大群众了解语言规划的意义及具体的目标、内容和规定,动员社会大众参与,引导他们接受规划并自觉贯彻、执行,还要通过语言传播的重要载体——现代媒体对语言文字的使用,对社会大众起示范作用。例如 20 世纪 50～60 年代,我国各种媒体在宣传当时的语言规划时,对文字改革、推广普通话和现代汉语规范化的方针、任务、要求、做法等,发表了大量报道、专文和评论,让社会各界较多地了解并接受,收到很好的效果。《人民日报》1951 年 6 月 6 日发表题为《正确地使用祖国的语言,为语言的纯洁和健康而斗争》的重要社论,并开始连载吕叔湘、朱德熙合写的《语法修辞讲话》,对促进我国语言的规范化和引导人们正确使用语言起到很大的作用,影响了两代人的语文水平,至今仍有重要的意义。当时的中央人民广播电台和各地广播电台的播音,成为人们学习普通话口语的典范,《人民日报》《光明日报》等重要报刊的语言,成为人们学习、使用普通话书面语的范例,其示范作用是无法估量的。到了

80～90 年代,我国现代媒体更加发达,新闻出版、广播电视、电脑网络等,积极宣传国家根据改革开放和现代化建设需要制定的新时期语言文字工作方针任务,以及语言规划的目标、规定、做法,引导社会大众积极参与实施语言规划。同时媒体本身遵循各项语言规范标准,切实加强语言修养,如广播电视系统规定播音员、节目主持人应当参加普通话水平测试,并达到要求的等级水平,合格者持证上岗;播音时读错音、屏幕上写错字按规定扣发奖金。新闻出版系统规定,报刊、出版物应当遵循语言规范标准,注意语言规范性、典范性,编校质量要达到规定的水平,不合格者应当检查、受罚。我国现代媒体对社会大众学习、使用语言的影响越来越大,一些国家的电台电视台的汉语、华语播音,以我国中央人民广播电台和中央电视台的播音为准。又如英国 BBC 的播音,通常被作为英语发音的标准;日本 NHK 的播音,通常被作为日语的标准音;美国的 ABC 和“美国之音”的播音,通常被作为美国英语的发音标准。当然,媒体对语言规划的宣传还需要加强,对语言文字的使用,有时也有错误、不当或不合规范的地方。我国的重要媒体也不例外,读错音、写错字、用词不当、语言不够规范等时有发生,但这种情况很少,并不影响媒体对语言规划宣传和对语言文字使用的巨大作用,只是说明媒体在这方面还有待加强和改进。其实社会上许多人都在自觉地学习媒体的语言,或是不自觉地接受媒体语言的影响,媒体语言的社会示范作用是巨大的。

（六）个人作用与名人影响

在语言规划方法中,除政府行为、行政行为、社会行为等方法,还有一种个人作用和名人影响的方法,即由政治家、社会活动家、文化名人和著名学者等倡导并参与语言规划,号召、动员社会大众参与语言规划活动,并以他们的语言行为和语言使用广泛影响社会语言生活。例如土耳其的文字改革,经过较长时间的酝酿和社会有识之士的积极探索,在土耳其解放战争结束并建国后,凯末尔总统利用他的权威和个人魅力,多次发表关于文字问题的重要讲话,积极提倡和大力推动土耳其的文字改革,并成立"土耳其语言学会",在这方面做了大量工作,最终于1928年11月3日举行的第三届议会上,正式通过《新土耳其文字法》,以拉丁化新文字替代阿拉伯字母文字,彻底完成土耳其的文字改革。文字改革顺利完成以后,凯末尔又领导开展了轰轰烈烈的土耳其语言纯洁运动,用土耳其民族词语和语法形式替代阿拉伯语和波斯语的外来语词和语法规则,尽管在具体做法上有些失误,但这场语言纯洁运动还是成功的。凯末尔对土耳其的语文改革功不可没!又如波兰医师柴门霍夫于1887年创造世界语,为人造语言的广泛推广、使用和国际语言交流作出了重要贡献。美国著名学者韦伯斯特编写《美国拼音课本》和《英语大词典》《英语语法原理》等重要作品,发行量巨大,对美国英语的地位确定和美国社会语言生活产生了广泛的影响。德国的弋特谢德、阿德隆和格林兄弟等对德语规范化的作用与贡献也是很大的。再如我国的卢戆章、王照对清末切音字运动的贡献,陈独秀、瞿秋白、鲁迅、胡适、蔡元培、钱玄同、赵元任、黎锦熙、陈望道等在白话文运动、国语运动和拉丁化运动中的作用,毛泽东、周恩来、吴玉章、郭沫若、胡乔木、胡愈之、叶圣陶、丁西林、罗常培、王力、吕叔湘、周有光等,对推动、促进文字改革、推广普通话和现代汉语规范化的作用,都表现出领袖和知名人士个人在语言规划活动中的重要作用。语言规划者应当充分重视这种情况,扩大社会名人对社会语言生活的影响,积极实施语言规划。

(七)语言规划的步骤

一般说,语言规划包括6个步骤:(1)调查社会对语言及语言使用的需求,评估语言生活状况,为制定语言规划作好前期准备。(2)研究决策,选择规范,即选择标准语、共同语或官方语言,确定语言地位与语言关系。(3)制定语言文字的各项规范标准,编写与之相配套的规范性、权威性的发音手册、语法教材、字典词典、拼写指南、语文课本、语文读物以及语文法规等。(4)组织实施语言规划,推广使用语言规范及其各项标准,调动行政部门、社会团体、学术机构、学校教育、传播媒体、文学艺术和社会名人积极参与实施、推广。(5)完善语言社会功能,扩大规范语言的使用范围。(6)评估、总结语言规划实施情况,检验语言规划的社会效果。以当代中国的语言规划为例,根据社会变化、发展的需要和我国语言、方言、文字复杂不利社会交际的情况,经学术机构、社会团体等充分研究和政府决策,选择确定普通话作为民族标准语和官方语言,规范汉字作为社会通用文字,汉语拼音作为拼音工具,并组织制定各项相关的规范标准,编写与之配套的工具书、出版物,再动员社会各界广泛参与,大力推广普通话和规范汉字,推行汉语拼音,并不断完善其社会功能,扩大其使用范围,最后分阶段对这一语言工程进行总结、评估与检验。一些语言规划比较成功的国家,如法国、德国、加拿大、新加坡、坦桑尼亚等,也大致是按照这些步骤来实施语言规划的,所以都收到了较大的社会实效。

附　注

① 　E. Haugen《语言学与语言规划》,载《国外语言学》1984 年第 3 期。
② 　请参阅苏金智《语言的声望计划》,载《语文建设》1992 年第 7 期。
③ 　李建国《汉语规范史略》第 39 页,语文出版社,2000 年。

参考文献

全国文字改革会议秘书处《全国文字改革会议文件汇编》,1955 年。

现代汉语规范问题学术会议秘书处《现代汉语规范问题学术会议文件汇编》,科学出版社,1956 年。

国家语言文字工作委员会政策法规定《国家语言文字政策法规汇编》,语文出版社,1986 年。

全国语言文字工作会议秘书处《新时期的语言文字工作》,语文出版社,1987 年。

周有光《汉字改革概论》,文字改革出版社,1979 年。

周有光《新语文的建设》,语文出版社,1992 年。

高天如《中国现代语言计划的理论与实践》,复旦大学出版社,1993 年。

凌远征《新语文建设史话》,河南大学出版社,1995 年。

于根元《二十世纪的中国语言应用研究》,书海出版社,1996 年。

语文出版社《语言文字规范手册》,语文出版社,1997 年。

祝畹瑾《社会语言学概论》"语文规划"部分,湖南教育出版社,1997 年。

徐大明《当代社会语言学》"语言规划"部分,中国社会科学出版社,1997 年。

戴昭铭《规范语言学探索》,上海三联书店,1998 年。

于根元等《语言哲学对话》,语文出版社,1999 年。

许嘉璐《语言文字学及其应用研究》,广东教育出版社,1999 年。

冯志伟《应用语言学综论》"语言规划"部分,广东教育出版社,1999 年。

郭熙《中国社会语言学》"语言规划和语文生活"部分,南京大学出版社,1999 年。

黄长著《各国语言手册》,重庆出版社,2000 年。

李建国《汉语规范史略》,语文出版社,2000 年。

周庆生《国外语言政策与语言规划进程》,语文出版社,2001 年。

周庆生《国家、民族与语言——语言政策国别研究》,语文出版社,2003 年。

于根元《应用语言学概论》,商务印书馆,2003 年。

语言规划对话四则

一

语言是可以规划的，而且应当规划。语言演变、发展固然有其自身的客观规律，但它的演变、发展常常受到社会、政治、经济、文化、教育、科技以及使用语言的群体心理状态等影响和制约；有时候受影响和制约还相当大，因为语言跟社会、政治、经济、文化、科技等的关系实在是太密切了，它绝对无法摆脱这些因素的影响。一定的政治、一定的经济、一定的文化、一定的社会集团等，总是要对语言提出一些要求，力图使语言适应它的需要，很好地为它服务，这就必然要努力促使语言演变规律向有利于它的方向发展。从这个意义上说，语言是可以规划的。至于应当规划，那比较好理解，也就是按照社会、政治、经济、文化、科技、群体心理等因素来规划语言，而不是让语言任意自行演变。比如对标准语、共同语的选择、推广和规范，各种语言文字规范标准的制定，以及各项语言文字使用规定的确定等，都是有目的、有条件、有计划的，这都是语言可以规划而且应当规划的最明显的例子。比如我国对普通话地位的确定，对普通话的推广、规范和对现代汉字字量、字形、字音、字序的确定和规范，以及对语言文字使用的一些规定，都是语言规划。语言规划的目的，是使语言更加规范、精密，更加简便、好用，更加适合社会、政治、经济、文化、科技等的需要，并使语言应用更加有序，更加合乎规范,而不是其他。

　　语言规划的内容,主要包括这些方面:恰当估计现实的社会语言生活,合理选择和有效推行标准语、共同语,创制与改革文字,科学制定并推行语言文字的各项规范标准,正确制定、稳妥实施使用语言文字的各项规定和要求,认真总结、客观评价语言规划实施效果,调整并完善语言规划内容及语言文字规范标准。

　　语言规划的手段、方法是多种多样的,有行政的、立法的、教育的、媒体的、辞书的等,有指令性或指导性的,但主要是引导和示范。比如制定各项语言文字规范标准,宣传、倡导人们参照、实行,或编辑、出版规范性的词典、读物、教科书、典范著作等,引导、劝诱人们参照、学习,并为人们提供示范。这种做法收效较慢,但比较稳妥,反复不会太大,负面作用小,一般在正常时期实行较好。语言规划的手段、方法也有一定的限制和强制。比如制定各项法规、规定,要求人们必须遵照实行各种语言文字的规范标准,违者受批评、处分。这种做法多数在非常时期实行,其收效往往较快,但稍为不慎或社会、政治、经济等变化较大,可能出现较大反复,负面作用也大。语言规划不管采用什么手段和方法,都必须符合积极而稳妥的原则,这才能收到真正的实效。

二

　　语言规划的原则,大家提出了好几个“性”,我看这些“性”不全是一个层面上的。总的看来,第一个层面上可以归纳为科学性和可行性,其他的一些“性”可以分别归在这二“性”之下。其实可行性也可归入科学性,如这样,科学性就是总原则,其他的“性”可以分别归入不同的层面。“性”的分法并不怎么重要,只要制定语言规划时充分考虑这些“性”——原则,这才是主要的。实际上语言规划本身也是一个多层次的系统工程。语言规划还要考虑民族性和国际性的原则。两者之间民族性是主要的,因为语言是民族的重要特征之一,一种民族语言首先是为本民族使用、服务的。国际性原则也要考虑,因为现在的世界是开放的世界,一个国家、一个民族不能封闭自己、与世隔绝。它要参加国际大循环、大交往,不这样它就不能发展,就要落后、衰败。比如新加坡、马来西亚、泰国等,就不同程度地采用我们的简化汉字和汉语拼音。而我们的汉字简化,如果是放到现在来进行,那与 20 世纪 50 年代的做法就会有所不同了,就会很好地考虑使用汉字的国家和地区的情况,听取他们的意见,必要时还会同这些国家和地区进行研究和磋商。其他有些语言文字也应如此。如英文、法文的改革与规范,应当充分考虑使用英文、法文的国家和地区的情况,否则彼此都会有所不便,对国际交往、交流也不便。

三

“顺乎自然,因势利导,做促进工作”这几句话,是我在 1984 年 10 月 19 日“文字改革工作座谈会”上传达胡乔木同志有关讲话精神的讲稿中提出来的。那次座谈会期间,文改会的几位领导同志到胡乔木同志那里,向他汇报会议的情况,听取他的意见。乔木同志当时身体不好,扼要讲了几点意见。过后我即根据乔木同志谈话的精神,写了一个传达稿送他审阅。乔木同志正在发烧,但他很仔细地看了稿子,并作了几处修改和补充。在这几句话的下面,乔木同志画了两道长杠,并在旁边批注“很好”二字。在稿子上,乔木同志在第三个问题“关于新时期文字改革的方针任务”的一段话后面加了一句话。那一段话是:“还要研究新问题。汉字在我国已有几千年的历史,有浩如渊海的文献资料,在中国人民心中扎下了很深的根,在实际应用上也发挥了很大的作用。"乔木同志加的一句话是："这一定要承认。"他还把原文的"有同志建议把文字改革工作改称为语言文字工作,这个意见值得我们考虑",改为："还有同志建议把文字改革工作改称为语言文字工作,这既表明这项工作的范围广泛,不限于改革,也免得一部分人一听说文字改革就认为文字就要改革,天天都要改革,或者认为文改会的工作就是要马上改革文字。这个意见值得我们考虑。"从乔木同志谈话的精神和修改、补充的文字,可以看出他当时对文字改革和语言文字工作的深沉思考。他的这次谈话,以及后来的多次谈话、意见和所做的工作,对我国新时期语言文字工作方针、政策、任务的制定与实施起到了至关重要的作用。

　　为什么提出"顺乎自然,因势利导,做促进工作"这几句话呢? 当时是有所考虑的。一、语言文字有其重要的特性和自身演变的规律,这就是"具有历史的继承性和很强的社会性,因而它是相对稳定的,同时又是逐渐演变的"。二、做好文字改革和语文工作必须遵循这个规律,而不能违反这个规律。遵循规律是要利用规律,而不能受规律所束缚。在规律面前不能蛮干,但人们不是无所作为的,而是要在工作的过程中,发挥一定的主观能动作用,促进规律向有利于社会及语言使用者的方向发展,也就是说我们应当积极、努力、主动,多做促进工作。三、对于文字改革,社会上历来有不同的认识,主要有三种态度:比较激进,偏于保守,积极稳妥。从 20 世纪 50 年代以来,党和政府对这方面的工作一直实行积极而稳妥的政策,这是正确的,我们应当继续执行。当时提出这几句话,也是贯彻这一重要的政策,企图使人们对文字改革有比较客观、正确的认识。

四

　　变化之中有稳定,稳定之中有变化,这是语言文字演变、发展的一条重要的规律。纵观国内外语言规划的历史,一般都按这条规律办事,工作都十分谨慎。即使少数一些国家或民族的文字形式表面上看是在短期内改变了,实际上也是经过较长时间的酝酿和准备,在条件成熟或比较成熟时加以改变的,绝不是突变,如以色列、土耳其、越南、朝鲜的文字变革以及我国壮文、湘西苗文等少数民族文字的改革。1956 年公布的《汉字简化方案》和 1964 年编辑出版的《简化字总表》,也是经过相当长历史时期的酝酿和准备,其中绝大部分是来源于历代,特别是宋元以来的简体字和俗体字,三分之一左右竟来自先秦、两汉时代的用字(请参看李乐毅《简化字源》,华语教学出版社,1996)。这充分体现出语言文字历史继承性和使用社会性的特点,也符合语言文字渐变的规律,所以这批简化字总体上是好的,是成功的,推行后实效较大,大多数使用汉字的人乐于接受。相反,违背语言文字的社会特性和演变规律,急于求成地去搞语言规范和文字改革,其效果总是适得其反。如我国新疆维吾尔族原用阿拉伯字母形式的传统维吾尔文,1965 年改用拉丁字母形式的新维吾尔文,因为时间过于匆促,准备不足,条件不成熟等原因,给社会使用造成不少麻烦,不得不在 1982 年又决定恢复使用原有的传统文字,而社会上一段时间实际是新、老维文并存并用,这不可避免地会遗留一些复杂的问题。"文化大革命"中匆促酝酿,并于 1977 年 12 月 20 日发表的《第二次汉字简化方案(草案)》,由于简化字数过多,试用要求过急,有些字简化得不合理,试用效果不好,国家语委不得不报请国务院批准,于 1986 年 6 月 24 日废止这批简化字。

原载《语言哲学对话》,语文出版社,1999 年

论语言规划的基本原则

　　语言规划是一项整体性系统工程,制定和实施语言规划,只能确定若干最重要的基本原则,以便统率和指导语言规划的全过程,使语言规划更加科学、有效。确定语言规划基本原则,应当根据语言及语言使用的性质、特点,并从语言与社会、文化及语言使用者的关系,以及社会生活等的实际需要出发。从当代中国语言规划的实践看,并观照国外语言规划的情况,我们以为语言规划的基本原则可以确定为如下四项:即科学性原则,政策性原则,稳妥性原则和经济性原则。其中科学性原则是最基本的原则,一切语言规划,包括语言地位规划和语言本体规划,乃至很小、很具体的语言问题的规范,如某些读音的审定,某些词语的规范,某些语法现象的规范等,都必须首先坚持这一原则。

　　一、科学性原则。这是指制定和实施语言规划,要符合语言的发展规律和语言生活的特点以及与之相关因素的实际,符合社会和群众的需要,使语言具有完善的交际功能,并正确有效地引导语言生活的健康发展。语言规划的科学性原则,具体包括求实性、动态性、系统性和可行性。

　　求实性。这是指制定和实施语言规划,要从语言及其使用的性质、特点出发,从社会生活的实际需要出发,并且符合本国、本民族或本语言社区的实际情况。具有求实性的语言规划,一定是成功、有效的语言规划,当代世界上许多国家的语言规划及其实施,都属这一类。凡是违背求实性的语言规划,必然是失败的语言规划。

动态性。这是指制定和实施语言规划,要有一定的灵活性,要根据时空和其他相关因素的变化而有所变化。语言存在于社会,它随社会的变化发展而变化发展;语言是人类社会的重要交际工具,使用语言的人是变化的,交际形式与内容也是多样的,交际中的语言都呈不同的时空分布,显现语言的无穷社会功能。语言的社会变化和交际活动,必然促使语言价值及对语言价值认识的变化。这些变化中的重要因素决定语言规划必须具有动态性,在不同时期有不同目标和规定,对不同环境和不同群体有不同的要求,而且要有一定的灵活性和回旋余地,并有一定的预见性。确定的目标,制定的标准,规定的要求,采取的措施,可以视社会需要和语言生活的变化加以调整、修改和完善。

系统性。这是指制定和实施语言规划,要系统考虑与语言及其使用相关的因素,充分体现语言规划的连续性,所制定的规划要具有一定的系统性。语言规划的系统性,是由语言及其使用的系统性、连续性和社会语言的相关性,以及语言规划的性质(语言规划是一项系统工程)所决定的。首先,制定和实施语言规划,要系统考虑与之相关的因素,如社会、政治、经济、文化等的相关性。第二,制定的规划要有一定的系统性和严整性。大的如全国性语言规划,地方性语言规划,区域性语言规划,行业性语言规划,不同民族的语言规划等;小的如语言系统的语音、词汇、语法的规范标准及使用规定,还有如语音子系统中音素、音位及某些读音的确定,词汇子系统中基本词汇、一般词汇、专业词汇,以及古语词、方言词、外来词、新词语、缩略语等的规范,语法子系统中词法、句法及某些新语法格式的规范等。语言各要素的规范,要尽量考虑该要素的系统性、严整性,在相对匀质系统中选择、确定规范标准。在语言规划中,常有违背系统性的做法,出现系统错位的现象,这必然影响语言规划的声望与实施。

可行性。这是指语言规划及其实施可操作性较强,有效性较高,特

别是对它的实施,要有各种实际可行的具体规定和办法,便利语言规划
主持者和接受者的运作与操作。

二、政策性原则。这是指制定和实施语言规划,要贯彻、体现语言
政策的重要规定和主要精神。语言政策是国家和政府关于语言地位、
语言作用、语言权利、语言关系、语言发展、语言文字使用与规范等的重
要规定和措施,是政府对语言问题的态度的具体体现。语言规划与语
言政策有极为密切的关系,语言规划是语言政策的具体体现,制定语言
规划,应当坚持政策性原则,总结语言政策的成功经验,吸收、贯彻语言
政策的主要内容和重要规定,这样才能保证语言规划的正确与可行。
如我国当代的语言规划,就是在总结近百年,尤其是近 50 年来我国实
行的语言政策的成功经验的基础上制定的,并具体体现现行语言政策
的精神和规定,因而它是适用、有效的。语言规划的政策性原则,具体
包括政治性、群众性和理论性。

政治性。这是指制定和实施语言规划时,要很好考虑和妥善处理
语言及其使用中的政治因素,体现一定的政治特点,正确处理与政治关
系密切的语言问题,如语言与民族的问题。众所周知,语言是民族的重
要特征,语言感情表现民族感情,妥善处理语言问题,协调好语际关系,
对于增强民族团结,维护国家统一,保持社会稳定有极为重要的作用;
处理不好语言问题,常常会伤害语言感情,激化语言矛盾,甚至引发语
言冲突与民族斗争,这样的教训在世界上过去和现在都时有发生,而我
国在这个问题上处理得当,效果很好,堪称典范。政策是政治的延伸,
语言政策有很强的政治性,语言规划自然也有较强的政治性(当然也
有较强的学术性)。任何国家的语言规划,都是该国政治的一定反映,
是该国政治意志的一定体现。语言规划如果离开政治性,或是过分强
化政治性,那都不可取,都难以顺利实施。

群众性。这是指制定和实施语言规划,要充分考虑政策所依赖的

群众因素,尊重人民的意愿,满足群众的需要,并依靠群众去贯彻、执行。语言是社会交际工具,社会是由掌握语言、使用语言的人组成的,语言及其使用本身就具有群众性,因此制定和实施语言规划,要坚持群众性,才能获得成功,并收到事半功倍的效果。一些国家在某个时期实行的某种语言规划,因为违背群众性,所以碰到许多困难,甚至造成负面影响,如沙俄时期实施的语言规划,印度在英国殖民主义统治时期实施的语言规划,都因缺乏或违背群众性而遭受诸多困难,造成严重后果。

理论性。这是指制定和实施语言规划,要有与政策有关的一定理论依据。制定政策除主要依据国情、需要、群众意愿和统治者意志,还要在一定的理论指导下进行。与政策有关的理论,主要是政治理论和哲学理论,也有操作性理论如系统论等,这些理论也是语言规划所应遵循的。在我们国家,半个世纪来指导政策的政治理论是毛泽东思想、邓小平理论,主要哲学理论是辩证唯物论。这些理论对于制定语言规划都有重要的意义,半个世纪来我国的语言规划,在一定程度上体现了这些理论特点。西方一些国家的语言规划的理论性,也与他们国家的政策理论基础有关,主要体现实用主义和实证主义的理论性。

三、稳妥性原则。这是指制定和实施语言规划,要考虑历史的延续性,社会的约定俗成,并有一定的宽容度,目标与要求要实际、适当,采取的步骤、方法要稳妥,以确保规划的顺利制定与实施。综观国内外语言规划,凡是符合稳妥性原则的,实施都比较顺利,效果也较显著;凡是违反稳妥性原则的,要么失败,要么实施困难,效果不好。语言规划的稳妥性原则,具体包括传承性、俗成性、宽容性和渐进性。

传承性。这是指制定和实施语言规划,要考虑语言的历史继承性和语言使用的延续性,遵循语言发展的规律,使规划更加稳妥,效果更加显著。传承性还体现在政府或专家对语言文字使用进行干预的连贯性,使社会语言生活稳定、有序地承前发展,而不致出现断裂、缺失,造成语言应用混乱等现象。比如我国语言规划中确定普通话和规范汉字是国家通用语言文字,并在全国范围内推广普通话、推行规范汉字,就是传承延续过去官话、国语和汉字的历史地位和社会作用,使社会语言生活稳定、有序地向前发展。1949 年新中国成立后,各少数民族文字多数沿用过去本民族使用的文字,如蒙古文、锡伯文、傣文仍用叙利亚字母,维吾尔文、哈萨克文、柯尔克孜文仍用阿拉伯字母,藏文仍用古印度字母,俄罗斯文仍用斯拉夫字母,朝鲜文仍用方块型拼音字母,所以文字使用没有发生什么问题。

俗成性。这是指制定和实施语言规划,要很好遵循语言在社会使用中的约定俗成。语言存在于人类社会之中,为适应社会交际的需要,并充分发挥它的交际作用,语言自身具有自我调节的功能,这种功能常常表现在接受社会的约定俗成上,这就是语言的俗成性。语言规划要坚持并利用这种俗成性,从社会流行度去观察语言事实,分析语言现象,制定语言规范标准,引导语言及语言生活沿着规范、健康的轨道不断向前发展。这对于语言本体规划及语言文字的规范化、标准化更为重要而有效。

宽容性。这是指制定和实施语言规划,要根据语言及语言使用的特点,坚持实事求是的态度,规划要有一定的弹性,并留有余地,对变化中或看不准的语言现象不要急于规范,继续进行监测与观察,规划中的指导性内容要占一定的比重,使语言规划得以顺利实施。这是因为语言是有层次的,是不断发生变异、变化的,语言使用不单纯是语言问题,与各种因素有关,语言生活是丰富复杂的,所以语言规划要体现宽容性,保持一定的灵活性。比如语言地位规划中,推行标准语和官方语言时,对不同群体、不同对象、不同场合要有不同的要求,许多国家的语言规划大多是这么做的。

　　渐进性。这是指制定和实施语言规划,要认真考虑语言变化、发展的循序渐进和语言生活的延续发展的重要特点,顺乎自然,因势利导,逐步、稳妥地推进工作。这里所说的"自然",是指语言及语言生活逐渐变化的规律,"势"是指沿着这个规律向前发展的趋势,这就是说,语言规划要遵循并利用语言及语言生活的变化规律和发展趋势,充分发挥自身的能动作用,逐渐、稳步地做好促进工作。纵观国内外语言规划的历史,无论是选择、推行标准语、共同语、官方语言,或是创制、改革文字,还是处理语言关系,解决社会语言问题,规范语言文字等,一般都是遵循这条规律办事,工作都比较谨慎,所以大都收到预期的效果。即使有些国家和民族的标准语、官方语言的改变,或是文字形式的变化,表面上看来是在短期内发生的,实际上也是经过较长时间的酝酿和充分准备的,在条件成熟或比较成熟的时候才实施的,而不是贸然行事、突然改变的。渐进性是稳妥性原则的重要内容,是语言规划的重要特点之一,应当始终坚持。

　　四、经济性原则。这是指制定和实施语言规划,要符合合理、简便、好用的要求,具有较好的社会效益和经济效益。语言地位规划越是科学、合理,对社会稳定与进步越有重要意义;语言本体规划越是简便、精细、好用,越容易受到社会各界的欢迎与接受,对政治经济、文化教育、科学技术等的发展有较大的作用,因此经济性原则值得语言规划主持者充分重视,并在语言规划中很好体现。语言规划的经济性原则,具体包括简便性、适用性和效益性。

　　简便性。这是指制定和实施语言规划,要尽量达到科学合理、简明易行,便于贯彻执行。作为社会重要交际工具,语言必须既能承载所有必要的信息及其隐义,又便于人们交流思想、表达感情,充分、便捷地满足人们的交际需要。语言规划要依据这一特点充分体现简便性,以便人们接受、执行,收到最佳的效果。选择、确定标准语、共同语、官方语言,应当选择使用面最广,语言活力最强,社会影响最大,其基础方言稳固,规范程度相对较高,在语言生活中声望最高的语言,并对其进行必要的再规范,使其社会功能更加完善,更便于人们使用。许多国家进行语言规划,都是选择、确定人口较多,历史比较悠久,政治经济、文化教育水平较高,其语言规划程度相对较高,在社会生活中发挥主导作用的主体民族的语言为标准语或官方语言,因此,其活力就较强,社会声望就较高,推广也比较顺利。

适用性。这是指制定和实施语言规划,要适合社会各界和语言规划接受者的需要与要求,便于大范围实施,便利社会更多人使用,便于语言规划者运作与操作,实施效果又便于检验。制定的语言规范标准要合乎语言生活实际,指令性的目标与规定要切实、具体,指导性的意见要简要、易行,对不同场合、不同群体等有不同要求,使规划达到稳妥、适用、有效。许多国家的语言规划都具有适用性,所以社会语言生活稳定、有序、丰富。如加拿大,确定英语与法语同为官方语言,分别适用于操英语与操法语的居民使用,也适用其他居民使用,法律、法规、通知、文件都同时使用英语与法语,谨慎处理语言关系和语言问题,虽然有时也发生一些语言矛盾,但社会语言生活总体是和谐、有序的。

效益性。这是指制定和实施语言规划,要使语言更加规范、好用,充分发挥社会交际功能,获取良好的效果与声望,并增强其社会效益和经济效益。语言规划的效益性与语言活力和语言价值有密切的关系;语言活力越强,语言价值越高,其效益性越大,反之就越小。语言是人类最重要的交际工具,好的工具能够提高工作效率,取得好的效果,促进生产力发展,不好的工具就缺乏这种性能和效果,古人说的"工欲善其事,必先利其器",俗话说的"磨刀不误砍柴工"就是这个道理。语言规划就是要选择、确定最好的语言工具,并对它进行必要的加工、规范,使其更加好用、有效。语言不仅是交际工具,还是一种特殊的社会资源,它具有市场价值:语言在社会中使用,自然产生社会效果;活力旺盛的语言,所产生的社会效益和经济效益就大而明显,反之就小而隐现。语言规划就是要激活语言活力,使语言资源充分发挥作用,增强其社会效益和经济效益。

原载《语言科学》2005 年第 2 期

论语言生活的双语制

当今世界上，人们的语言生活是极其丰富多样的。一般国家和民族在致力于推广民族共同语；许多国家和民族从他们的实际出发，实行双语和多语制；有的在推广民族共同语的同时，继续使用方言土语。从总的情况看，世界语言生活的基本状况是多元化的。在我国，语言生活也是十分丰富、复杂的。普通话是全国通用的交际用语，除汉族人广泛使用以外，各兄弟民族也有相当一部分人使用；少数民族一般使用本民族的共同语，有的少数民族还使用两种或两种以上的语言；各民族大多数人同时还使用他们自己的方言。我国语言生活的基本状况也是多元化的。本文想参照世界上一些国家和国内一些民族双语、多语的实际情况，着重分析我国汉语语言生活的基本状况，论述汉语语言生活的双语制问题。

目前，国外对 bilingualism 和 diglossia 两个概念的解释还不一致，国内在使用"双语""双言""双语体"等概念时也有分歧。本文从我国的汉语语言生活的实际出发，使用的"双语"概念是指地域方言和民族共同语在言语共同体内并存并用的现象，它既可以指两种或多种地域方言并存并用，也可以指一种或多种地域方言和民族共同语并存并用。

我国过去的汉语语言生活长期处于既复杂又单调的状况。说复杂，是因为民族共同语不太发达，影响不大，汉语方言严重分歧，北方话、吴语、湘语、赣语、粤语、闽语和客家话及其众多的次方言，各自拥有自己的使用区域，各自拥有为数众多的操这些方言的居民。说单调，是因为大部分使用汉语的人只使用一种方言,使用民族共同语或使用两种、多种方言的人为数不多,对整个语言生活没有太大的影响。从本质上来说,过去的汉语语言生活基本上是单调的。在自给自足的小农经济基础上,不同地区之间的交流与往来不多,语言互相隔阂,基本上呈现一种社会性的多语(多方言)和个人性的单语(单方言)的状况。这是一种比较闭塞、缺乏活力的状况。过去这样的语言生活,只能与落后的生产力发展水平、不发达的农业经济和封建的政治体制相匹配,而难以适应现代化社会生活的需要,更无法适应商品经济发展的需要。尽管我国汉语自古就有被称之为"通语""雅言"或者"官话"的民族共同语或近似于民族共同语的语言形式,但是这些语言形式还很不完备,它的功能和作用是相当有限的,主要是做官、经商的人为了做官、经商才使用这样的语言,这样的共同语很难说具有多大的全民性,在整个社会生活中作用也不太大,不能凌驾于其他地域方言之上,统辖不了整个汉语语言生活。

　　1911 年"辛亥革命"以后,随着社会的发展,我国汉语语言生活发生了较大的变化,由封闭逐渐走向开放,由主要是单语制逐渐向双语制发展,即由使用一种地域方言发展到地域方言和民族共同语并存并用。"国语"的推行,注音字母、国语罗马字和北方话拉丁化新文字的制定和实行,都为这一进程作出了积极的贡献,也为以后的语言生活双语制的发展奠定了一定的基础。1949 年以后,中国共产党和人民政府为推广民族共同语,加速我国汉语语言生活的现代化,作出了巨大的努力,终于形成了今天这样的地域方言与民族共同语并存共用,并且民族共同语起主导作用的双语制。

　　目前我国汉语语言生活的基本状况是,国家在宪法中明文规定:"国家推广全国通用的普通话。"普通话作为民族共同语已广泛用于国家行政公务活动,用于各级各类学校教学,用于广播、电视、报刊等大众传播活动,用于电影、话剧、文学作品等文化艺术创作,成为起主导作用的工作用语、教学用语和宣传用语,同时在大部分大中城市和一部分农村地区,也比较广泛地用于商业、公交、旅游等行业,成为起一定作用的交际用语,还有些地方,普通话已经成为人们日常普遍使用的家庭用语,在语言生活中基本上取代了原有的地域方言。

从语言演变的内部规律观察,汉语普通话对各地域方言或次方言产生了巨大的影响,很多方言的自身系统发生了变化,逐渐向普通话靠拢。在语音方面,有的声母、韵母、声调呈现简化趋势,有的吸取普通话音韵系统中的某些成分,改变自身原有的某些成分,有的其音值向普通话靠近,有的干脆把普通话的某些读音搬进去,不少地方的方言,老年人和青年人之间出现或大或小的系统的差别,形成差别较大的新老两派方言,青年人的方言明显受普通话影响而发生较大变化;词汇方面大量吸收普通话词,特别是青年人,许多方言词已被普通话词所代替,这就大大缩小了方言与普通话的词汇差异;语法方面有的吸收融合了普通话的语法形式,有的出现方言语法形式与普通话语法形式并用的现象。由于经济的迅速发展,文化教育科学的发达,社会交际的日益频繁,大众传播媒介的巨大影响,人们的观念形态的变化,国家意识的相对提高,地方意识的相对下降,语言发展变化的客观规律,同时也由于政府和各界人士推广普通话的不懈努力,我国汉语呈现小方言向大方言靠拢,地域方言向地点方言靠拢,乡村的方言向城镇的方言靠拢,城镇方言向大中城市或中心城市的方言靠拢,所有方言向民族共同语靠拢的基本趋势。

这样,我们是不是可以认为,经过较短时期的努力,就可以用民族共同语取代各地域方言了呢? 不能这样认为。双语制在我国的汉语语言生活中将延续相当长的一个时期。几十年内,也可能上百年,方言与普通话并存共用都将是我国汉语语言生活的基本特征。由方言的单语制向民族共同语的单语制过渡,所要花费的时间不是比较短,而是一个相当长的历史时期。这是由我国的语言生活特征以及社会、经济、文化、教育等非语言特征,还有人的多种因素等等所决定的。

首先,语言生活的发展与社会生活的发展是密切相关的,缺乏一定的社会基础和条件,语言生活无法向前发展。当社会生活处于一定的发展阶段时,语言生活的发展只能与之相适应,而很难超前。我们这里说的语言生活的发展,就是指汉语由方言单语制向方言与民族共同语的双语制,再向民族共同语的单语制发展。这一发展过程,是使用汉语的人的语言选择和语言使用发生根本变化的过程。这一过程的向前发展以及发展的快慢程度如何,需要由社会生活的发展提供必要的条件。经济的发展与繁荣,社会交际的增多与频繁,加速了沿海与内地、北方与南方的交流,丰富了人们的社会生活。人们不仅要与本地本乡的人交际,还要与外地外乡的人交际;不仅要表现和理解本地本乡的事物,还要表现和理解外地外乡的事物,这就使得民族共同语的使用成为必不可少的一件大事。如果还同过去一样,经济发展缓慢,社会生活停滞不前,人们就感觉不到学习使用共同语的必要性和迫切性。我国目前正处在社会主义的初级阶段,生产力还比较落后,人们的物质、文化生活还有待进一步提高,建设一个比较发达的现代化社会还需要相当长的历史时期。在这样一个历史时期内,如果提出以民族共同语取代地域方言,那是不合实际的。过去,我们在推广民族共同语的工作中,曾经出现过一些急于求成的想法和做法,把推广普通话仅仅看成是一项有利于国家统一和民族团结的政治任务,希望尽快普及,较多地使用行政的手段去做这项工作,而对推广民族共同语的长期性、复杂性和艰巨性估计不够,缺乏对语言演变的客观规律,语言与社会相互关系的科学理解,其结果是欲速则不达,效果不太理想。

其次,共同语固然是人们普遍使用的,功能更加优越、作用更大的交际工具,但也不能否认方言也是一种交际工具。方言与普通话相比固然有它的缺陷和较大的局限性,但是任何一种方言都是为一定地方的居民服务的,在一定阶段一定条件下,方言仍能发挥它的交际工具的作用。方言不可能人为地消灭。今天,我国的语言生活中民族共同语已经基本占据主导地位,但是各地域方言仍然发挥相当重要的交际作用。在众多的方言里,一些事物、行为动作等还没有适当的普通话词语去表示,还有一些事物、行为、动作用相应的普通话词语去表示就不那么准确、生动、传神。这些是因为普通话同一些地域方言差异太大。主要表现为:(1)一些地域方言有自己悠久的历史,这些方言形成的时间较长,有自己较完备的体系,方言与普通话不论在语音、语法、词汇上都有很大差异。不少学者认为,汉语的各大方言之间的差异,近似于不相同的语言间的差异。从历史、文化等的角度以及语言的实际关系看,我们当然不能承认汉语各方言是各种不同的语言。但从语言的差异程度及语言学的角度讲,汉语各方言的分歧是相当大的,这种分歧确实不亚于有些语言之间的分歧。(2)在我国,与各地域方言相关的各地域文化的差异也是很大的。过去我们笼统地说我国绝大多数人口是汉族,使用的是汉语,但是缺乏对汉族文化内部差异的分析与理解,而讲一致性、统一性比较多,特别是在推广民族共同语的工作中,对方言与地方文化的关系,对各地方文化的差异的研究比较少。我们大陆上的人都有这样的印象,南方文化和北方文化有一定的不同,东部沿海文化和西部高原文化也有某些差异,西北、华北、东北又有一些差别,江浙、闽粤、两湖也不完全一样,比如起居、饮食、风俗、群体性格、价值观念、劳动方式、思维习惯、传统道德等方面的一系列表现,都有所不同。我国汉族文化从微观上看是多元的,是有差异的。对这样复杂的不一致的各地域文化,民族共同语不是不可以表达,不是不可以描述。但是与地域方言相比,表达描述各地域多元的文化,民族共同语确实有不足之处。从发展趋势看,文化在互相借鉴、互相融合,但是差异是永远存在的。面对这种种文化差异,民族共同语的功能是不是就永远逊色于地域方言呢? 当然不是。民族共同语在不断丰富不断发展,也就不断适应全民族复杂多样的社会生活和文化生活的需要,越来越增强作为全民族全社会共同语的职能。但是这需要一个过程,需要较长的时间才能做到。

第三,人们不仅把语言当作一种重要的交际工具,还对语言具有深厚的感情。语言感情、语言忠诚是推广民族共同语过程中不容忽视的一个问题。在我国汉语语言生活中,人们不仅对汉语有很深的感情,也对汉语各地域方言有很深的感情。很多人的母语是汉语地域方言,而不是汉语普通话,他们幼年时期使用的是方言,或者母亲教给他的是方言,他们的幼年启蒙教育是通过方言进行的。他们的一切社会、文化价值观的形成,道德、品德的培养,接人待物的模式,乃至于自尊心、自信心的确立,无不与方言有着十分密切的关系。他们是在一定的方言氛围中成长起来的,对自己的方言当然有深厚的感情。在汉语语言生活中,这种对方言的感情,对方言的忠诚是客观存在的,是可以理解也是应当理解的。我们应当尊重这样的感情,并从全民族全社会的利益出发,对这样的感情给予正确的引导。对这一问题处理不妥,有可能产生以下不良的效果:其一,片面地宣传方言不如民族共同语优越,甚至认为方言是低级的、简单的,民族共同语是高贵的、优雅的,这就会使使用方言,或以方言为母语的少年儿童对自己的语言产生自卑感或不忠实,认为自己使用的语言土俗,进而对父母所传授的知识和文化产生怀疑,自尊心、自信心受到一定的挫伤。这对少年儿童的早期启蒙教育是十分不利的。我们提倡在有条件的地区、有条件的家庭以民族共同语作为儿童的母语,推广普通话从幼儿抓起,暂时没有条件的地区和家庭可以方言作为儿童的母语,尊重对方言的语言感情。事实上,当人们感觉到对民族共同语的需求时,当人们对民族共同语产生感情时,他们会自觉地学习和使用民族共同语,而且这种自觉性往往更加高涨更加可贵。我们不能以抬高民族共同语,贬低蔑视方言的做法去引导人们学习和使用民族共同语。其二,在推广民族共同语的时候只强调工具性,不注意语言感情的因素,造成人们学习使用普通话的被动局面。过去有些推广普通话的做法是值得商榷的,比如个别地方和单位对学不好普通话的采取某些不适当的做法,这是不妥当的。这样做缺乏对民族共同语语言感情的培养,会使人们感到学习使用普通话是被迫的,从而产生抵触情绪,收效不好。应当多采取正面鼓励和引导的方法,使人们感到学习和使用普通话是一种需要,从而变成人们的主动行为,这才能收到更大的效果。

第四,借鉴国际上一些国家和国内一些民族推行民族共同语的经验,我们认为,从长远看,语言生活的双语制对文化的多元化发展,对语言生活的丰富多样是有利的。工业革命以后,西方国家把普及共同语作为国家建设的一项重要工作,经过上百年甚至几百年的努力,确立了明确的语音、词汇和语法规范标准,扩大了他们的影响。但是他们仍然没有能够彻底地使地域方言消失,方言差异仍然或多或少地存在着。英语、法语可以说在世界上是有相当影响的,英语、法语的共同语性质已超越了本国的疆界,但是就是在英国法国的本土上,方言的差异至今也未消失。一些比较发达、现代化程度比较高的国家,如加拿大、比利时等,也都实行双语制。双语制并未影响国家的发展。第二次世界大战以后,在新加坡,宪法规定采用四种官方语言——马来语、华语、泰米尔语和英语。马来语是新加坡国语,但绝大多数新加坡人不懂马来文,也不会说马来语。华语是华人的官方语言,但多数新加坡华人的母语是汉语方言福建话、广东话、客家话。泰米尔语是代表印度族人口的官方语言,但新加坡的印度人有40%源自印度北部,他们的语言和文化传统,和源自南印度的泰米尔族完全不同,对泰米尔语缺乏认同的心理趋向。英语是新加坡政府的行政用语,也是高中以上学校惟一的教学用语,同时是新加坡这样一个国际大都会的国际用语。在新加坡如此复杂的语言生活中,如果采用简单的语言计划是根本行不通的。

就国内一些少数民族来说,大多在推行本民族语言的基础上,同时学习和使用汉语普通话或其他民族语言,如壮族、苗族、白族、维吾尔族、蒙古族、朝鲜族等。这种多元化的语言生活,不仅有利于各民族的交流与往来,还有利于本民族社会、经济、文化、科学等的发展,有利于本民族语言的丰富。

至于深圳与香港,现在的语言生活也是双语制的。只不过深圳是普通话、粤语、闽语、客家话等并存并用,香港是英语、粤语、普通话并存并用。当然,现在的香港,对普通话的使用还很不普遍。随着社会、经济、文化等的变化与发展,深圳和香港的语言生活也会不断发生变化,今后普通话的地位必将提高,作用必将扩大,而其他语言与方言不会受到削弱,将继续发挥它们的作用。这是客观实际的需要,是不以人的意志为转移的。我们语言工作者的责任是顺乎自然,因势利导,做好促进工作。

此外,语言和方言的变化是极其缓慢的,是逐渐发生的,变化过程是相当长的,而且语言和方言的演变有自身的规律。像我国语言生活这样复杂的国家,不可能想象在很短的时期里,可以人为地促使语言和方言迅速发生质的变化;我们可以用一面加速推广普通话一面适当限制方言的办法,在一定时期内让普通话逐渐代替方言,使汉语语言生活逐渐成为单语制。

在我国,目前汉语方言的分歧相当大,许许多多的人还使用自己的方言,汉民族共同语只在一部分地区一部分领域得到普及和基本普及。在这种情况下,如果汉语语言生活要实行民族共同语的单语制是根本不可能的,也是不利的。这样做缺乏必要的语言基础和社会基础,不利于汉语语言生活的丰富与发展,不利于社会交际和其他各方面的需要。

我们提出汉语语言生活的双语制,完全是从我国的社会实际和汉语语言生活实际出发的,是为了更加科学、更加有效地推广和普及汉民族共同语——普通话。只有正视和确认双语制,才符合目前我国汉语语言生活的客观实际;只有根据双语制制定出来的推广民族共同语的政策、措施、方法,才更加实际、稳妥、有效。当然,确认、实行双语制,并不是既推广普通话又鼓励学习和使用方言,或是让方言与普通话自然发展而不努力加以引导,更不是要放弃推广普通话而推广方言,而是要在大力推广和积极普及普通话的前提下,不不适当地限制方言的使用,让方言继续为各自的区域和各自的居民服务。说不不适当地限制方言的使用,不是说对方言使用就一点儿也不限制了。事实上,对学校教学和大众传播媒介的活动就要求使用普通话而尽量不用方言。同时要更好地分析我国汉语语言生活的客观实际,制定更加积极、更加稳妥的推广、普及民族共同语的政策和措施,增加科学性,减少盲目性,少走一些弯路,从而加速推广普通话的进程。语言的发展,语言计划的研究、制定和具体实施,主要依赖于全社会物质和文化的发展,推广民族共同语要根据语言生活的客观实际。

多年来,我国一直十分重视汉民族共同语的推广工作,取得了举世公认的成绩,积累了不少成功的经验。但有些想法和做法值得研究,有些工作的实际效果不见得好,主要是对这一系统工程的长期性和复杂性认识和理解得不够。双语制的提出和确认,可以使我们既大力推广普通话,又重视方言的一定作用,并且认真研究方言,研究方言的变化,研究语言与社会的复杂关系,研究人与语言的相互依存,把推广民族共同语和加强语言规范化的工作做得更好,收到更大的实效,同时让汉语语言生活更加丰富多彩。

参考文献

全国文字改革会议秘书处《全国文字改革会议文件汇编》,1955 年。

现代汉语规范问题学术会议秘书处《现代汉语规范问题学术会议文件汇编》,科学出版社,1956 年。

郭振羽《新加坡的语言与政策》,台北市正中书局印行,1985 年。

周有光《中国语文的现代化》,上海教育出版社,1986 年。

邹嘉彦《有关香港语言规划及教育的问题》,在"香港语言政策和语言计划研讨会"上发言的打印稿,1986 年 12 月。

全国语言文字工作会议秘书处《新时期的语言文字工作》,语文出版社,1987 年。

陈章太《关于新时期语言文字工作方针任务的一些问题》,载《教学语法系列讲座》,中国和平出版社,1987 年。

李如龙《论普通话的普及和规范》,载《语文建设》1988 年第 2 期。

原载《双语双方言》,中山大学出版社,1989 年

又载香港《普通话》1989 年第 1 期

说语言立法

近几年来,语言立法成为我国社会各界关注的问题,更是学术界关心的热点之一,新闻媒体和学术刊物发表不少有关文章,讨论颇为热烈。这次语言与法律学术研讨会更把语言立法问题作为会议的重要内容,可见语言学界和法学界对这一问题的重视。作为一个语文工作者,我当然也很关心这一问题,所以作此文参加讨论,具体讨论语言为什么要立法、语言立法的基本原则和怎样看待《国家通用语言文字法》三个问题。

一 语言为什么要立法

当今世界,在现代化和一体化加速发展的形势下,许多国家纷纷采取措施保证本国顺应这一形势向前发展,加强语言规划就是重要措施之一。语言规划也叫语言计划,是政府或社会团体、权威机构干预、管理社会语言生活的行为,它包括语言地位规划和语言本体规划两大部分。语言立法是语言地位规划的重要内容,目的在于通过立法确定国家官方语言和标准语及其使用,确定某些语言在本国的法律地位,规定各民族语言的关系,确保各民族的语言权利和公民个人的语言权利,减少或防止语言矛盾与冲突,规定语言规范的原则,促进语言健康、有序地发展,在社会生活中充分发挥其交际功能的作用,为社会进步和各项事业发展更好地服务。语言不立法,上述这些问题也可以得到一定程度的解决,如采用行政、学术、媒体等办法,但通过语言立法,这些问题可以解决得好一些。

关于语言立法,一般国家是在《宪法》或有关的法律中作简要的规定,主要是语言地位规划和语言权利保护。少数国家制定了专项语言法,如法国、比利时、加拿大、坦桑尼亚、新加坡、俄罗斯和哈萨克斯坦等国,有 20 个左右的国家制定了语言法。

我国地域广大,人口众多,语言方言复杂,所以从秦汉以来,历朝历代都不同程度重视语言文字及其使用,有过许多有关的规定,清代雍正皇帝还发布过"上谕",命令广东、福建推行官话。但由于历史和社会的局限,过去从未制定过专项语言法,只是在有关法律中对语言文字问题作过简要规定。到了 20 世纪 80 年代,我国实行改革开放政策,国家现代化迅速发展,社会空前进步,法律建设大大加强,为语言文字立法创造了极为有利的条件,并于 2000 年 10 月 31 日产生了我国历史上第一部语言文字的专项法律——《中华人民共和国国家通用语言文字法》。这部法律由第九届全国人民代表大会常务委员会第十八次会议通过,由国家主席发布,于 2001 年 1 月 1 日起施行。现在各地一边大力执行这部法律,一边加紧语言文字地方法规建设。这是我国政治生活和社会生活中的一件大事,更是我国语言生活中的大事。《国家通用语言文字法》的产生是时代的需要,是社会进步的需要,对增进国家统一和民族团结,便利人们社会交际,提高工作效率,促进物质文明与精神文明建设,提高文化教育水平,加强语言文字规范化、标准化,依法管理语言文字工作等,都有重要和深远的意义。

二　语言立法应当遵循的基本原则

语言立法应当遵循一定的原则,才能取得成功。我以为以下原则是语言立法时应当充分考虑的基本原则。

（一）法理原则。也就是法律制定的理论依据。我以为语言立法的理论依据主要有三条：（1）语言地位和语言权利的确定与维护，关系到国家的稳定，民族的团结，社会的进步，以及各项事业的发展。选择标准语，确定各种语言地位，规定并维护民族和个人语言权利，可以有各种办法，如政策的、行政的、社会的、学术的、舆论的等等，但语言立法是最重要最根本的保障。语言立法要有利于正确确定语言地位，合理规定和有力维护语言权利。（2）语言是社会最重要的交际工具，人们使用语言不纯粹是个人行为，它关系人与人、人与机器交际的能否顺利进行。要使人们正确地使用语言，充分发挥语言交际功能的作用，语言需要立法，以便依法管理语言及语言的社会应用。语言立法要有利于社会语言生活健康、有序地发展。（3）语言方言纷繁复杂，语言使用者差别较大，语言的社会应用千差万别，需要进行必要的规范。对语言及语言使用进行规范，一般采用多种综合法，即行政的、学术的、社会的、舆论的多管齐下，但语言立法可以为语言及语言使用规定总的原则及总的范围，给多种办法以最权威最有力的依据与支持，使语言及语言应用规范收到更好的效果。语言立法要明确规定所要调整的对象和范围，以便社会语言应用有所遵循。

（二）求实原则。也就是要从语言及语言社会应用的特点出发，实事求是地制定科学、可行的有关法律。就语言来说，我以为有这样的特点：（1）工具性。语言是社会交际工具，是信息的载体，工具性是它最重要的特点。对工具来说，只有好坏优劣之分，而无其他之别。作为交际工具的语言，必须有一定的规范，要便利人们使用。语言立法应当充分考虑这一特点，只对语言本身的问题作出规定，至于语言表达所涉及的思想内容等不宜作为法律调整的对象。（2）社会性。这是语言及语言应用的另一特点。语言不是纯粹的工具，与一般工具有所不同，它是特殊的交际工具。语言存在于社会之中,与社会有密不可分的关系,语言应用关系到社会的方方面面,产生的是社会效应。语言立法也要重视这一特点,法律在对语言地位和语言使用作出规定时,要充分考虑到对国家发展、社会进步和人们交际有利。调整的对象是关系社会的语言行为,如行政行为、社会公共行为等。至于个人的语言行为,不应作为法律调整的对象。(3)渐变性。语言的演变有渐变和突变两种形式,渐变是大量发生的,突变是少数的,而且是在渐变的基础上发生的,所以可以认为,渐变性是语言的本质特点。语言立法要认真考虑语言这一特点,在对语言使用作出规定时,不宜采取过急的做法。如在推广、普及官方语言和标准语的时候,对一般的语言和方言不宜采取限制、压制或禁止的办法,而应顺其自然让它发展,必要时还应规定它们的地位及使用范围,这才有利于社会交际及其他,收到更佳的效果。此外,还要考虑语言的其他特点,如语言的习得和语文水平的提高是逐渐的,与多种因素有关,而语言使用与语文水平有关,因此语言立法在规定法律责任和管理、处罚时要实事求是,同一般法律有所区别,总的宜宽不宜严。求实原则实质上也是宽容原则,这是由语言特点决定的。

(三)政策原则。从古至今,各个国家都不同程度重视自己的语言及其使用,普遍都制定有关语言及其使用的政策,如标准语的选择、确定与使用,各种语言地位与关系的确定与协调,民族和个人语言权利的规定,语言文字使用规则的制定,文字的创制与改革等等。这些语言政策在长期实施中,积累了正反两方面的丰富经验,为语言立法创造了条件。语言立法时,应当以长期实施的语言基本政策为基础,并很好地总结这些政策及实施的情况与经验,吸收好的成功的政策,用法律的形式加以肯定。

(四)简明原则。简明就是简单明了,也就是内容要简练,表述要准确,这是一般法律共同的要求。当然,有些法律因为内容与实施或其他的需要,也有比较详细乃至近似繁琐的。语言立法主要是确定语言地位、语言关系和语言权利,确定标准语和官方语言,规定其使用范围和规范原则等,更应当遵循简明的原则,做到简练、准确。

三　怎样看待《国家通用语言文字法》

《中华人民共和国国家通用语言文字法》公布、实施以后,在国内外反响较大,多数意见认为,这部法律的制定是科学、求实、可行的,法律的制定与公布是适时的,实施一年多来总的效果是好的。社会各界也有不同的看法。有的认为,国家《宪法》和有关的法律中,已对普通话在全国通用的地位和各民族语言的地位、权利、关系等,都有原则的规定,没有必要再制定语言专项法律。有的认为我国现在制定公布语言专项法律的条件不够成熟。有的认为语言文字水平及使用水平涉及文化、教育等很多因素,语言立法不能很好地解决这些问题。有的认为我国语言立法应当包括少数民族语言文字问题,有的认为还应当包括外国语言文字在中国境内的使用,等等。我想就下面几个问题谈谈个人的看法。

(一)要不要制定《国家通用语言文字法》? 我想答案是肯定的。因为:(1)我们国家地广人多,语言、方言分歧很大。就民族语言来说,过去学术界通常的说法是70多种或80多种,近期的说法是120多种,这已为更多学者所接受。有的学者认为,民族语言的数量可能还要多。就汉语方言来说,第一层级方言有七大方言、八大方言和十大方言之说。第二层级方言和第三层及以下层级方言没有学者明确说明过,恐怕短时间内难以弄清。如以《中国语言地图集》对方言"片"的划分为准,第二层级共有 102 个片的方言,"片"下面还有更多的"小片"和"点"的方言。总之,汉语方言的分歧很大,这是国内外学术界乃至一般人所公认的事实。民族语言和汉语方言如此纷繁复杂,严重妨碍了社会交际,影响了各方面事业的发展,需要制定一部专项法律,十分明确、具体地确定普通话在全国通用的地位和作用,并规定普通话的使用范围,以此促进普通话的普及,充分发挥普通话社会交际功能的作用,使语言使用适应社会进步和事业发展的需要。(2)近20年来我国社会的极大进步,经济文化科技的迅速发展,现代化、信息化的大大加强,迫切要求加强语言文字规范化、标准化,而我国近期社会对语言文字使用的混乱现象还在加剧,需要制定有关法律,依法加强管理与规范。(3)我国近百年来积累的语言文字工作经验,特别是近50年来实施的成功的经验和语文工作方针政策,需要很好地总结,并用法律形式充分加以肯定。(4)在我国大力加强法律建设的情况下,语言文字工作也应纳入法制的轨道,依法管理社会对语言文字的使用。基于以上四方面的原因,我国需要进行语言立法,《国家通用语言文字法》的制定是现实的迫切需要,而不是可有可无的。

(二)制定《国家通用语言文字法》的条件是否成熟?我想是基本成熟了。(1)我们国家发展到今天,社会已迈向现代化、一体化,对语言文字规范化、标准化提出了更高的要求,而实际语言生活却出现滞后的现象,如普通话在全国远没有普及,公共场合说普通话没有形成风气,不少地区方言盛行,国家机关工作人员执行公务时不少还使用方言,社会用字比较混乱,滥用繁体字、乱造简体字的现象比较普遍,出版物、广告、商标招牌、商品包装和说明书、信息技术产品等当中语言文字使用混乱的现象也很突出。国家需要语言立法,社会要求语言立法,通过语言立法,加强语言文字规范化、标准化工作,改变语言生活滞后现象。(2)我国历朝历代,都有关于语言及语言使用方面的政策,近百年来,这方面的政策更多一些。特别是近50年来制定并实施的重要而有效的语言及其使用的政策更多,其基本政策是:各民族语言文字平等共存,禁止任何形式的语言歧视;各民族都有学习、使用和发展本民族语言文字的自由;国家鼓励各民族互相学习语言文字;国家推广全国通用的普通话,推行规范汉字;推广普通话、推行规范汉字,不是为了限制少数民族语言文字的使用与发展;在民族自治地方和少数民族聚居区,国家通用语言文字和当地通用少数民族语言文字可同时使用;推广普通话不是为了消灭方言,而是为了消除方言隔阂,方言在一定地区或一定场合还可以使用。这些语言政策为语言立法奠定了坚实的基础,可以说《国家通用语言文字法》的政策准备是充分的。(3)为制定《国家通用语言文字法》,全国人大常委会教科文卫委员会和国家语委及起草组,对国内语言文字使用情况、问题和各地语言立法情况、国外语言立法情况,进行了比较全面、详细的调查研究,掌握了比较丰富的材料,作好了调查准备。(4)1996 年 10 月 28 日,第八届全国人大常委会第二十二次会议同意由全国人大教科文卫委员会牵头起草《中华人民共和国语言文字法》,国家语委积极配合起草工作。起草工作于 1997 年 1 月正式启动,经近一年的讨论、写作、征求意见和反复修改(从草稿到初稿,修改数十稿,最复杂的一稿是 8 章 58 条,内容包括总则、通用语言文字、少数民族语言文字、特种语言文字、外国语言文字在中国境内的使用,法律责任、附则等),最后形成法律草案。又经教科文卫委员会、人大常委会多次讨论、征求意见、提出修改意见,再经起草组多次修改,数易其稿,于 2000 年 4 月 21 日经教科文卫委员会再次审议通过,形成提交人大常委会审议的最后稿本。从 1997 年正式起草到 2000 年 10 月 31 日全国人大常委会第十八次会议通过,历时近 4 年,如果加上正式起草前的调研、讨论、搜集资料等准备阶段,时间超过 5 年。在准备阶段,遵照全国人大常委会的指示和教科文卫委员会的意见,起草组详细讨论了以下几个问题:制定我国语言文字法的条件是否成熟,我国的语言文字使用情况和问题,近百年特别是近 50 年来的语言政策及语言文字工作,制定语言文字法的指导思想,语言文字法的宽与严、粗与细,语言文字法的内容与框架等问题,以及通用语言文字、普通话、规范汉字等概念;如何看待、处理方言和繁体字、异体字,如何看待、处理词语涉及的不健康内容等具体问题,讨论的内容广泛,准备比较充分。我以为准备工作和起草工作是认真、细致、充分的,这就为语言文字法的顺利完成打下了坚实的基础。

上文说制定这部法律的条件是基本成熟了。如果说还有不够成熟的地方,我以为是对我国语言文字使用情况的底数还不够清楚,现在教育部语言文字应用研究所正在主持全国语言文字使用情况的调查,规模较大,不久即将完成。语言文字法如果在这次调查之后制定,其条件将更成熟。当然,这有一个时机的问题,1996、1997 年开始语言立法工作正是好时机,那时社会关注,两会代表、委员呼吁,国家领导重视,如果错过这个时机,语言立法必将推后,这将造成一定的损失。

(三)《国家通用语言文字法》的特点是什么? 主要特点有两条:(1)与一般法律是强制性的有所不同,《国家通用语言文字法》的特点是硬性与软性相结合,以软性为主。硬性主要表现在确定普通话和规范汉字作为全国通用语言文字的法律地位,规定国家机关、学校、媒体等部门、行业及其工作人员、从业人员必须使用普通话和规范汉字,普通话水平应当达到国家规定的等级标准,具体如第三条、第四条、第九条、第十条、第十一条、第十二条、第十三条、第十四条、第十五条、第十九条、第二十条。第五条规定:"国家通用语言文字法的使用应当有利于维护国家主权和民族尊严,有利于国家统一和民族团结,有利于社会主义物质文明建设和精神文明建设。"第八条规定:"各民族都有使用和发展自己的语言文字的自由。"这也可以视为是硬性的。软性主要反映在对通用语言文字的使用、管理以教育、提倡、引导为主,处罚为辅,并且相当宽容,对违法者最严厉的处罚只是由有关部门责令其限期改正,对拒不改正者或造成严重后果者,再给予处分或处罚。这是因为语言文字有自身的特点,语言文字问题不同于其他问题,有其复杂性,同时我国的文化教育还不普及,社会语文水平有待提高,而且还有近一亿的文盲;对语言文字使用不符合规范的,不能简单地认为是违法而给予处罚,那不会有好效果。同时制定语言文字法的目的是为了引导大家共同遵守国家通用语言文字使用的规范、标准和有关规定,而不是为了处分或处罚。可以认为,《国家通用语言文字法》基本上是一部柔性法。正由于是一部柔性法,所以公布、实施以后,社会各界以及国外反映较好,普遍认为它是一部科学、实际、可行的法律。如果把语言文字法制定成一部硬性、强制性的法律,那不是成功之作,实际上也是不可行的。(2)《国家通用语言文字法》的另一个特点是:科学性与求实性相结合。这个特点主要表现在这部法律的制定是符合上文提出的法理原则、求实原则、政策原则和简明原则,法律调整的对象主要是行政行为和社会公共行为,而不是通用语言文字的个人使用,具体是国家机关、学校、出版物、广播电台、电视台、影视屏幕、公共设施及招牌、广告、商品包装和说明、企业事业组织名称、公共服务行为和信息技术产品中的用语用字,对个人使用语言文字只作引导,不予干涉。对方言、繁体字、异体字和外国语言文字的使用也作了切合实际的规定。对法律责任和执法措施的规定也是切实可行的。这都是实事求是的,是符合语言文字及其应用的特点和规律,符合我国语言生活实际的。

1996 年 10 月 28 日,八届全国人大常委会第二十二次会议同意语言立法时,拟立的是《中华人民共和国语言文字法》,起草的稿子和最后形成的法律草案都包括少数民族语言文字问题。这部语言文字法如果能够制定当然很好,内容更加全面,影响也会更大。后来全国人大常委会委员长于 2000 年 2 月举行的会议认为,鉴于少数民族语言文字问题的复杂性和特殊性,决定制定《中华人民共和国国家通用语言文字法》,少数民族语言文字的问题留待修改《中华人民共和国民族区域自治法》时另作规定,这也是实事求是的做法。

　　《国家通用语言文字法》是一部比较好的法律,这是社会各界的基本共识。作为国家公民,我们应当加强法制意识和语言规范意识,努力提高自身语文素质和语言文字应用水平,自觉遵守、执行这部法律,学习、使用普通话和规范汉字,为我国语言生活健康、有序地发展作出贡献。

原载《语言文字应用》2002 年第 4 期

语言文字立法是社会进步的需要

语言文字需要立法,立法需要实事求是,这是《中华人民共和国国家通用语言文字法》制定的缘由和所遵循的原则。

语言是民族的基本特征,信息的载体,是社会最重要的交际工具。任何民族和国家都重视自己的语言及其使用,并对语言文字进行必要的规范。有的国家还制定语言文字专项法律,确保语言文字工作顺利进行。我国从秦汉以来,历朝历代也都不同程度地重视语言文字及其使用,或提倡引导,或作出规定,或下达指示,有的皇帝还发布有关语言文字的谕旨,推动语言文字规范工作。但我国历史上还没有过一部语言文字的专项法律,这主要是因为历史的局限;过去的社会不是法制社会,同时语言文字规范工作还没有提到依法管理的日程上。

中华人民共和国建立以后,因为国家发展和社会进步的需要,更加重视语言文字及其使用,制定、实施了许多关于语言及其使用的政策和法规,取得了很大的成绩,积累了丰富的经验,为我国社会主义建设作出了积极的贡献,也为语言立法创造了条件。

随着改革开放的实行与深化,我国的政治经济、文化教育、科学技术等迅速发展,社会急切要求加强语言文字的规范化、标准化,语言文字工作也得到较大的发展。到20世纪80年代中期,在制定新时期的语言文字工作方针政策的时候,曾经考虑语言立法问题,后来因为有关方面和学术界意见不一,同时语言立法条件还不够成熟,暂时将这个问题放下。

　　进入 20 世纪 90 年代以后,在国家大力加强法制建设的情况下,越来越多的人提出语言立法的问题,语言立法被提到议事日程上。这是由以下几个因素促成的:(1)我国地广人多,语言、方言纷繁复杂。语言有 80 多种(有的学者认为有上百种),各种语言又有许多方言土语,汉语方言土语有上百种之多,语言的障碍与隔阂严重影响社会交际和各项事业的发展。(2)近期我国经济、文教、科技的飞速发展,现代化和信息化、知识化的大大加强,社会的急剧变化,迫切要求进一步加强语言文字规范化、标准化。(3)我国历史上长期积累的语言文字工作经验,特别是近百年来的语文现代化的经验需要认真总结,近 50 年来成功的语言文字工作方针政策需要很好地肯定。(4)近期来语言文字的社会应用比较混乱,产生了不小的负面影响,需要切实加强管理,并把语言文字工作纳入法制轨道,积极推动语言文字工作向新的阶段发展。

　　1996 年 10 月,第八届全国人民代表大会常务委员会第二十二次会议,同意由全国人大教科文卫委员会牵头起草《中华人民共和国语言文字法》。起草工作于 1997 年 1 月正式启动,国家语言文字工作委员会积极配合起草工作。语言学界十分关心这部法律的制定,有些语言学者积极参与这部法律的研究、讨论、起草与修改,发挥了应有的作用。

　　起草组对国内语言生活、各地语言法规、语言文字工作进行调研,对以往的语言文字工作进行重点研究与总结,对国外的语言立法进行考察,收集、研究十几个国家的语言文字法律文本,讨论确定制定本法的指导思想,拟订法律框架,撰写草稿并数易其稿(实际是数十稿),多次广泛征求社会各界尤其是法学和语言学专家的意见,形成法律文稿。

　　在讨论、拟订语言立法内容过程中,社会各界存有不同认识,学术界也有不同意见。一种意见主张法律内容要全,管理要严。内容应当包括总则,国家通用语言文字,少数民族语言文字,特种语言文字,外国语言文字在中国境内的使用等,管理监督和法律责任的规定要详细、严格;另一种意见认为本法内容要简,应突出重点,主要是总结我国的语言文字政策,重申语言平等原则,确定普通话和规范汉字在全国通用的法律地位,管理语言文字应用的政府行为和社会公共行为。还有一种意见认为,对社会上语言应用混乱及其表现不健康的思想内容,语言法也应加以调整。经过多次研究与反复讨论,最后取得共识,认为语言文字法应当坚持实事求是的原则,遵循语言文字及其使用的规律,规定语言文字的使用范围和管理办法,内容宜粗不宜细,管理宜宽不宜严,以使本法更加符合我国语言文字及其应用的实际情况,在社会语言生活中更好地发挥作用。

语言文字法文稿经全国人大教科文卫委员会多次修改后形成法律草案,并经讨论通过,提请全国人大常委会审议。2000 年 10 月 31 日第九届全国人大常委会第十八次会议审议并通过了《国家通用语言文字法》,由国家主席发布,于 2001 年 1 月 1 日起施行。

《国家通用语言文字法》共四章二十八条。第一章共八条,主要说明本法的宗旨,确定普通话和规范汉字作为国家通用语言文字的地位,强调国家通用语言文字的使用所应遵循的原则,重申各民族语言平等、自由使用和发展自己语言文字的权利。第二章共十二条,主要规定哪些部门、行业、场所、人员和什么情况下应当使用普通话和规范汉字,以及应当使用普通话的人员的普通话水平应当达到国家规定的等级标准,并且规定什么情形下可以使用方言、繁体字、异体字和外国语言文字。还说明《汉语拼音方案》的性质、作用和应当进行汉语拼音教学的情形。第三章主要规定国家通用语言文字的管理、监督办法和法律责任,以及对违法者的处罚。第四章只有一条,说明本法的施行日期。

从上文所述可以看出,《国家通用语言文字法》具有几个主要特点:(1)它是我国有史以来第一部语言文字方面的国家专项法律,也是世界上为数不多的语言文字法当中的一部,它的意义是多方面的。

（2）硬性与软性相结合，主要是软性。硬性主要表现在确定普通话和规范汉字作为全国通用语言文字的法律地位，规定国家机关等部门、行业及其工作人员、从业人员必须使用普通话和规范汉字，普通话水平应当达到国家规定的等级；软性主要反映在本法对通用语言文字的使用、管理以教育、提倡、引导为主，处罚为辅，并且相当宽容。（3）科学性与求实性相结合。这部语言文字法调整的范围主要是政府行政行为和社会公共行为，对国家通用语言文字的有关规定、要求、执法措施，以及对方言、繁体字、异体字和外国语言文字使用的规定等，都是实事求是的，是符合语言文字及其应用的特点和规律的，充分肯定了我国加强语言规范化和保护语言生活多样化的政策。（4）法律条文简明扼要，只有四章二十八条，是我国诸多法律中最为简明的法律之一。

《国家通用语言文字法》的产生是时代、社会进步的需要，是现代化建设的需要，是语言文字工作发展的需要。它以国家专项法律的形式，确定普通话和规范汉字为国家通用语言文字，其意义是重大、深远的。它的诞生，对便利社会交际，增进民族团结，维护国家统一，促进物质文明和精神文明建设，提高全民族文化素质，加强语言文字规范化、标准化以及依法管理语言文字工作等，都有重要的作用。

这部法律的制定与发布是十分认真、严谨的，社会各界的反映是好的。为贯彻、实施这部法律，我觉得需要做好以下工作：（1）加强宣传，让社会各界更多的人了解、重视这部法律，自觉增强语言法制观念，加强语言规范化。（2）制定本法实施细则及有关的语言文字法规，如制定外国语言文字在中国境内使用的规定等。（3）研制、修订普通话和规范汉字的各项规范标准，如修订《普通话异读词审音表》，研制普通话通用词表、普通话轻声词表、普通话儿化词表，研制现代汉字规范字形表、人名用字表、地名用字表等。（4）加强普通话教学、培训与测试。（5）编纂各种规范、实用的语文辞书，编写语言文字使用及规范的教材、著作和通俗读物。

关于少数民族语言文字立法,1982 年的《中华人民共和国宪法》第 4 条第 4 款规定:"各民族都有使用和发展自己的语言文字的自由。"第 19 条规定:"国家推广全国通用的普通话。"这是总原则,是多样性与统一性相结合的原则。第 121 条、第 134 条对少数民族语言文字的地位、使用等也都有重要的规定。1984 年的《中华人民共和国民族区域自治法》第 10 条、第 21 条、第 36 条、第 37 条、第 47 条、第 49 条、第 53 条也有详细的规定,除确定少数民族语言的地位外,还对少数民族语言文字的使用与管理作了具体规定。

鉴于少数民族语言文字的特殊性和复杂性,2000 年 2 月全国人大常委会委员长会议在讨论国家语言文字法草案时决定,这部法律主要规范国家通用语言文字,法律名称定为《中华人民共和国国家通用语言文字法》,少数民族语言文字的使用与管理留待修改《中华人民共和国民族区域自治法》时另作规定。今后的少数民族语言立法工作,主要是修改《中华人民共和国少数民族区域自治法》,并制定其他的有关法规,研制少数民族语言文字标准及其他各项规范标准,使中国少数民族语言立法更加完善,少数民族语言文字能更好地发挥作用。

原载《中国语文》2001 年第 2 期

语言学观念的更新和语言文字工作

辩证唯物主义告诉我们:新的社会思想和理论,只有在社会物质生活的发展向社会提出新的任务以后才会产生。可是,一经产生,它们就会成为促进解决社会物质生活发展所提出的新任务,促进社会前进的最重大的力量。当前,语言学同社会科学、自然科学和技术科学一些学科一样,正面临着社会信息化和世界新技术革命的挑战。在我国,现代化建设的许多问题,在叩击语言学的大门,这就促使我们不得不重新思考一些问题,更新自己的语言学观念。

我国语言学发展的历史,充分说明观念同社会的、物质的因素的密切关系,同时也说明语言学观念的更新同语言学发展的密切关系。

我国的语言学史,如果以五四运动为界,可以分为两个大的时期。"五四"之前的两千多年,虽然还可以细分成几个阶段,但总的还是统归传统语文学的建立和发展时期。这个时期主要是运用考订、训释的方法,研究音韵、训诂、文字等,主要为读经服务。这种以诠释经典为主要目的的语文学,到了公元18世纪中叶至19世纪初出现的"乾嘉学派"时期,达到了发展的顶峰。至此,上下两千年的中国语文学,虽然在不同阶段有其不同特点、不同成就,但是在观念上并没有产生重大的变革,这也是历史的必然。中国社会政治和经济的形势决定了中国学术传统的模式,使中国的主要学术传统长期束缚在主要注释儒家经典的框框里,语文学自然也不例外。

从"五四"到现在,属于现代语言学时期。这一时期,除了继承发展传统语文学以外,主要借鉴了西方现代语言学的理论和方法,把语言文字看成一个完整的体系,全面地研究、描写语音、词汇、语法、文字的结构和演变规律及其应用,出现了许多新的语言学分科。六十多年来,特别是新中国诞生以来,我国的语言学有了长足的进步。普通语言学、语音学、词汇学、语法学、修辞学、方言学、音韵学、训诂学、文字学、词典学和语言学史等分学科以及语言规范化、文字改革等,都取得了令人瞩目的成绩。应当说,没有语言学观念的更新,就不会有语言学的这些发展。

这里还以音韵学为例来说明这个问题。中国传统的音韵学一向被认为是艰深的学问,甚至被称为"绝学"。如果《颜氏家训·音辞篇》的说法是可信的话,那么应当是"汉末人独知反语,至于魏世,此事大行"。由于其时的学人不拘囿于传统的"譬况""直音"的笼统的观察字音的观念,而是融合了新的对字音作声、韵、调等方面分析的观念,于是产生了反切。这可以说是语音学观念的一种进步。始有反切,而后才有韵书、韵图,以至于建立了音韵学。还有,明末音韵大家陈第明确提出:"时有古今,地有南北,字有更革,音有转移。"这一观念的更新,促使清代古音学的发展。总的看来,魏晋以降,直到清末西学东渐之时,中国传统音韵学应当说是很有成就的,但终归没有根本性的突破。究其原因,固然有汉语言文字本身的特点这一因素,但主要还是音韵学观念没有很好地摆脱传统的窠臼。音韵学发展没有产生科学的理论,却蒙上了一层又一层玄妙神秘的色彩。罗常培先生在谈到这个问题时说过:"曩之治韵学者,凭臆立说,每多违失:论平仄则以钟鼓木石为喻,论清浊则以天地阴阳为言,是曰玄虚;辨声则以喉牙互淆,析韵则以纵横为别,是曰含混;以五行五脏牵合五音,依河图洛书配列字母,是曰附会……"[①]一直到外国的语言学说传入中国,音韵学研究才走上了科学的现代化的道路。如果没有新的语言学观念,人们可能还要长期在故纸堆里摸索。

新中国成立以来，特别是近几年来，我国语言学研究有了很大的发展，在许多方面都进行了有意义的探索与开拓。但是，在改革开放和文教科技大发展的形势下，语言学的现状是不能令人满意的，远远不能适应各方面的需要。鉴于以往的经验，要改变这种局面，一个重要前提是：在语言学观念上必须有较大的更新。

现在讨论语言学观念的更新，首先应当对当代语言学发展的趋势作一些分析和估计。那么，当代语言学发展的趋势和特点是什么呢？我认为，第一是语言研究面临着综合化的趋势。这种趋势表现为语言学与社会科学、自然科学和技术科学的若干学科相互交叉和渗透，跨学科性与多学科性的综合研究及语言学成果的广泛应用，这已经成为当代语言科学的鲜明特征。第二是基础研究、理论研究与应用研究之间的联系日趋加强。一方面，由于一系列与科学技术、国民经济发展有密切关系的新课题急需语言学去解决，语言学应用范围进一步扩大；另一方面，语言学的应用与发展要求加强基础研究和理论研究，从宏观和微观两方面解决好应用研究和基础研究、理论研究结合的问题，为现代语言学的深入发展开拓广阔的前景。第三，语言学出现了数字化、模式化和精密化的趋势。定量研究开始应用并取得一定的成果，使定性研究的成果更为科学化。第四，出现了面向研究未来的趋势，为提供决策和咨询的研究，如语言预测、语言规划、语言政策等已经成为语言学的重要课题。第五，语言学研究的国际化趋势日益增强，国际合作与学术交流日见扩大。

下面，我想就语言学观念的更新着重讨论五个问题。

一、我们需要扩大视野，突破传统的狭隘眼界，摆脱历史淀积下来的某些观念，使语言学在广度和深度方面有较大的发展。

每一个学科，在一定意义上就是一种视野、一种方法。当代自然科学的飞跃发展和生产力的巨大进步,使人们对宏观和微观世界的认识有了进一步的深化,科学工作者已经善于以多维视野去观察、研究自己所研究的对象,语言科学当然不能例外。长期以来,我们一直把语言看作是人与人的交际工具,这当然没有错。但是在世界进入"信息时代"的今天,这种观念就显得不那么全面了。语言不仅在人与人的直接交际中发挥作用,而且在科学技术以及其他许多领域中越来越多地显示它的重要性,人工智能、人机对话就是借助于语言的媒介作用来实现的。语言的交际功能比以往任何时候都扩大了,这就要求我们以新的视野去观察语言,从新的角度去思考问题和解决问题,改革语言学传统的研究范围,拓展语言学研究的思维空间和处理对象。当然,这并不是说要割断历史,历史虚无主义是不对的,语言学研究不应该也不可能割断历史;现代语言学的研究方法是历史上研究方法的继承和发展,尽管有时候带有"扬弃"的性质。

二、需要大力加强语言应用研究。我们应当注重研究解决现代化建设对语言学提出的有关课题,研究对学科自身发展有重大意义的课题,加强语言文字规范化、标准化的研究,在加强基础研究和理论研究的同时,更注重应用研究。

也许由于语言同社会的关系实在是太密切了,所以一般人反而没有认识它的重要性,对语言学也没有提出太多的要求,甚至有人认为语言学是一门可有可无的点缀性的科学。就是从事语言研究的人,有的也会不自觉地认为语言学同国计民生的关系并不怎么密切,似乎是学术性强于实用性,因此也就没有很好地致力于语言应用的研究,没能更多更好地为社会解决一些亟待解决的问题。其实,语言学是一门非常实用的科学,它同社会许许多多方面,同许许多多学科都有紧密的联系。理论语言学当然重要,但应用语言学不仅不可偏废,而且需要大力加强。我们应当树立这样一种观念,只有这样,我们的语言学才会充满活力,才会昌盛,才会作出更大的贡献。

还有一点,就是要注重口语研究。我们知道,传统语文学常常认为古代经典著作的语言是万古不朽的学习榜样和写作的典范,因此一向看重书面语而轻视口语,根据书面的材料,研究书面语的问题,古今中外基本如此。这种观念应当改变,实际上口语使用比书面语使用的频率高得多,而且口语又是书面语的基础。尤其是处于现代化的当今社会,口语的重要意义越来越大,研究口语的重要性也愈加明显地表现出来,而且研究口语还可以为语言学研究提供相当丰富、有用的材料。注重口语研究,实际上就是加强语言应用研究。

在谈到加强语言应用研究时,很有必要提到新时期语言文字工作的方针和任务。这个方针任务是经党中央和国务院领导同志批准的,在1986年年初召开的全国语言文字工作会议上正式公布了。它是在总结建国三十多年来我国语言文字工作经验的基础上制定的,体现了我国现代化建设的客观需要。这个方针任务的核心是"促进语言文字规范化、标准化","使语言文字在社会主义现代化建设中更好地发挥作用"。新时期语言文字工作的任务既很重要又很艰巨,要靠全国语言文字专家、语文工作者和广大的语文使用者的共同努力才能完成。除了大量的行政组织、宣传推广、咨询服务工作要做以外,还有许多科研课题要完成。如语言规范化问题,新词术语和外来词语的规范,缩略语规范,词类问题,同音词问题,普通话与方言发展预测,普通话分级要求和测试办法研究,普通话轻声、儿化研究及其标准的制定,普通话史研究,民族地区推广普通话问题,汉语北方话地区推广普通话问题,大中城市、沿海开放城市及旅游地区推广普通话问题,口语问题研究,语言风格研究,北京话研究,各地汉语方言概况和方言志的编写,北方话基本词汇调查研究,汉语方言重点研究,方言音档的建立,汉字的性质、功能及其演变的研究,现行汉字定量、定形、定音、定序研究,各项用字标准的研究与制定,社会用字规范研究,现代汉字学的建立,汉字识读与书写研究,汉语拼音正词法研究,汉语拼音的发展与应用研究,拼音电报研究,"注音识字、提前读写"实验研究,汉语拼音认读与书写研究,各类字典词典的编纂,普通话语音分析与合成,汉语主要方言的语音分析与合成,机器翻译、人工智能和人机对话的语言问题,汉语汉字的信息处理,汉语拼音输入系统的研制与完善,等等。要完成这么多重要课题,需要语言学者和有关学科的专家同心协力去攻关。

三、语言学研究要加强横向联系。当代任何一门科学的发展都有一个横向联系的问题,但这个问题对于语言学来说尤为重要。从总体上说,语言学自从由传统的语文学发展为现代语言学,已经逐渐从旧的圈子中跨出。语言学的地位、研究对象、研究范围和研究方法都发生了很大变化。一些著名的科学家明确指出,语言学是一门领先的科学。语言学同社会科学、自然科学和技术科学已经彼此渗透、合流,内在地、有机地结为一体,产生了既"亦此亦彼",又"非此非彼"的交叉性新学科,还有许多偏于一方的边缘性学科。如果说以往的语言学仅仅把语言当成文史学的一种工具或哲学的一部分加以研究,或许还与人类学、民族学、考古学、文化史等学科相联系;如果说近代的传统语言学和结构主义语言学也仅仅满足于对语言现象的描写、分析、比较和归类,那么,在人类生产力和科学技术迅猛发展的今天,这种界限已经被彻底打破了。语言问题已经成为心理学、生理学、物理学、符号学、传播学、数学、信息论、控制论、通信科学、计算机科学等必不可缺的课题;语言学的进展,已经成为许多学科突破的关键,社会科学、自然科学和技术科学许多学科纷纷向语言学要求提供理论、模式、数据和材料,就是一个证明。在这种形势下,产生了一大批新兴的学科,如社会语言学、心理语言学、工程语言学、数理语言学、计算语言学、神经语言学、声学语言学、地理语言学,等等,使当代语言学显得特别活跃。同时,语言学又必须从社会科学和自然科学各有关学科的研究引进新的方法、新的手段和新的成果，以促进语言学自身的发展。从这个意义上说，语言学也必须同社会科学和自然科学、技术科学的有关学科加强横向联系。

四、要创造语言学研究的优良条件和环境。

首先，从事语言学研究的同志要不断补充知识和更新自己的知识结构。因为传统的单一、狭隘专业化的知识及其结构显然不能适应现代语言科学的要求。

其次，要认真贯彻百家争鸣的方针，造成一种和谐的、活跃的学术气氛，切实开展语言学工作者之间的切磋性对话。积极创造条件，鼓励和促进我国语言学界不同学派和不同流派的产生与发展。在学术研究上，既要保持真诚的合作，也要维护有益的竞争。只有这样，才能真正繁荣我们的语言学。

第三，要重视并加强信息交流。信息既是科学研究的重要资料，又是确定选题的依据。加强信息交流，可以使我们的思维改变封闭和保守的状态，大大活跃起来。长期以来，由于各种原因，语言学界的信息是相当闭塞的，这影响着学术观点的交流和知识的更新，也造成了交叉重叠的浪费性劳动和重复性研究。特别是在掌握国外语言学研究的动态和成果方面更为落后。这就要求我们作出不懈的努力，不仅要疏通国内信息交流的网络，还要扩大国际学术交流，逐步建立国际学术信息系统。

第四，实现语言学研究手段的现代化。语言学和社会科学某些学科一样，传统的个体小生产式的研究方式早已使人们感到捉襟见肘。科研人员收集文献资料的时间大大超过了分析研究的时间。语言研究除了充分利用复印机、缩微胶卷、视听录像器材以及各种语言分析仪器外，应当广泛采用电子计算机，并且应当着手建立汉语语料库和数据库，逐渐实现研究手段现代化，从根本上提高研究工作的效率。

　　五、要重视人才的培养。社会主义的发展为语言学发展创造了极为有利的条件。我们面前的任务光荣而又繁重,需要许许多多语言学的专门人才为之努力奋斗。这些人应当是思想纯正,学风良好,知识广博,勇于创新,有思想,有毅力,肯钻研,善思考。就目前现状来看,我国语言学的人才,不管在数量上,还是在素质上,都远远满足不了现实的需要。这就要求我们充分重视人才的培养,尤其要花大力气培养青年语言学者,向他们提出更高的要求,热情鼓励和支持他们前进,并为他们的成长创造有利的条件。我国现代语言学的深入发展和语文工作的进一步开展,主要寄希望于青年语言学者!

　　我们所处的时代,是一个开放、改革、创新、发展的时代。在这样一个到处都呈现生机勃勃、发生深刻变化的伟大时代里,我们语言学工作者当然也不应墨守成规,而应当以更大的勇气和力量,去更新我们的某些语言学观念,做好各项工作,让语言研究更好地为社会主义现代化建设服务,让语言文字工作得到充分的发展。

附　注

① 　罗常培《汉语音韵学导论》,中华书局,1956 年第 1 版第 24 页。

原载《语文建设》1987 年第 1 期

语言生活调查刍议

一

语言生活(language situation)又称语言状况,还有其他的说法,实际上就是指人们使用语言文字的情况。

语言生活伴随着人类社会的产生、进步而存在、发展,它受语言文字本身的演变和社会多种因素(政治的、经济的、文化的等)的影响,因而不同时期、不同社会、不同国家、不同民族、不同地区常常有不同的语言生活。一般国家和民族对自己的语言生活都比较重视,许多国家和民族对本国本族的语言生活都进行过认真的调查,并采取一些重要的措施,包括制定有关的法规和标准,引导语言生活适应社会的需要而健康地发展,指导人们对语言文字正确而有效地使用。有些国家和民族对语言生活的调查还进行过多次,也就是隔若干年即调查一次,以便了解语言生活的变化、发展情况。我国各民族的语言生活是丰富多彩的,也是十分复杂的。近百年来,我国的语言生活发生了很大的变化,然而我国对语言生活却很少调查,全面的调查更没有进行过。直到最近几年,中国社会科学院民族研究所才对我国的55个少数民族的语言生活进行了比较全面的抽样调查,取得了一批宝贵的资料。而对汉语言生活,则只进行一些零星的调查,有组织有计划的全面的抽样调查亟待进行,再也不能拖延!

二

语言生活同人类社会的关系实在是太密切了,所以对语言生活进行调查也就具有重要的意义。我认为,至少有以下几方面意义。

(一)语言生活调查,可以看作是国情调查的一个具体内容,也是语言文字工作和语言研究一项重要的基础工作。就我国来说,这项调查虽然不如国土、人口、资源等调查那么重要和紧迫,但也是不可缺少和忽视的。弄清我国各民族语言生活的基本状况,以便在语言文字工作和研究方面,做到心中有数,统观全局,决策科学,指导有力,有效地防止主观性和任意性,使语言生活得到健康的发展。

(二)为制定、实施语言政策和有关的教育政策、文化政策提供科学的依据。许多国家在制定语言政策和有关的教育政策、文化政策时,几乎都对本国的语言生活进行过调查,以取得可靠的资料作为依据,日本、加拿大、比利时等莫不如此。我国在这方面做得比较差,从清末以来逐渐开展的文字改革和语言规范化,往往是根据政治、社会等的变化、发展而提出来的,有关政策的制定其科学依据有所不足。1985 年我们在起草全国语言文字工作会议的有关报告和文件,以及草拟新时期语言文字工作方针任务时,便深感缺乏过去和现在的语言生活的具体资料的困难。就现阶段来说,进行语言生活调查,主要目的是为了更好地推广普通话和加强语言文字的规范化、标准化。

(三)在一定程度上可以据此预测语言生活发展的情况和问题。语言生活既然受语言文字本身的演变和社会多种因素的影响,那么它当然不是一成不变的,而是处于相对的变动之中。调查了解了现在的语言生活,可以从中预测未来一个时期语文生活的发展、变化情况。比如了解了普通话在全国各地区各行业迅速普及,而方言土语依然顽强地存在,并为各方言区的人服务这种情况,以及简化汉字已在几亿人当中广泛流行,而繁体汉字仍在一定范围内使用这种事实,似乎可以预测我国未来一个时期的语言生活可能是双语言双文字的格局。当然,这里说的双语言双文字是广义的语言学名词。双语言既包括汉语普通话和少数民族语言,也包括汉语方言。事实上,汉语方言对普通话来说是低一个层次的,不是并行的一种语言。而双文字既指汉字与少数民族文字,也指简化字和繁体字,还包括汉语拼音方案。当然,简化字是法定的规范字,繁体字只在一定范围内使用,汉语拼音方案还不是正式文字。

(四)对完善、发展语言计划学有积极意义。语言计划又称语言规划,有人还叫语言策划,实际上是指语言政策的制定与实施,标准语的选择、规范和推广以及对文字进行创制和改革,我国早已进行了语言规范化、推广普通话和文字改革,还为有些少数民族选定标准语和制定文字。可以说我国的语言计划学已经建立,只不过过去没有这么称说,而且也不够完善,许多语言规范化和文字改革的理论问题和实际问题还没有解决。如语言工作如何立法,新词、术语和外来词语如何规范,普通话的规范标准如何更加明确、更加具体,在改革开放和商品经济迅速发展的今天,如何利用这个有利时机在全国范围内加速推广和普及普通话,在各个不同地区(不同民族,不同方言,不同经济文化地区等)、不同行业如何有效地推广普通话,如何看待地方普通话问题,异读词审音问题,现代汉语用字要不要限制,如何限制,人名用字如何限定,汉语拼音方案如何完善发展,海峡两岸的语言生活如何协调,港澳的语言问题,等等。调查了解我国当前的语言生活,为解决这些问题提供了有利条件,也对我国语言计划学的完善和发展,具有积极意义。

三

一般说,语言生活的具体内容主要包括国家、民族、地区、行业、家庭、个人对语言文字的使用情况,这些都是语言生活调查的范围。从我国的实际来看,调查汉民族语言生活和少数民族语言生活是刻不容缓的任务。可以设立"中国当代语言生活状况调查"课题,主要调查普通话、方言土语、简化汉字、繁体汉字、汉语拼音、方言俗字等在各地区(包括城市、乡村和少数民族地区)的使用情况。在改革开放的今天,不少地方的有些行业和个人,已经在书面或口头方面使用了一些外国语文,如经贸部门、三资企业、大的宾馆饭店、旅游行业、旅游点的商贸活动、边境贸易,以及商标、广告、招牌、路牌、站牌等,调查时似乎可以增加这一内容。关于少数民族语言文字的使用情况,民族研究所已在近期作过调查,此处从略,本课题只需调查汉语文和外国语文在少数民族地区的使用情况。调查内容应当包括如下这些方面。

首先,要弄清各地区的人口、民族、文化和语言文字情况,也就是本地区有多少人口、多少民族、有无方言文学和地方戏曲,几种语言文字(包括方言、土语、简化汉字,繁体汉字、汉语拼音方案等,下同),这些语言文字的名称、俗称是什么。搞清这些问题,才好进一步调查语言文字的使用情况。

其次,调查这些语言、方言、文字在本地区使用的地理分布、人口数量、语言地位(在人们的感情上有无高低、主次之分),以及城镇与乡村的差异、口语与书面语的差异、过去与现在的差异等。

第三,各种行业使用语言文字的情况。行业中应当包括教育、宣传、行政、政法、文化、宗教、商贸、工交、军队等。教育方面主要调查幼儿园、小学、中学、职业学校、师范学校的教学用语言文字情况。宣传方面主要调查新闻、出版、广播、电视、电影等大众传媒使用语言文字情况。行政方面主要调查政府机关和党派、团体等在公文、布告、命令、法规和办公、开会、发言、电话、通信、接待等方面使用语言文字的情况。政法方面主要调查办案、接待、讯问、作证、申诉、辩护、判决、调解、民警交警工作等使用语言文字的情况。文化方面主要调查戏曲演唱、文字创作、展览说明讲解等使用语言文字的情况。宗教方面主要调查典礼、布道、诵经、礼拜、教育、传教、出版经典等使用语言文字的情况。商贸方面主要调查办公、洽谈、销售、公关、服务、宣传、广告、商标、招牌、叫卖等使用语言文字的情况。工交方面调查生产指挥、办公、联络、接待、服务、交谈等使用语言文字的情况。军队方面主要调查指挥、训练、学习、管理、通信联络、地方工作、连队生活等使用语言文字的情况。

第四,家庭和个人使用语言文字的情况。家庭是社会的细胞,家庭用语是幼儿首先习得的母语。在双语社会中,家庭用语的分布情况,往往反映各种语言文字在该地区的社会地位。调查家庭用语,主要了解家庭成员在家庭中使用语言文字的情况,需要注意场合、对象、话题、时间、辈分等条件对语言文字的使用是否有影响。调查个人用语,主要是调查个人的母语,现在使用的语言、方言和文字,还会什么语言、方言、文字,所使用的语言、方言、文字水平如何,在正式场合和非正式场合、私下场合都使用什么语言文字,对所使用的语言、方言、文字的感情和使用动机如何,还要了解本人的性别、年龄、职业、爱好、文化程度、语言环境,以及其父母的职业、文化程度、语言使用、语言感情等情况。

最后还要调查地区、行业、家庭、个人使用语言文字在社会效益和经济效益方面的情况,最好有计量材料和典型事例,这更能说明问题。

四

调查方法和工作步骤,这主要是技术性问题,需要细致安排,以保证工作的顺利进行,并取得较好的调查结果。

关于调查方法,因为我国幅员辽阔,人口众多,语言生活丰富复杂,不可能采用全面调查的方式,只能采取分地区选点进行抽样调查的方法。在一个地区、一个点、一个行业,一般也只能按比例选择有代表性的进行抽样调查。就全国范围来说,调查点至少要有四五十个,调查对象至少要有三四十万人,点少人少了不大说明问题。选点要考虑各地区和各种因素,南方方言复杂地区和东部经济、文化发达地区可以稍多一些,其他地区少一点儿。抽样调查主要采用间接问卷方式,少数采取直接当面调查,问卷调查省时省力省钱,而且调查面可以宽一些;直接调查比较麻烦,但可以获取详细资料和典型事例。做好问卷调查具有三个重要的条件:1. 根据调查目的,周密设计详细、具体、科学的调查表格,这是关键性的工作。2. 调查人要有一定的水平,充分了解调查目的和调查表格的每一项内容,以便回答调查对象的询问。3. 选择好调查对象。抽样调查应当遵循有关科学的原则和方法,以保证定量资料的可靠和抽样推算的准确。

调查工作的步骤,大体可以分为:1. 成立精干的课题组,掌握全面。2. 筹集足够的经费。3. 拟订工作计划和调查表格。4. 组织论证工作计划的可行性和调查表格的科学性。5. 进行试点调查,总结经验。6. 修改工作计划和调查表格。7. 组织调查队伍,培训调查干部。8. 开展全面调查。9. 检查调查情况,及时发现并解决问题。10. 汇总、整理、复查资料。11. 全部资料输入电脑,进行分析统计。12. 编写调查报告。13. 总结工作。为适应情况的变化,调查工作可以分为三个阶段进行。第一阶段为准备工作,试点调查;第二阶段为培训干部,全面调查;第三阶段为整理分析,编写报告。三个阶段可以各有相对的独立性。

　　语言生活调查是一项大型、艰巨的系统工程,需要主持者周密计划和认真组织,参与者积极投入和细致工作,各有关方面大力支持和紧密协作,在人力、财力、物力上给予充分保证,才能比较顺利地进行,并取得预期的效果。

原载《语言文字应用》1994 年第 1 期

再论语言生活调查[*]

    语言生活调查是社会语言学的一项重要内容。1993 年笔者曾探索过语言生活调查问题,历时一年半。当时在语用所成立课题组,查阅一批国内外有关资料,拟订调查大纲,编制三份调查问卷,安排了试验调查的准备工作,粗略了解了全国语言生活状况,研究并吸收了我国少数民族语言使用情况调查以及其他一些规模较小的社会语言问题调查的经验,初步设计了计算机输入、处理调查资料的方案,调查的准备工作基本就绪。设想用三年的时间,分三个阶段对我国的语言生活进行一次较为全面的调查和较为深入的研究。后来因为经费难以落实,调查工作无法进行,课题组也随之解体。为了提请学术界和社会有关方面对我国语言生活调查的重视,笔者曾将初步研究所得和个人的一些想法写成文章,题为《语言生活调查刍议》(《语言文字应用》1994 年第 1 期)。近年来,笔者参加一些语言生活调查的专题讨论,看到更多的文章、资料,对语言生活调查问题继续进行思考,觉得以前发表的文章言犹未尽,同时又有一些新的想法,所以再写此文作补充论述。

一

    语言生活调查对任何一个向工业化社会发展的国家都有重要的意

---

    * 本文提交为庆祝《语言教学与研究》创刊 20 周年而举行的"语言学及应用语言学学术研讨会",发表时略有修改。

义,而对我国来说更是一项重要而紧迫的任务,所以 1996 年国家语言文字工作委员会拟订了"中国语言文字使用情况调查实施方案",上报国务院,1997 年 1 月 6 日国务院第 134 次总理办公会讨论批准了这一重大计划,并决定拨专款作为此项调查的经费。现在这项调查工作已经启动,开展了第一阶段的准备工作。关于这方面的情况,请参见苏金智《中国语言文字使用情况调查准备工作中的若干问题》(《语言文字应用》1999 年第 1 期)。开展中国语言文字使用情况调查,这是我国语言文字工作和语言研究中的一件大事,真令人感到欣慰! 当然,全国语言生活调查有相当的难度,需要周密计划,充分准备,精心组织,科学实施,这样才能取得圆满的结果。

全面调查我国的语言生活,具有十分重要的意义。首先,我国的语言文字种类众多,方言分歧很大,其复杂情况在世界上是很少见的;尤其是汉语方言的差异,更是其他语言所不能比拟的。在一个国家中,有近百种语言,几十种文字,一种语言中有层次不同、互相难以沟通的、至少几十种上百种的方言土语,另外还使用多种外语外文,而各种语言、方言、文字的功能各不相同;这么多的语言、方言、文字共存分用,势必影响我国社会生活的各个方面。对各种语言、方言、文字的使用情况、功能发挥情况和问题进行调查,无疑是十分必要的。

第二,我国历史悠久,幅员辽阔,人口众多,民族也多,文化丰富,加上错综复杂的社会、政治、经济及其他各种人文因素,使得我国的语言生活呈现极为纷繁的局面。各地区、各行业、各群体,乃至不同的个人,因其具体情况的不同,使用语言文字的情况也各不相同,语言文字使用情况真是千差万别。拿地区来说,因语言、方言和经济、文化、科技等发展情况的不同,其语言生活、语言观念也不尽相同,有的差异还相当大。现在我国正处于改革开放时期,社会发展很快,情况变化很大,这都深刻地影响着社会语言生活,使我国的语言生活发生急剧的变化。而语言生活的变化,又关系到社会的诸多方面。

第三,鉴于上述情况,按说早就应当对我国的语言生活进行全面、深入的调查。然而,从 20 世纪 30 年代初期民国政府教育部国语统一筹备委员会提出调查全国语言区域状况的计划,至 20 世纪 90 年代初期,时间过去了半个多世纪,这期间虽然有过一些语言使用情况的调查,但都是专项或局部的,而不是全面、系统的调查。因此目前我们对全国语言文字的使用情况不甚了了,缺乏全面、具体、准确的数据和资料,这当然不能满足现实的需要,确实是很大的缺憾。假如 20 世纪 30 年代的语言区域调查是全面、科学. 有效的,那就必然会对我国当时及以后的文字改革、语言规范化、语文教学、语言研究和教育、文化、科技等的决策与建设发挥积极的作用。

第四,现在我国正向工业化、信息化社会迈进,现代化程度越来越高。现代化要求标准化、高效率。作为交际工具和信息载体的语言文字,为适应现代社会发展的需要,必须加强规范化和标准化。就我国来说,当前这方面的紧迫工作,主要是大力推广和积极普及全国通用的普通话,加强汉字(包括汉语拼音)和少数民族文字的规范化和标准化,加强语言信息处理的研制与管理,加强语言文字应用的管理,提高全社会的语文素质。而要做好这些工作,必须充分了解我国语言文字使用的情况,这就有赖于对我国语言生活进行全面的调查。

语言生活调查还有利于文化教育、科学技术、劳动人事等部门的科学决策,有助于制定社会发展规划。

语言生活调查的意义是多方面的,应当引起学术界特别是语文工作者的进一步重视,并努力争取有关部门乃至社会的大力支持与协作,这样才能真正做好这一重要工作。

二

　　根据不同的目的，合理确定不同的调查内容，这对搞好语言生活调查是至关重要的。

　　语言生活调查，一般分为普遍调查和专项调查，也就是全面调查和局部调查。两种调查的内容都可以有详有略，如 20 世纪 80 年代以来对北京话的几次专项调查，其中胡明扬先生主持的"北京女国音的调查""'胰子''姆末（我们）''且（从）''伍的（什么的）'四个词使用情况的调查""北京城里不同地区语言差异的调查""不同民族的北京人语言差异的调查"，陈松岑先生主持的"北京城区两代人对上一辈非亲属使用称谓情况的调查""北京售货员使用礼貌用语的调查""北京话'你''您'使用情况的调查"等，其内容就比较简略。而林焘先生主持的"北京话调查"，北京语言学院组织的"北京口语调查"等，可以看成是专项、局部的调查，也可以看成是普遍调查。其内容比上述一些北京话的专项调查显然详细，而比目前正在进行的"全国语言文字使用情况调查"又要简略得多。由吕冀平先生主持的"语言使用及规范问题调查"，詹伯慧先生主持的"广东境内粤、闽、客方言地区语言文字使用情况和问题的调查"，齐沪扬等同志负责的"上海浦东新区普通话使用状况和语言观念的调查"，杨晋毅同志主持的"洛阳新老城区语言使用调查"，国家语委政策法规定组织的"我国当前社会用字情况调查"，以及陈松岑先生主持的"绍兴普通话使用情况调查"，崔吉元先生主持的"延边地区双语、三语情况调查"等，则既是专项、局部的调查，也可以看成是小规模的普遍调查。由中国社会科学院民族研究所组织的"中国少数民族语言使用和文字问题的调查"，虽是专门调查中国少数民族语言生活的，但其规模较大，内容丰富，属全面调查。

目前进行的"中国语言文字使用情况调查",其内容也可以有详有略或详略适中。调查的内容,要视拟订的目的和现实的条件而定。详细的内容应当包括基本概况,地理位置,历史沿革,人口迁徙,民族、语言、教育、文化、传媒、商业、交通、宗教等情况,人口数字,人口的民族、性别、年龄构成以及文化程度、语言环境等情况,语言文字的使用情况,语言功能,语言能力,学习动机,语言态度等。调查的语言文字应当包括汉语汉字,少数民族语言文字,外国语言文字,各种语言的方言,以及口头语言和书面语言。这种问卷调查的问题大约在100个左右。较略的内容包括当地简况,人口及其情况,汉语言文字及方言的使用,以及少数民族使用汉语言文字及其方言的情况。这种问卷调查的问题大致二三十个。详略适中的内容包括基本概况中的民族、语言、教育、文化、传媒、商业、交通、宗教等简况,人口及其情况,汉语言文字(包括普通话、简化字、繁体字和汉语拼音)及方言的使用情况,语言能力,语言态度。鉴于少数民族语言文字的使用情况,中国社会科学院民族研究所已于20世纪80年代中期进行了详细调查,并已发表了调查报告及有关数据,这次全国语言生活调查对此可以从略,只需简略调查少数民族语言文字的使用情况,及少数民族地区使用汉语言文字的情况。由于我国实行改革开放政策,外国语言文字在我国的使用越来越多,所以这次调查还应当包括外国语言文字在我国的使用情况。从现有的人力、经费、预定时间及其他条件看,我认为这次语言生活调查的内容宜采用详略适中的方案。问卷调查的问题大体五六十个,具体内容包括主要概况,普通话及方言,汉字(包括简化字和繁体字)和汉语拼音,少数民族语言文字,外国语言文字的使用情况。少数民族语言文字和外国语言文字使用情况的调查可以简略一些,主要侧重普通话、汉字和汉语拼音使用情况的调查。

作为社会主要交际工具的语言,交际的需要和社会的不断变化,使它总是处于相对稳定和缓慢变化的状态之中。语言文字的使用是在社会中进行的,它跟社会有极为密切的关系,因而语言文字的使用状况必然常常发生变化。鉴于上述原因,语言生活调查的内容既应该包括静态的,也应该包括动态的,特别要注意语言文字在社会使用中的变异现象和语言生活的变化情况。比如普通话是现代汉语的标准语,它的地域变体是现代汉语方言。而普通话在方言区的使用,又因受方言的影响,常常发生地方变异,使其带有不同程度的方言色彩,形成各种地方化的普通话,人们俗称为某地普通话,如四川普通话、湖南普通话、上海普通话、广州普通话、台湾普通话,等等。在调查普通话、方言的使用情况时,应当把这种变异现象包括进去,这样更能反映真实的情况。具体处理有两种办法:一是把它归入普通话的范畴,一并调查,必要时注明这是非标准的普通话;二是把它同标准普通话和方言分开,单独作为一项内容进行调查。又如人们在使用语言时,有时会因对象、场合、话题等的不同而变化,进行语言生活调查,应当尽可能把这些不同的情况包括进去。

三

语言生活调查,不论是政府行为,还是单位组织,或是个人承担,从实质上看都是一种综合的社会调查,都具有很强的科学性和学术性。为搞好语言生活调查,摸清实际情况,获取准确数据,全部工作需要认真组织,慎而又慎。这当中有几个问题值得充分重视和很好研究。

(一)关于调查大纲与问卷的设计。这是语言生活调查最重要的基础工作。调查大纲是统观全局的,主要包括调查目的,调查范围,调查内容,调查步骤和调查方法。调查问卷具体体现调查大纲的内容。调查大纲和调查问卷的设计是否科学、合理、细致、周密,是语言生活调查成败的关键。好的调查大纲应当目的明确，范围具体，内容适当，方法可行，有相当的高度和深度。好的问卷应当内容全面、具体，设问简明、准确，便于调查、操作，可以检验、纠误。大纲的形式一般是用文字叙述或询问的。问卷的形式可以是问答式、选择式、提示式，也可以是表格式，采取何种形式取决于语言调查内容、方法的需要。就一般语言生活调查而言，问答式、选择式，或两者结合并用的形式可能更适用一些。调查全国或较大地区的语言生活，需要设计多种问卷，如随机抽样问卷与典型调查问卷，个人问卷与行业、群体问卷。其中行业、群体问卷应当设计多种，分别适用于使用语言文字较多的行政、政法、教育、文化、广播影视、新闻出版、工交、服务、宗教等部门、行业或团体。

问卷的设计及其内容要从语言使用的实际出发。比如关于语言能力的调查，在询问普通话的掌握情况时，首先碰到的是怎样判断普通话，怎样对待标准的普通话、非标准的普通话和方言，这要有一定可行的办法。

什么是普通话？从理论上说，普通话是现代汉语标准语，它"以北京语音为标准音，以北方话为基础方言，以典范的现代白话文著作为语法规范"。从法定地位和语言功能来说，它是全国通用的，是各地区、各民族的共同交际语。普通话是一个总的范畴，其实际含义比较宽泛，包括静态的标准的普通话和动态的非标准的普通话两部分。标准的普通话已经定型，非标准的普通话则处于变动之中，是一个动态的过程。

非标准的普通话向标准的普通话变动过程的长短，取决于许多相关因素。就地区来说，主要取决于：（1）该地区经济、教育、文化、科技、交通、传媒等的发展情况；（2）该地区的对外交往情况；（3）该地区的语言、方言与普通话的距离；（4）该地区语言、方言的稳固与变化情况，以及人们的语言价值观和语言感情；（5）该地区推广普通话的情况。就个人来说，主要取决于：（1）个人所接触的语言环境；（2）个人受教育的情况;(3)个人需要的情况;(4)个人努力程度;(5)个人语言天赋的情况。有的人这个变动过程比较短,甚至很短;有的人比较长,而相当多的人一生都很难完成这个过程。标准的普通话是为教学、学习和推广普通话用作标准的,一般人不容易达到。非标准的普通话已经大体改变了原来的语言或方言面貌,基本脱离了原来的语言或方言范畴,进入了普通话范畴,这是社会使用中大量、普遍存在的,它主要是带有不同程度方言色彩的地方普通话。

　　进行全国语言生活调查,可以把非标准的普通话归入普通话范畴。这有如下的理由和例证:(1)由国家语委制定,国家语委、国家教委和广电部于1994年联合发布的"普通话水平测试等级标准",把普通话水平分为三级六等,其中二级乙等和三级甲、乙等都允许有不同程度的方言成分,也就是说带有不同程度方言成分的普通话也是普通话。(2)由日本文部省国语研究所设计、中国人民大学舆论研究所组织实施的"语言意识与外语观"的调查,对非标准的普通话与标准的普通话就未加区别,甚至把官话区有些人说的话都作为普通话看待,因此统计出的大中小城市普通话普及率的数据较高,达到百分之八十左右。官话或北方话只是普通话下面一个层次的方言,但从语言的交际功能和语言使用的实际看,这样做有一定的合理性和可行性,所统计的有关数据也可能大体合乎实际。(3)台湾社会通用的国语,大多是带有不同方言色彩的地方化国语,也就是我们所说的地方普通话,所以学术界和社会上一般认为台湾国语的普及率达到百分之八九十以上。如果不把这种非标准的普通话包括在内,台湾普通话的普及率就要低得多。(4)母语是少数民族语言或外国语的人,他们说普通话大多不标准,或很不标准,但他们能用这种非标准的普通话进行交际,社会上一般也把这种语言看成普通话。

　　调查语言能力主要有两种办法,即测试和判断,很难有其他有效的办法。在大规模的普遍调查中，测试是比较困难的，主要是依靠调查员的判断。判断有一定的主观性，但其客观性还是主要的。判断被调查人的普通话能力时，可以从交际和使用的实际出发，看他能否用大体标准的普通话回答问题，具体主要看其声调、声母是否基本正确，使用的基本词语、常用词语是否大体规范；只要他说的是非标准的普通话，就应当认为他具有一定的普通话能力，基本能说普通话。

这么说普通话与有的方言（如官话）似乎难以分别了，官话尤其是北京官话和东北官话是否就是普通话呢？这要从两方面去看。从理论上说，它们是普通话的地域变体，是普通话下面一个层次的方言，而不是普通话。从实际上说，它们也是方言，具有它们所特有的方言特点和方言面貌。但是它们又是普通话的基础，跟普通话相当接近，向标准的普通话变化的过程可能短一点，在交际中具有一定的普通话功能，因此可以把它们看成非标准的普通话，归入普通话的范畴，但它们的某些特有的方言特点还需加以规范，如北京官话中的习惯性轻声、儿化和某些合音、某些方言词语，东北官话中的平、翘舌声母不分，r声母念成零声母，以及某些方言词语等。

关于语言态度和学习动机的调查，这是有必要的，其意义无需赘述，但这方面的调查要取得真实情况和准确数据也是有一定困难的。由于历史或现实的种种原因，或个人的某些想法，有些被调查人在这方面常有这样那样的顾虑，有的顾虑甚至让人很难理解，但确实存在。要想让被调查人回答真实的话，问卷在这方面的设问要尽量婉转、灵活，一般少用或不用直问，多用婉转问、选择问，或用其他的办法。

（二）关于试验调查。这是语言生活调查准备工作中很重要的一环。试验调查的主要目的是检验调查大纲和问卷的拟订和设计是否合理、可行，抽样办法是否有效，入户及其他调查询问怎样进行，以取得必要的经验，并修改好大纲和问卷。由于我国人口众多，个人的情况差别较大,社会、经济、教育、文化、交通、语言(包括方言)等的差异,语言文字使用情况也会有所不同,有的差异还比较大。比如不同民族和不同方言区,城市与乡村,东部地区和西部地区,经济发达地区和经济不大发达地区,交通便利地区和交通不便地区等的差异,语言生活都会存在不同程度的差别,有的差别还相当大。就个人情况说,性别、年龄、职业、文化程度、语言环境等,都会对个人的语言文字使用产生影响。俗话说,磨刀不误砍柴工,在试验调查时,应当尽可能多选择一些不同类型的地点,抽样调查应充分考虑各种人的不同情况,尽量把试验工作做充分,把大纲、问卷修订细致,调查方法设计科学,准备工作做得周到,以便正式进行全面、具体的调查时少走弯路,统计出的数据少些误差,这样才能摸清语言生活的真实情况,交出一份合格的答卷。

(三)关于调查员的选择与培训。这是语言生活调查进入实施阶段的头一项任务,它关系到调查工作质量是否合乎要求,了解的情况是否真实可靠。首先要制定详细、可行的调查工作条例,以便统一要求,确保调查质量。对调查员的选择,应严格按照调查工作条例中规定的有关条件办事。专项或小规模的语言生活调查,调查员最好由专业人员担任。专业人员具有专业知识,有一定的调查经验,了解项目的意义与要求,一般无须培训即可进行调查,并可获取较为可靠的资料,如前文提到的几项语言生活调查的情况。就大规模的普遍调查来说,如全国语言文字使用情况调查,所需调查员数量很大,不可能有那么多专业人员来承担,那么最好是选择当地的语文工作者和中学或中师的语文教师来担任,他们的条件比其他人员要好,对当地的情况又比较了解,只需稍加培训即可上岗,调查工作质量可能较高。

调查员确定以后,必须进行一定的培训。培训工作可以分层分批进行,先集中培训骨干人员,其内容应当详细一些,包括项目的意义、目的、要求,工作步骤,抽样方案,调查方法(包括直接询问、入户调查等),检验、纠错办法,以及其他有关的知识。然后培训一般调查员,其内容可以简略一些,简要讲解调查大纲,详细说明问卷内容、要求与调查方法等,特别要讲明如何防止调查工作中容易产生的错误与偏差。

(四)关于调查资料整理与纠误。这是语言生活调查的后续工作,同样关系到调查工作的质量和所得资料的可靠程度。以往有的语言生活调查,或由于准备工作不够充分,不够细致,或是调查过程中情况发生变化,不按规定操作,或是调查员的粗心、不负责任,因此资料不够真实,甚至有较大的偏误,这种教训是值得记取的。按说一般的语言生活调查都应当有这一步骤,对调查所得的资料都必须进行认真、细致的检查、整理,发现有误差应设法纠误或补救。整理、检查工作可由调查员自行负责,主要参照他所了解的当地宏观情况和有关数据;也可由调查工作的各级组织者、指导者负责,主要凭借他们的专业知识和丰富的经验,以及所了解的有关情况,进行分析、比较。纠误或补救办法取决于错误的性质与大小,有的需要重新调查,有的进行专项复查,有的部分补充调查,有的根据其他有关资料便可纠正。如果误差是在抽样调查中允许的误差率之内,可以不加纠正。调查工作条例中应当有整理、检查和纠误工作的规定。

关于随机抽样和数据处理,需要有关专家共同研究,制定出简便、合理、可行、有效的方案。

原载《语言教学与研究》1999 年第 3 期

关于普通话与方言的几个问题[*]

　　普通话是汉民族共同语的标准语。几十年来推广普通话的事实证明,推广普通话是社会发展、国家统一、人民团结的需要,是社会主义精神文明建设和物质文明建设的需要,也是符合现阶段我国语言生活发展的趋势的。推广普通话是一项长期的任务,在商品经济发展和现代化建设的长期过程中,都应当大力推广普通话。在实行改革开放政策以后,推广普通话更成为紧迫的任务。

　　推广普通话工作经历了几十年,我国的语言生活发生了很大的变化。现在,普通话在我国语言生活中的作用越来越大,一些地方和一些单位已经普及或者基本普及普通话,普通话作为教学语言、宣传语言和工作语言已经有了较好的基础。但是,从全国范围来看,普通话远没有普及。普通话要成为社会交际语言还很困难,推广普通话的任务相当艰巨。为了进一步做好推广普通话工作,有必要研究与此有关的新情况新问题,特别是普通话与方言的关系问题更值得深入研究。本文拟讨论普通话的定义、普通话与方言的关系,以及普通话的不同层次等问题。

一　关于普通话的定义

　　20 世纪 50 年代对普通话下的定义是:"以北京语音为标准音,以

---

　　* 本文曾在"普通话与方言问题学术讨论会"(1990,北京)上宣读。

北方话为基础方言,以典范的现代白话文著作为语法规范。"这个定义给普通话确定了一定范围和规范原则,对推广以北京语音为标准音的普通话起到了积极的作用,其意义是很大的,对此应当充分肯定。但在实践中不少人感到这个定义不大容易掌握,而且有些问题值得进一步探讨。大家知道,北京话不等于普通话,北京语音中有不少异读词,一字多音和一词多音的现象比较突出;儿化虽然减少了,但不该儿化的儿化还很多,不该轻读的轻声又增加了,"女国音"有扩大的趋势。就是说,北京语音还有不少不规范的成分,不能一股脑儿地作为标准音向全国推广。再看词汇,其规范标准没有明确阐明,似乎暗含在"以北方话为基础方言"之中,然而北方话的范围很广,词汇面貌很不清楚;尽管多数词语各地说法相同或相近,但不少词语各地的差别还是比较大的,如某些亲属称谓、社交称谓,某些人体器官名称,某些物品名称,某些动植物名称,某些副词、介词、量词,以及某些动词、形容词,各地存在不小的分歧,近义词和同义异形词如何规范,往往也无所适从。至于典范的白话文著作,那就更不好确定了。这些问题确实值得重视和研究。不过,给事物下定义是很难的事情。现在的普通话定义从总的来看是恰当的,也是适用的,没有必要修改,问题是怎样理解和完善。有人说中央人民广播电台和中央电视台播音员的话才是普通话,有人说普通话是北京城区受过中等以上教育的人说的话,有人认为普通话就是北京话,还有其他一些说法。我们认为,普通话是个历史范畴,不同时期有不同的含义。就现阶段来说,"以北京语音为标准音"这句话,是指以北京话的声、韵、调语音系统说的,也就是以《汉语拼音方案》为代表的音系,包括 21 个声母,39 个韵母,4 个声调,还有轻声,400 个基本音节,1210 多个带调音节,而不包括北京话的土音成分。"以北方话为基础方言"这句话,表面上看来似乎是指词汇规范说的,其实不尽然,其含义要宽泛得多,既指词汇规范,又包括其他方面,其中也有普通话形成的历史条件,这要从"基础方言"四个字去理解。"以典范的现代白话文著作为语法规范"这句话,主要问题是什么样的著作才算"典范的现代白话文著作"。我们以为,对这个问题要辩证地去看,要看总的倾向,不要苛求。"五四"以来一些有代表性的白话文著作,如鲁迅、郭沫若、茅盾、曹禺、老舍、韦君宜、王蒙、苏叔阳等的一些重要著作,只要其语言倾向是好的、规范的,都应当看作是"典范的现代白话文著作";尽管这些著作中有的还有一些方言土语、古汉语、外来语或其他不规范的成分,也不影响其典范性。当然,北京话如同其他方言一样,也在逐渐发生变化,如发声母 zh、ch、sh、r 时,不少人的卷舌已不到位,特别是年轻人更是这样,一些单字音的声调发生变读,阴平、阳平、上声、去声各调的字都有,只不过阳平、上声、去声的字音变读阴平的多一些。今后北京话肯定还会继续发生变化,但会变成什么样子,这不好预测。北方话也在发生变化,最明显的是越来越多地吸收普通话词语。随着实际语言的变化,若干年以后,普通话的定义恐怕也要修改,不过那是将来的事情。普通话又有口语和书面语之分,是否可以认为普通话口语是去掉土音、土词和土语成分的北京话,而普通话书面语则是现代白话文。

二　普通话与方言的关系

普通话是全国通用的语言,大力推广普通话是我国现阶段乃至将来较长时期的实际需要。而方言也将长期存在,至少一二百年之内不可能消亡,这是客观存在的事实。将来,由于商品经济的迅速发展,文化教育的逐渐普及,社会交际的不断扩大,群众文化素质的大大提高,方言必将继续向普通话靠拢,普通话的影响也会越来越大;语言中的共同成分必将越来越多,方言里的特殊成分则将越来越少。但是,方言的变化毕竟是极其缓慢的,特别是方言的语音系统和语气、语调更不易改变,方言的基本词汇和主要语法规则也不会变化太快。这种语言状况便决定了在我国汉民族的语言生活中,普通话和方言将长期共存分用。我国未来的语言生活不会越来越单调,只会越来越丰富。那种认为我国未来的语言生活将由普通话与方言共存的双语制过渡到普通话的单语制的想法,恐怕是不切合实际的,至少在相当长的历史时期内这种情况不可能产生。这样说,并不意味着我们可以放松推广普通话工作,恰恰相反,我们更应当以高度的责任感和时代的紧迫感来做好普通话的推广工作。

普通话远比任何一种方言有用,就是说普通话比方言有更大的社会作用和经济效益。普通话普及程度是衡量文化教育发达程度的重要标志。当然,推广和普及普通话并不是为了消灭方言,方言是不可能人为地消灭的,这是一般的常识。今天,每个人都可以热爱自己的方言,会说多种方言也很好。多掌握一种或几种方言交际工具,对工作、生活等都很有利。只不过为了适应社会交际发展的需要,并扩大同外界的联系,同时增强民族主体文化的凝聚力,人们应当同时会说全国通用的普通话。在现实生活中,会说普通话往往更加重要。因此,使儿童从小学会民族共同语,同时也会说当地方言和其他方言,提高他们使用语言的能力,这种双语制的实行是很有意义的。应当申明,可以说方言的时候说方言,需要说普通话的时候说普通话,正如吕叔湘先生所说:"你说话,我说话,会说方言,会说普通话。"这是符合我国现阶段乃至今后较长时期的语言生活实际的,也是符合国家、民族利益和个人利益的。这样做会不会影响普通话的推广和普及呢? 不会的。相反的,这种从实际出发、顺乎自然的做法更容易为方言区的人所接受,更便于调动方言区的人学习和使用普通话的积极性,从而使推广和普及普通话工作更加顺利地进行,并收到更好的实效。

三　普通话是一个统一的多层次的系统

几十年推广普通话的结果是,普通话在各地已逐渐使用开了,有不少人已经掌握了标准普通话,更多的人也会说不大标准或很不标准的地方普通话。标准普通话可以看作是高层次的普通话,是北京城区受过中等以上教育的人说的普通话,或是方言区的人说的已经不带任何方言色彩的普通话。不标准的普通话是标准普通话的地方变体,是带有不同程度的方言色彩的普通话。对不标准的普通话,各地有些不同的叫法,过去称为"蓝青官话",后来有的叫"地方普通话""方言普通话""带方言腔的普通话",新近还有说"塑料普通话"的,我们暂且采用"地方普通话"的说法。60年前,瞿秋白、鲁迅就谈过这个问题。鲁迅在《门外文谈》一文里指出:"现在在码头上,公共机关中,大学校里,确已有着一种好像普通话模样的东西,大家说话,既非'国语',又不是京话,各各带着乡音,乡调,却又不是方言。即使说的吃力,听的也吃力,然而总归说得出,听得懂。"今天,我国大陆各方言区流通的普通话,台湾国语,海外华侨社区的华语,大多是带有方言色彩甚至是浓厚的方言色彩的地方普通话。地方普通话是一种中介语,是方言区的人学习普通话过程中必然产生的语言现象,它既有方言成分,又有普通话成分,但基本摆脱了方言而进入普通话范畴,可以看作是低层次的普通话。地方普通话没有固定的体系,本身很不稳定,经常处于变动之中。地方普通话的产生也是推广普通话的结果,它反映方言向普通话演变的开始,或方言向普通话长期变化的成熟过程,同时反映方言区的人对改变方言习惯的困难有了正确的认识和充分的准备,还反映方言区的人学习普通话的热情和决心。地方普通话实际是普通话的低级形式,它的发展趋势是逐渐向标准普通话靠拢,而不大可能形成新的方言,更不可能回到原来的方言上去，这是受我国语言生活状况和语言演变总趋势所制约，是不以人的意志为转移的。

普通话是统一的整体，标准只有一个，但层次有所不同，水平有高有低。假如把普通话水平分为三级，那么一级就是标准普通话，二级是比较标准的普通话，三级是不标准的普通话，每一级又可分为甲乙两等。地方普通话可以看作是二级偏下和不标准的三级普通话。标准普通话的标准高，是人们长期努力的方向和目标，也是一般人所不容易掌握的。不标准的地方普通话的标准比较低，只要基本上摆脱方言，让大多数不同方言区的人听懂就可以了。它适应不同地区、不同年龄、不同职业和不同文化程度的人的实际需要，也是一般人经过一定努力可以达到的，所以最容易被方言区的人所接受。标准普通话主要用作教学语言和宣传语言，不标准的地方普通话主要用作工作语言和社会交际语言。当然，这不是绝对的，各级教师使用的普通话和各种宣传媒介使用的普通话也会有不标准的，而各级干部的工作语言和社会各行业的交际语言，也会有标准的普通话。

地方普通话是普遍存在和广泛使用的，其特点是比较明显的，这是不可否认和不可忽视的事实。对地方普通话应当进行认真的调查研究，分析概括其主要特征，从而更好更有效地为推广普通话服务。当然，不应当把地方普通话看成是独立的语言体系，过分夸大它的作用，更不能把地方普通话同标准普通话对立起来。如果那样做，理论上缺乏根据，实际上也是行不通的。近几年来，地方普通话问题已被人们所重视，陆续发表了一些调查研究地方普通话的报告和文章，这是可喜的现象。但是这种调查研究有待进一步深入，描写、分析需要更加细致，还应当同社会、人文等因素结合起来考虑，这样才能把问题研究得透彻一些，对推广普通话起更大更好的作用。

原载《语文建设》1990 年第 4 期

中国的语文生活与语文现代化[*]

阿辻:陈教授,趁您在日本讲学的机会,我们想请您谈谈中国语文生活和中国语文现代化的问题,可以吗?

陈:谢谢你们提供这个机会,让我向 NHK 的尊敬的观众介绍中国语文生活的一些情况,并就有关的问题谈一点儿个人的看法。所谓语文生活,就是社会上人们使用语言文字的情况。中国各民族的语文生活是丰富多彩的,也是相当复杂的,我只能着重介绍汉语文生活和汉语文现代化的一些情况。

阿辻:中国使用语言文字的情形怎样呢?

陈:中国是一个多民族的国家,现在有 56 个民族,绝大部分民族都使用本民族的语言,有些民族还使用两种以上的语言,台湾省高山族的语言更多。据学术界确认,中国现在的民族语言有 80 多种,实际上还要多,可能有上百种。汉语普通话是全国通用的语言,除汉族普遍使用外,许多少数民族也使用或兼用普通话,有些少数民族还使用汉语方言或其他少数民族语言。在汉族各个地区,还使用各种不同的方言,如北方话、江浙话、湖南话、江西话、客家话、广东话、福建话等,许多方言彼此不能通话,或很难通话。在社会交际中语言障碍较大。当代中国的语言生活呈现出统一多样的特色,说统一是指全国以普通话为共同交

---

* 这是 1991 年 6 月 11 日笔者在日本 NHK 电视台同日本国立京都大学教授阿辻哲次的谈话记录稿。

际语;说多样是指民族语言和汉语方言纷繁复杂。

阿辻:中国的文字情况又怎样呢?

陈:中国现在使用的文字有 30 多种。有些少数民族没有文字,主要使用汉字,或使用其他少数民族文字,有的民族有两种以上文字。汉字的历史最长,使用人口最多,超过了 10 亿人。中国现行的汉字有简化字和繁体字之别,简化字是规范字,广泛应用于行政、教育、新闻出版和其他许多方面,是社会上最常用的文字;繁体字只在一部分习惯用繁体字的人(主要是老年人)当中和古籍整理印刷、书法艺术等方面使用。中国还使用一种以拉丁字母为基础的汉语拼音,类似日本的罗马字,它还不是文字,主要用于为汉字注音和帮助学习普通话以及中文信息处理,还用于汉字不便应用的地方。中国已有几亿人学习过汉语拼音,但能够熟练使用汉语拼音的人还不太多。

阿辻:现在请您谈谈中国语文现代化的情况。

陈:所谓中国语文现代化,我理解是指中国进行文字改革、推行汉语拼音、推广普通话和加强语言文字的规范化、标准化,以使语言文字更规范、好用,更适合现代社会的需要,在国家现代化建设中更好地发挥作用。从清末以来,中国语文现代化不断取得进展,特别是中华人民共和国建立以后,在这方面做了大量工作,成绩和效果更大,但还有许多事情要做。

阿辻:中国从清朝末年开始,就有许多人致力于汉字改革和推广国语、普通话的工作,请问,中国为什么要进行文字改革?

陈:从清末以来,由于种种原因,中国处于贫穷、落后的状态。有些人认为,中国要富强,就要普及教育,提高国民的文化素质,而汉字的繁难不利于人民大众文化水平的提高,所以主张改革文字,有的主张废除汉字,实行拼音文字,有的积极提倡大众语。

阿辻:您对这种主张有什么看法?

陈：我认为这种文字改革的思想有其社会基础和积极进步的因素。汉字的字数多笔画繁，这是大家公认的事实。汉字的这种繁难对初学者的读写确实造成了困难，这自然会影响到教育的普及和文化的提高，影响到社会的进步。主张文字改革是把文字改革同爱国、救国和促进社会进步结合起来。但是我也认为，这种文字改革的思想有其不全面的地方，就是说国家的进步、发达与否，主要不取决于文字，因此，不能把当时中国的落后归罪于汉字，况且汉字有它的许多特点，在中国使用了几千年，对创造、保存和传播灿烂的中华文化有过伟大的功绩，在现实社会中它青春常在，还在继续发挥积极的作用。总之，对汉字要作全面、客观的研究和评价。

阿辻：中国在50年代进行的文字改革，在规模和实效方面都超过了过去任何历史时期，这是为什么？

陈：中华人民共和国成立后，中国的政治、经济、文化和社会各个方面，都发生了巨大而深刻的变化。然而当时全国的工农业生产、文化教育和科学技术还相当落后，文盲众多，方言复杂，严重地影响了国家发展和社会进步。为了扫除文盲、普及教育、提高文化和科技水平，促进经济发展和社会进步，就要求加速文字改革和推广普通话。在这种情况下，政府成立了专门领导文字改革和推广普通话工作的中国文字改革委员会，有领导、有组织、有计划地全面开展这方面的工作，文字改革和推广普通话成为政府行为，社会名人和广大群众积极参加，所以形成了中国文字改革的高潮。

阿辻：当时文字改革有哪些具体内容和任务？

陈：具体有三项任务，即：简化汉字、推广普通话、制定和推行汉语拼音方案。

阿辻：中国实行文字改革，是不是想用拼音文字代替汉字？

陈：过去的文字改革，确实有人有激进的主张，有时也有急于求成的做法,希望早日实现拼音化,但政府制定的有关政策是积极而稳妥的,从未提出尽快实行拼音文字的问题。即使是经过全国人民代表大会批准、公布的《汉语拼音方案》,也只是作为给汉字注音和帮助学习普通话的工具,还不是正式的文字,根本不可能代替使用了几千年的正式文字——汉字。所以 1986 年 1 月举行的中国全国语言文字工作会议重申:"在今后相当长的时期,汉字作为国家的法定文字还要继续发挥它的主导作用……。现行的《汉语拼音方案》不是代替汉字的拼音文字。"

阿辻:这是不是说中国在相当长的时期内,汉字还是主要的文字,在中国语文生活中还发挥主要作用?

陈:是的。我个人认为,这个相当长的时期可能是几十年乃至上百年,或者更长的时间,在这样长的历史时期内,中国不可能没有汉字。

阿辻:现在和将来很长时期内,中国既然还使用汉字,那么为什么又要制定和推行汉语拼音方案呢?

陈:这是因为汉字不表音,而且有字数多字形繁杂等局限性,在一些方面不能或不便应用。为了弥补汉字之不足,并给汉字注音和拼写普通话等,所以制定和推行汉语拼音方案,这如同贵国在汉字之外,还使用假名和罗马字一样。当然,贵国在现代的语文生活中,假名的应用比汉字多,罗马字的使用也不太普遍。

阿辻:《汉语拼音方案》是什么时候制定的,它是什么样子?

陈:《汉语拼音方案》是 50 年代前半期开始研究,在吸收从前各种汉语拼音的优点和比较了一千多个各种拼音方案之后制定而成,并于1957 年 11 月经国务院全体会议审议通过,1958 年 2 月经全国人民代表大会批准公布、推行的。它以拉丁字母为基础,分为字母表、声母表、韵母表、声调符号和隔音符号,具体有字母 26 个,声母 21 个,韵母 39个,声调 4 个,隔音符号 1 个。《汉语拼音方案》有时被称为汉语拼音。

现在已制定了《汉语拼音正词法基本规则》,以供各方面应用。

阿辻:汉语拼音有哪些特点?

陈:汉语拼音有这样一些特点:(1)采用拉丁字母,书写方便,便于国际交流。(2)字母音素化,记录语音准确、灵活。(3)基本字母只有26个,便于学习、使用。

阿辻:汉语拼音都在哪些方面发挥作用?

陈:主要应用于:(1)给汉字注音和拼写普通话,帮助人们认读汉字和学习普通话。(2)用于拼音电报,这主要应用于通信部门,以及国际电报,社会上的一般电报也有使用汉语拼音的,但还不够普遍,主要是一般人对汉语拼音还不太熟练,而且同音字较多,有时会出差错。(3)用于序列索引,如图书、档案、资料的编目、检索,辞书的排序、检索,病历、地名卡、户籍卡编序、检索等。(4)用作型号、代号,如产品型号、代号和汽车牌照代号,以及用于统一技术标准等。(5)用于地名、路名、站名、建筑物名、商标名、单位机关名、中文书刊名的拼写。(6)用作中国少数民族文字创制、改革的共同基础。(7)用作灯光、旗语通信。(8)成为拼写中国地名和人名的国际标准。还有其他一些用处。

阿辻:汉语拼音在中文信息处理方面发挥什么作用?

陈:汉语拼音用于中文信息处理,这是新的发展,而且越来越受到信息界的重视和欢迎。这主要表现在,拼音——汉字转换法,就是输入拼音,自动转换并输出汉字,而且可以自由输出简化字和繁体字。这种拼音——汉字转换法,使用简便,不用记忆,输入速度较快,不过使用者要学会汉语拼音。汉语拼音还在自动识别语音方面发挥作用,信息处理的其他方面也有使用汉语拼音的。

阿辻:汉语拼音的发展前景怎样?它同汉字的关系怎样?

陈:我认为随着国家和社会现代化的不断发展,汉语拼音也会越来越受到人们的重视,应用前景是好的,这是客观的需要。但在中国,人们长期生活在汉字的汪洋大海之中,短期内要想改变这种语文生活习惯是不大容易的,因此要普及汉语拼音也就比较困难。我认为,中国未来相当长的时期内,汉字和汉语拼音将会并存分用;汉字继续发挥它的主导作用,汉语拼音为辅,弥补汉字的不足。要想不用汉字是不可想象的,而要取消汉语拼音也是不可能的,这就像贵国的汉字、假名和罗马字并存分用一样。这种状况表面上看来似乎会增加人们的负担,其实有它的便利之处。

阿辻:中国的汉字简化情况怎样?

陈:汉字自产生之后,经常发生变化。就字形变化来说,虽然有繁化的时候,但总的趋势是简化的,这是汉字演变的事实。从唐宋以后,社会上流传的俗体字、简体字更多,但官方正式公布简化字几乎没有。中华人民共和国成立之后,对汉字进行了有领导有计划的简化。前面说过,50 年代的时候,中国为了扫除文盲,普及教育,提高文化,发展科学,对汉字进行了比较全面的整理和简化,发表了《第一批异体字整理表》,淘汰了异体字 1053 个,公布了《汉字简化方案》和《简化字总表》,共简化汉字(包括偏旁类推简化)2236 个。这些成果在实际应用中收到了较好的效果,在各方面发挥了积极作用。当然,第一次汉字简化方案并不是完美无缺的,有一些字简化得不好,如"广""厂"里面太空,字形不好看;"言"作部首简化为"讠",手写时容易同"冫"相混,如"谈"与"淡","论"与"沦","设"与"没"等。但简化字已用了 30 多年,暂时不好再改动了,只好留待以后修订时再作研究。1977 年又发表《第二次汉字简化方案(草案)》,因为字数简得较多,不少字简得不合理,要求试行过急,试行效果不好,于是国务院在 1986 年 6 月 24 日批准废止这个汉字简化方案(草案)。

阿辻:中国今后是不是还要简化汉字?

陈:这很难作简单的肯定或否定的回答。汉字的形体不断发生变化,但这种变化是极其缓慢的,总是保持相对的稳定。中国的汉字简化,发表了《简化字总表》之后,常用汉字已简化了一大半,这就大大缓和了汉字繁难与学习、使用的矛盾,基本上适应了社会的需要,今后一个时期内不宜再简化汉字,汉字的字形应当保持相对的稳定,以利各方面的应用。另一方面,社会上总是不断地造出新的简体字,而有些常用汉字的笔画还太多,不利于电脑信息处理,似乎需要再作适当的简化。我觉得,作为应用中的文字,其字形是在不断变化的,汉字今后永远不再简化是不可能的,但我们对待汉字简化要持极为谨慎的态度,今后一个时期内,汉字的形体应当保持相对的稳定,总原则是不可快简多简,需要简化的字一定要充分考虑它的社会约定性,并作细致. 全面、科学的研究,在条件成熟时再作简化。

阿辻:听说中国近几年来加强对社会用字的管理,您能不能谈谈这方面的情况?

陈:中国的社会用字比较混乱,主要表现在滥用繁体字,乱造简体字和随便写错别字。这已引起社会各界的关注,纷纷指出其危害性。因此国务院在批准废止《第二次汉字简化方案(草案)》时,责成国家语言文字工作委员会加强对社会用字的管理。经过一段时间的工作,近期来社会用字的混乱现象有所改变,有些城市的社会用字比较规范,如北京市、河北省的唐山市、张家口市,山东省的威海市等,有些城市的一些街道的社会用字也比较注意规范,如北京市的街道。但社会用字的某些混乱现象还存在,管理工作还要加强,而且要与其他部门,如城市管理部门、工商管理部门等密切配合,采取综合治理的办法,才能收到更大效果。

阿辻:中国对用字规范有什么要求?

陈:主要要求政府的公文布告、新闻出版、学校教学、影视屏幕、机关牌匾和信息处理等用字要规范,而对书法艺术用字和个人用字等则不作具体要求。

阿辻：汉字简化会不会影响古典文化遗产的继承？

陈：有些人是有这个担心。我个人以为这个担心是不必要的。首先，我国规定，在整理、出版、翻印古籍时可以使用繁体字；第二，要求从事同历史文献和古代文化遗产有关的专业，要学习一定数量的繁体字；第三，在中国，人们虽然学习、使用简化字，但接触繁体字的机会还是很多的，只要需要，人们可以多看一些繁体字的作品、读物，实际上有许多人可以看懂繁体字的古典文献。即使在台湾省和港澳地区，不少人也或多或少的看懂简化字，能够阅读简化字的一般书报。从中国大陆几十年来的实际看，不存在汉字简化影响继承中国文化遗产的问题。

阿辻：推广普通话也是中国语文现代化的重要内容，请您谈谈这方面的情况。

陈：前面说过，在中国，民族语言较多，各民族语言沟通困难。汉语方言分歧很大，许多方言彼此不能通话。以"你去哪里？""这是什么东西？"两句话为例，上海话、广州话、厦门话、海南话、客家话就有很大的差别。民族语言的差别和汉语方言的分歧，不仅给人们交际、交流带来不便，还影响了国家各方面事业的发展。所以从 50 年代开始，中国在全国范围内大力推广普通话，并在《宪法》中规定"国家推广全国通用的普通话"，普通话成为全民共同语，在各方面发挥重要的作用。

阿辻：中国推广普通话实行了什么样的政策？

陈：主要是规定普通话为全国通用的语言，政府大力推广普通话，号召大家都说普通话，同时提出某些要求与规定，如要求学校要用普通话教学，广播、电视要用普通话播音，国家机关工作人员、大型厂矿职工和解放军官兵要说普通话，大中城市和旅游城市某些服务行业职工也要使用普通话。

阿辻：现在普通话普及的情况怎样？

陈：现在普通话在大中城市和一些地区、一些单位已基本普及。但从全国来看,普通话还不普及,少数民族地区不少人不会普通话,方言区许多人,特别是中老年和妇女还说方言。这对国家现代化建设极为不利,所以在 1986 年制定的新时期语言文字工作方针任务中,明确规定大力推广和积极普及普通话是当前中国语文工作中首要而紧迫的任务。现在正采取有效措施,如加强宣传,加紧对教师和干部的普通话培训,举办各种形式的普通话竞赛活动,还准备开展普通话水平测试,以各种形式大力推广普通话。加之国家继续实行改革开放政策,商品经济进一步发展,国内外交往空前频繁,这些对普及普通话都起了很大的促进作用,但方言还将长期存在,推广普通话仍是中国紧迫而艰巨的任务。我个人认为,在今后很长的时期内,中国将是在普通话逐渐普及的前提下,保持普通话与方言并存分用的语言生活。

阿辻:最后还想请问一个问题。现在日中两国使用着形体不同的汉字,日本有些人主张日中汉字字形统一。您认为两国汉字的字形能不能统一?

陈:汉字传入日本已有两千年左右的历史,长期以来中日两国都使用汉字。现在,两国的汉字在形体上有不小的差异,除了有些字过去就不相同以外,主要表现在有些汉字中日的简化不同,如"寫"中国简化为"写",日本简化为"写";"邊"中国简化为"边",日本简化为"辺";"團"中国简化为"团",日本简化为"団";"帶"中国简化为"带",日本简化为"带";"發"中国简化为"发",日本简化为"発";"傳"中国简化为"传",日本简化为"伝";"齒"中国简化为"齿",日本简化为"歯";"龍"中国简化为"龙",日本简化为"竜";"豐"中国简化为"丰",日本简化为"豊"。而更多的字中国简化了,日本则没有简化。从已简化的字形看,有些是相同的,有些是相近的,有些则差别较大。如果两国汉字的字形能够逐渐统一,那对两国的交流极为有利,当然很好。但这种字形上的完全统一恐怕很难做到,因为两国汉字所反映的语音系统不同，表达的词义有些差别较大，两国的汉字字形又按照各自的演变规律在变化，字形也就很难完全统一了。我想我们只能就这方面加强合作，共同研究，互相交流，力求使两国汉字的字形多一些相同或相近，少一些分歧，以此促进局部的统一，这就很有意义了。谢谢大家！

当代中国的语言规划[*]

一 概说

当代中国的语言规划,是指 20 世纪 50 年代初以来的中国大陆的语言规划,也即从中华人民共和国建立至现在的中国语言规划。

这个时期的中国语言规划显现出两个主要特点:(1)具有相当强的传承性。这个时期中国语言规划的主要内容,大多传承自 20 世纪上半叶乃至更早的中国语文运动、语文改革的内容,是此前语文改革运动的延续与发展。如文体的彻底改革,是白话文运动和大众语运动的延续与发展;推广普通话是国语运动的延续与发展;推行汉语拼音是拼音化运动,包括切音字运动、注音字母运动、国语罗马字运动和拉丁化新文字运动的延续与发展;简化汉字是汉字改革运动和简化字运动的延续与发展;现代汉语规范化和语文现代化是过去国语运动、大众语运动、拼音化运动等的延续与发展。(2)表现出明显的阶段性。当代中国的语言规划,明显地分为前后两个阶段,即从 20 世纪 50 年代初至 70 年代末的立国建设阶段,以语言地位规划为主,也就是实行语言平等,保障民族语言权利,选择、推广全民共同语,实行文字改革,加强现代汉

 * 本文提交 2004 年 10 月在北京召开的第四届全国社会语言学学术讨论会,并在大会上宣读。

语规范化为主要任务的前一阶段;从 80 年代初至现在的改革发展阶段,以语言本体规划为主,也就是以加强语言文字规范化标准化和普及普通话,以及加强语言文字信息处理管理的后一阶段。在立国建设阶段的后半期,因为"文化大革命"的破坏与影响,中国的语言规划也陷于停滞,造成重大的损失,直到"文革"结束后,语言规划才开始恢复,并为改革发展阶段进行语言规划创造了条件。

二 立国建设阶段的语言规划

(一)社会背景。这个阶段的中国,是建立新中国建设新国家,全社会一切工作都要围绕国家这个总任务来进行。语言规划也不能例外,其主要目的是为国家统一,民族团结,社会进步,事业发展与社会交际服务,并有利于建设经济,普及教育,提高文化、科技水平。

(二)立国建设阶段语言规划的主要内容。依据这个阶段语言规划的目的,确定语言规划的内容,主要有以下几项:(1)贯彻、推行国家制定的各民族语言平等和推广全民共同语等各项语言政策。(2)进行文字改革。(3)推广普通话。(4)加强现代汉语规范化。(5)彻底完成文体改革。

(三)立国建设阶段语言规划工作的方针、任务。总方针是:文字必须改革,现代汉语需要规范化,文字改革和现代汉语规范化要积极而稳妥地进行。具体的方针任务是:(1)文字改革方面。方针是:汉字必须改革,汉字改革要走世界文字共同的拼音方向,而在实现拼音化以前,必须简化汉字,以利目前的应用,同时积极进行拼音化的各项准备工作。具体任务有两项:整理并简化汉字,制定并推行汉语拼音方案。(2)推广普通话方面。方针是:大力提倡,重点推行,逐步普及。具体任务有三项:确定普通话的规范标准;大力宣传、推广普通话;在全国范围内以县市为单位进行汉语方言普查。（3）现代汉语规范化方面。没有确定具体方针，按总方针积极而稳妥地开展工作。具体任务主要有四项：大力宣传、提倡汉语规范化；开展标准语和汉语规范问题的讨论与研究；对汉语语音、词汇、语法进行规范，制定规范标准；编写规范性语文辞书、教材、读物。（4）文体改革方面。在以前文体改革的基础上，彻底完成文体改革，白话文完全替代文言文。具体任务有五项：书面语口语化，新闻、公文、布告等用白话文写作；汉字排版、书写横排、横写；采用新式标点符号；采用阿拉伯数字；进行文风改革。

（四）立国建设阶段语言规划的措施、方法。（1）发挥立法、行政的权威作用。如国务院成立语言规划主管部门中国文字改革委员会和中央推广普通话工作委员会，地方成立相应的机构，负责语言规划工作。1955 年由教育部和中国文字改革委员会联合召开“全国文字改革工作会议”，会议明确了文字改革和推广普通话的任务，并作出 8 点决议，具体落实文字改革和推广普通话各项工作。1956 年 1 月 28 日国务院公布汉字简化方案，1956 年 2 月 6 日发出“关于推广普通话的指示”，1957 年 11 月 1 日作出“关于公布汉语拼音方案草案的决议”，1958 年 1 月 10 日周恩来总理在政协全国委员会报告会上作《当前文字改革的任务》的报告，1958 年 2 月 11 日全国人大第一届第五次会议作出“关于汉语拼音方案的决议”，以及国务院各部委及地方政府就上述内容发出一系列指示、通知，认真贯彻、落实上述语言规划内容。（2）发挥新闻、出版的作用，大力宣传语言规范化的意义、作用、内容、做法和规定，号召、动员社会大众广泛参与。如 1951 年 6 月 6 日《人民日报》发表重要社论《正确地使用祖国的语言，为语言的纯洁和健康而斗争》，并同时开始连载吕叔湘、朱德熙合写的《语法修辞讲话》，对当时及以后的语言规范化影响很大。1955 年 10 月 26 日《人民日报》发表《为促进汉字改革、推广普通话、实现汉语规范化而努力》的社论，对当时中国语言规划的几个重要问题作了全面、深刻的阐述,号召全国人民积极参与语言规划活动,为实现这些语言规划目标而努力。《光明日报》《文汇报》《中国青年报》《工人日报》《解放军报》等大部分报刊都发表了许多关于文字改革、推广普通话、推行汉语拼音和汉语规范化方面的文件、报道、专文,收到显著效果。出版部门出版了大批语言规划方面的书籍、读物,扩大了社会影响。广播、电视除播发大量语言规划方面的新闻、报道、专文等外,还举办文字改革、汉语规范化和普通话语音知识等专题讲座,广泛传授语言规划知识。(3)发挥学术研究的作用。如1955年10月中国科学院在北京召开"现代汉语规范问题学术会议",对普通话和规范化的含义作了说明,指出"普通话以北方话为基础方言,以北京语音为标准音","规范化并不是限制语言的发展,而是根据语言发展的内部规律,把语言在其发展过程中所产生的一些分歧适当地加以整理,引导它向更加完善的方向加速发展"。会议还作出重要决议,提出6点具体建议,为现代汉语规范化提供了重要的学术保证。这次会议的前后,学术界研制了多项语言规范标准,如《普通话异读词审音表》,地名审音成果,常用词表,中学汉语教学语法体系,新式《标点符号用法》,编纂规范性的《新华字典》和《现代汉语词典》等,对社会语言应用和语言规范产生了重要影响。(4)发挥社会团体的作用。这一阶段中,各级工会、妇联、共青团、青联、文联和各党派,都积极参与国家语言规划活动,如组织、参与各种有关会议、活动,发表倡议书、文章,宣传、落实语言规划工作,动员社会各界广泛参加语言规划活动,对语言规划的制定与实施作出了重要贡献。(5)发挥政治家、社会活动家、科学家、教育家、文学艺术家和社会名人等的个人作用。如毛泽东、周恩来、陈毅、吴玉章、胡乔木关于文字改革、汉字简化、汉语拼音、推广普通话、语言规范化等问题的言论、讲话、报告、文章,对这一阶段的中国语言规划起到了极大的推动和促进作用。郭沫若、马叙伦、胡愈之、叶圣陶、老舍、丁西林、罗常培、王力、吕叔湘、叶籁士、倪海曙、周有光、季羡林、马大猷、曾世英、傅懋勣等,积极参与这一阶段语言规划的制定与实施,充分发挥了社会名人在这方面的重要作用与影响。(6)加强干部队伍建设,大力培养专业人才。新中国成立后,即在高等学校设立语言专业,开设语言规划方面的课程,并成立语言专修班、研究班,招收、培养了大批语言专业人才,其中许多人从事语言规划工作。教育部和中国科学院语言研究所从1956年开始,合办普通话语音研究班,1959年8月开始中国文字改革委员会参加合办,该研究班共举办9期,培养语言规划专业干部1666名。全国各地也举办各种形式的语言培训班、研究班,培养了大批语言规划地方干部。这一大批专业干部,在这一阶段语言规划工作中发挥了极其重要的作用。

三　改革发展阶段的语言规划

(一)社会背景。这个阶段的中国,给国家造成巨大损失的"文化大革命"彻底结束,国家实行改革开放政策,社会由乱而治,并开始现代化建设,各项事业蒸蒸日上,社会生活和语言生活发生重大而深刻的变化,整个中国呈现一派欣欣向荣的景象,语言规划进入新的发展时期。为适合国家、社会和人民大众的需要,这个阶段的语言规划,主要目的是为改革开放和现代化建设服务。

(二)改革发展阶段语言规划的主要内容。根据这个阶段语言规划的主要目的,确定语言规划的内容,主要有这样几项:(1)贯彻、执行国家新时期语言政策和法令。(2)巩固、消化前一阶段语言规划的成果,延续前一阶段语言规划的主要内容和主要方法。(3)确定推广普通话和加强语言规范化为核心内容。(4)加强语言文字信息处理的研究与管理。(5)加强语言法规建设,依法管理语言文字工作。

（三）改革发展阶段语言规划工作的方针、任务。1986 年 1 月，国家教育委员会和国家语言文字工作委员会在北京召开"全国语言文字工作会议"，会议总结了前一阶段的语言文字工作，制定了新时期语言文字工作的方针和任务，标志着中国的语言规划进入以规范化、标准化和信息化为主要内容的新时期。会议确定这一时期语言文字工作的方针：贯彻执行国家关于语言文字工作的政策和法令，促进语言文字规范化、标准化，继续推动文字改革工作，使语言文字工作在社会主义现代化建设中更好地发挥作用。规定的主要任务是：做好现代汉语规范化工作，大力推广和积极普及普通话；研究和整理现行汉字，制定各项有关标准；进一步推行《汉语拼音方案》，研究并解决实际使用中的有关问题；研究汉语汉字信息处理问题，参与鉴定有关成果；加强语言文字的基础研究和应用研究，做好社会调查和社会咨询、服务工作。1997 年 12 月教育部和国家语委召开第二次全国语言文字工作大会，申明继续贯彻国家新时期语言文字工作方针、政策，并根据跨世纪国家、社会发展的需要，对新时期语言文字工作的具体任务作了适当调整，使其更加全面、具体和完善。

这一阶段确定了语言规划各项工作的具体方针、目标。推广普通话的方针为：大力推行，积极普及，逐步提高。目标是 2010 年前全国初步普及普通话，2050 年前全国普及普通话。在汉字方面，指出对汉字简化应持极为谨慎的态度，使汉字形体保持相对的稳定，并对现行汉字进行四定，即定量、定形、定音、定序，加强社会用字管理，改变社会用字混乱现象，到 2010 年汉字的社会应用基本实现规范化。在汉语拼音方面，强调汉语拼音的实际作用，规定进一步扩大汉语拼音的使用范围。在语言文字信息处理方面，强调加强宏观管理，逐步实现中文信息技术产品的优化、统一。还有，加强汉语和少数民族语言文字规范标准研制，开展中国语言文字使用情况调查等。

(四)改革发展阶段语言规划的措施、方法。(1)进一步发挥立法、行政的作用。在语言立法方面,最重要的是 1982 年颁布、实施的《中华人民共和国宪法》中规定:"各民族都有使用和发展自己的语言文字的自由","国家推广全国通用的普通话",以及 2000 年 10 月 31 日由第九届全国人民代表大会常务委员会第十八次会议审议通过,并于 2001 年 1 月 1 日起施行的《中华人民共和国国家通用语言文字法》。这是中国有史以来第一部语言文字方面的专项法律,它体现了国家的语言文字工作方针政策,科学地总结了新中国成立 50 多年乃至近百年语言规划的成功经验,以法律的形式规定普通话和规范汉字作为国家通用语言文字的地位,并对国家通用语言文字的使用作出具体规定。这部专项法律的颁布与施行,对推广、普及普通话和管理、规范社会用字,促进语言文字规范化、标准化,提高国民素质,发展经济、文化、教育、科技,便利各民族交流和社会交际,增强中华民族凝聚力,都具有极为重要的意义。《中华人民共和国民族区域自治法》和《中华人民共和国教育法》等多部国家法律中,也有关于语言文字及其使用的有关规定,充分发挥语言立法在语言规划中的作用。在行政方面,主要是建立、健全各级语言规划机构和工作网络,协调、发挥政府各相关部门的作用;1986 年国家教委和国家语言文字工作委员会联合召开全国语言文字工作会议,制定新时期语言规划,确定新的工作方针任务。1997 年两部委又联合召开第二次全国语言文字工作会议,采取更有力的行政措施,进一步实施新时期国家语言规划;加强语言规划队伍的培训与建设,提高社会语言文字问题的行政管理水平;1997 年国务院第 134 次总理办公会议决定,自 1998 年起,每年 9 月的第三周在全国开展"推广普通话宣传周"活动,对普通话的推广与普及,以及社会语言观念的改变有重要作用。(2)继续加大媒体的宣传力度,形成正确的舆论导向。这个阶段的新闻出版、广播电视等,在宣传、贯彻国家新时期的语言文字工作和跨世纪语言文字工作中进一步发挥作用。特别是对《国家通用语言文字法》、推广普通话宣传周、全国普通话大赛、社会用字管理、城市语言文字工作评估和语言信息处理管理等的宣传,更加集中、有力,让社会各界对这些重要工作和活动及其意义有更多的了解,并积极参与,收到更大的实效。(3)制定、推行各项语言文字规范标准。为切实加强语言文字规范化、标准化,这个阶段制定了多项语言文字规范标准。如1985年12月27日,由国家语委、国家教委和广播电视部联合发布《普通话异读词审音表》;1988年1月26日,由国家语委和国家教委联合发布《现代汉语常用字表》;1988年3月25日,由国家语委和新闻出版署发布《现代汉语通用字表》;1988年7月1日,由国家教委和国家语委公布《汉语拼音正词法基本规则》;1990年3月22日,由国家语委和新闻出版署修订、发布《标点符号用法》;1997年4月,由国家语委和新闻出版署发布《现代汉语通用字笔顺规范》;2001年12月19日,由教育部和国家语委发布《第一批异形词整理表》。还有电脑、媒体、地名、商标广告、出版物、公共场所等用字的规定,科学技术名词术语的审定成果,少数民族语言文字信息处理的各项语言文字规范标准。(4)加速推广、普及普通话,广泛开展普通话培训与测试。在推广普通话方面,从前一阶段重视南方方言区的推普,转向加强西部地区的推普,并把这项工作与国家对西部地区的大开发及发展西部教育结合起来,加大对西部地区教师的普通话与民族语言培训。并强调在推普中要发挥教育部门的基础作用,国家机关工作人员的带头作用,新闻出版、广播影视等媒体的示范作用,交通、邮电、电子技术、商业、旅游、工商等社会服务行业的先行作用,对这些部门、行业的有关人员提出普通话水平要求。国家语言规划主持者还制定《普通话水平测试等级标准》和《普通话水平测试大纲》,编制《普通话水平测试实施纲要》,对中小学教师、播音员、节目主持人和国家机关工作人员等进行普通话水平测试。这些措施与做法,有效促进了普通话的普及。(5)加强语言应用研究。比较重要的如:a.由语言规划主管部门国家语委制定语言文字应用研究"十五"科研规划,立项近百个课题,组织力量集中攻关,限期做出成果,为语言规划的科学制定和有效实施创造条件。b.经国务院总理办公会第134次会议批准,"中国语言文字使用情况调查"立项,由国家语委组织实施,国务院拨出专项经费,地方财政给予支持。该项目从1998年正式启动,历时6年基本完成,比较全面地了解了全国语言文字使用的基本情况,具体内容包括被调查者的自然情况、普通话、汉语方言、少数民族语言文字、简化汉字、繁体汉字、汉语拼音、外国语文、信息处理用语文的使用及掌握程度,还有语言态度等。调查方式分入户调查和专项调查;专项调查包括公务员、商业工作人员、医务工作人员、中学生、大学生、教师的语言文字使用情况。问卷分家庭问卷和个人问卷。这是中国有史以来第一次全国性语言文字使用情况调查,是国情调查的一部分,对全国及地方制定、实施语言规划和教育、文化、科技与劳动、人事部门的有关决策,促进精神文明和物质文明建设,以及语言学和应用语言学的研究、发展,都具有重要意义。c.加强语言规划重要问题研究,如语言规划理论研究,推广普通话方略研究,现代汉语通用词表研究,规范汉字表研究,推广普通话与西部大开发研究,双语问题研究,对外汉语教学与国际交流研究等。(6)培养语言规划高层次专业人才。这一阶段中,有些高等院校设置了应用语言学专业,开设语言规划课程,招收、培养语言应用与语言规划的硕士生、博士生,为中国语言规划的持续发展提供重要条件。

四　少数民族语言规划

(一)少数民族语言及民族语言政策。中国是一个统一的多民族多语言的国家,少数民族有 55 个。中国少数民族语言有多少种,目前还没有公认的说法,《中国少数民族语言使用情况》一书(1994)认为有80 种以上,戴庆厦等《中国少数民族语言文字应用研究》(2000)一书认为有 92 种,新近还有 120 多种之说。各民族都有自己的语言,有的民族转用其他民族的语言,如回族、满族、畲族、土家族大多转用汉语,乌孜别克族、俄罗斯族许多人转用维吾尔族语;有的民族使用 1 种以上的语言,如景颇族使用 5 种语言,瑶族、怒族使用 3 种语言,裕固族使用 2种语言;不少民族的语言是跨境语言,如拉祜语是中国、缅甸、泰国、越南、老挝 5 国拉祜族共同使用的语言,蒙古语是中国和蒙古国的蒙古族共同使用的语言。中国 55 个少数民族中,共有 33 种少数民族文字(戴庆厦等,2000),有的民族没有自己的文字,有的民族使用其他民族的文字,有的民族有 1 种以上的文字,如傣族、苗族使用 4 种文字。

中国为保护、发展少数民族语言文字,保障少数民族语言权利,制定了一系列民族语言政策,其核心是实行语言平等,禁止语言歧视,保障少数民族语言权利,鼓励各民族互相学习语言文字,并用法律的形式对民族语言政策加以肯定。我国国家大法《宪法》规定:"各民族都有使用和发展自己的语言文字的自由,都有保持或者改革自己的风俗习惯的自由。""民族自治地方的自治机关在执行职务的时候,依照本民族自治地方自治条例的规定,使用当地通用的一种或者几种语言文字。""各民族公民都有使用本民族语言文字进行诉讼的权利。人民法院和人民检察院对于不通晓当地通用的语言文字的诉讼参与人,应当为他们翻译。在少数民族聚居或者多民族共同居住的地区,应用当地通用的语言进行审理;起诉书、判决书、布告和其他文书应当根据实际需要使用当地通用的一种或者几种文字。"《国家通用语言文字法》《民族区域自治法》等,对民族语言权利、地位及使用等有更详细的规定。

(二)立国建设阶段的少数民族语言规划。在立国建设阶段,特别是"文革"前的 15 年,中国少数民族语言规划处于大发展时期,取得很大的成绩。这个阶段的少数民族语言规划偏重于语言地位规划,主要是贯彻、体现国家语言平等与各民族都有使用和发展自己语言文字的自由的政策,在确定民族语言地位,维护民族语言权利,加强语言接触与交流,调查、识别民族语言,创制与改革民族文字等方面做了大量工作。(1)成立民族语言规划职能部门和研究、教学、翻译、出版机构。为做好民族语言规划工作,国家民族事务委员会设立民族语文工作室,具体主持民族语言规划工作,中国文字改革委员会也负责少数民族语言规划的部分工作;1956 年在中国科学院内成立少数民族语言研究所(1962 年与民族研究所合并),负责民族语言研究并配合做好民族语言规划工作;创办民族院校,设置民族语文教学、翻译、出版机构,培养民族语文专门人才,做好民族语文翻译、出版工作;各有关省、区也建立民族语文工作机构,主持并指导地方民族语言规划工作。(2)加强民族语言立法,确定民族语言地位,保障民族语言权利。在《宪法》《民族区域自治法》《国家通用语言文字法》,以及《教育法》《义务教育法》《刑事诉讼法》《居民身份证条例》《人民法院组织法》《全国人民代表大会和地方各级人民代表大会选举法》《全国人民代表大会组织法》等法律中,都有这方面内容的规定。(3)开展民族语言大调查。1950 年至1954 年,中国科学院组织少数民族语言专家对广西、云南、贵州、四川等南方各少数民族语言进行初步调查,1955 年又对甘肃、青海、新疆、内蒙古等北方各少数民族语言进行初步调查。1956 年中国科学院会同有关单位,组织了 700 多人的少数民族语言调查工作队,分 7 个工作队,对全国少数民族语言进行调查,调查点总数在 1500 个以上,基本了解了各民族语言情况,取得了大批珍贵资料,编写、出版了一批少数民族语言调查报告和少数民族语言概况,还出版了一套中国少数民族语言简志,为语言规划的制定与实施创造了极为重要的条件。(4)为少数民族创制、改革文字。为做好这项工作,民族语言规划部门采取积极慎重的方针,认真细致地做好充分准备。1955 年 12 月在北京召开全国民族语文科学讨论会,制定了创制和改革民族文字的全面规划。1955 年制定了壮文方案,改革了西双版纳傣文和德宏傣文。1956 年至 1979 年,为布依族、彝族、傈僳族、苗族、哈尼族、佤族、纳西族、侗族、载瓦族、黎族、土家族等创制了 14 种拉丁字母形式的文字,为景颇族等 4 个民族改进了 5 种文字。为保证少数民族文字创制、改革的顺利进行,1957 年国务院第 63 次全体会议通过并公布了《少数民族文字方案中设计字母的几项原则》,总的精神是以拉丁字母为基础,字母系统要清晰,便于教学、使用与交流。这个阶段少数民族文字的创制、改革是成功的,并积累了丰富的经验。

（三）改革发展阶段的少数民族语言规划。这个阶段的少数民族语言规划偏重于语言本体规划,主要是适应国家改革开放和现代化建设的需要,加强民族语言文字的规范化、标准化,保持和激活民族语言活力,保护和抢救濒危语言,推行双语教育,进一步促进民族语言交流,保护语言多样化,同时传承前一阶段的少数民族语言规划,继续保障少数民族语言权利,巩固少数民族语言地位,协调语言关系,完善与发展少数民族语言文字功能,使各少数民族语言规范、健康地发展,更好地为各民族的繁荣与发展服务,为中华民族的伟大复兴服务。（1）恢复民族语文工作机构,召开民族语文规划会议。这个阶段的初期,为恢复、发展少数民族语言规划,首先是恢复民族语文工作机构,全国各地原有的民族语文工作指导委员会纷纷恢复,有的地方还成立新的民族语文工作机构,如云南省景颇族自治州成立了少数民族语文工作指导委员会,国家民族事务委员会加强对民族语文工作的领导和指导,国家语委增加了少数民族语言信息处理用语言文字规范标准的管理。与此同时,先后召开了多次全国性或地方性民族语文科学讨论会和民族语文工作会议,讨论、研究民族语言规划问题,如民族语文的规范化、标准化问题,新词术语规范问题,民族语文翻译问题,双语教学问题,民族地区扫盲问题等。(2)制定新时期民族语文工作方针任务。1991年国家民委向国务院上报《关于进一步做好少数民族语言文字工作的报告》,提出新时期民族语文工作方针任务。其方针是:"坚持马克思主义语言文字平等原则,保障少数民族使用和发展自己语言文字的自由,从有利于各民族团结、进步和共同繁荣出发,实事求是,分类指导,积极、慎重、稳妥地开展民族语文工作,为推动少数民族地区政治、经济和文化事业的全面发展,促进我国的社会主义现代化建设服务。"具体任务是:"贯彻党和国家的民族政策;加强民族语文法制建设;搞好民族语文的规范化、标准化和信息处理;促进民族语文的翻译、出版、教育、新闻、广播、影视、古籍整理事业;推进民族语文的学术研究、协作交流和人才培养;鼓励各民族互相学习语言文字。"国务院批准了这个报告,确定了新时期少数民族语文工作方针任务。(3)加强民族语文规范化、标准化。主要是制定民族语文本体的各项规范标准和语言文字信息处理用语言文字标准,还有新词术语规范标准等。信息处理用语言文字标准如《信息处理交换用蒙古文七位和八位编码图形字符集》(1987)、《信息处理交换用维吾尔文编码图形字符集》(1989)、《信息交换用朝鲜文字编码字符集》(1989),还有哈萨克文和藏文的编码字符集等。(4)大力推广国家通用语言普通话,同时加强民族地区的双语教育。1982年《中华人民共和国宪法》第19条规定:"国家推广全国通用的普通话。"2000年的《国家通用语言文字法》规定:"国家通用语言文字是普通话和规范汉字。""国家推广普通话,推行规范汉字。"国家在全国范围内,包括少数民族地区,大力推广普通话,这是为了克服语言、方言障碍,使少数民族和方言地区的群众在掌握本民族语言或本地区方言之外,多掌握一种全国通用的语言,有利于社会交际与社会稳定,有利于民族地区和方言地区的发展,而不是要妨碍少数民族使用自己的语言,更不是用普通话取代少数民族语言,也不是要消灭方言。在推广普通话的同时,大力加强民族地区的双语教育,提高双语教学水平,扩大双语范围,增加双语人数,为民族地区的政治经济、文化教育和科学技术等的发展,以及人才培养,在语言方面创造了重要条件。(5)调查、抢救濒危语言。语言是民族的重要特征,也是文化的载体,少数民族文化需要少数民族语言来保存与传播,因此保护少数民族语言有重要的意义。如同世界许多国家一样,中国也有一些弱势少数民族语言正处于濒危的状态,如满语、畲语、赫哲语、阿侬语、不辛语、普标语、拉基语、仙岛语、义都语、羿语、土家语等。对少数民族濒危语言,国家正采取措施进行调查、保护与抢救。具体做法如:增加经费投入,扶植欠发达民族地区发展经济、文化,增强弱势民族语言的活力;组织民族语言专家,深入调查各地濒危语言,记录、描写、保存这些语言资料;编写、出版弱势、濒危语言专书、词典,如近期出版的《中国新发现语言研究丛书》《中国少数民族系列词典丛书》等;逐渐建立少数民族语言音库,录制、保存弱势、濒危语言的声像资料;加强双语教育,让濒危语言与另一种语言并存并用,延缓其消亡的时间等。这些措施的实施,开始收到一定的效果。

五　当代中国语言规划评价

对当代中国语言规划的评价,上文不少地方已有所涉及,这里从总体方面作简要地回顾与评价。

(一)语言规划的制定与实施。从总体上看,当代中国语言规划的制定是符合语言规划基本原则的,无论是语言地位规划或是语言本体规划,如实行语言平等,保障语言权利,协调语言关系,加强语言接触与语言交流,缓和语言矛盾与防止语言冲突,以及国家通用语言文字和区域通用语言文字的确定与推行,文字的改革与创制,语言文字的规范化、标准化,语言信息处理用语言文字规范标准的制定与管理等,都坚持科学性、政策性、稳妥性和经济性等语言规划基本原则,没有出现违反语言规划基本原则的重大失误,所以当代中国语言规划总体上进行得比较顺利,取得了很大的成功。

从语言规划实施的社会效果看,当代中国语言规划的社会效果是好的。由于实行语言平等,保障民族语言权利,处理好语言关系,正确选择并大力推行全民共同语和区域共同语,进行文字改革与文字创制,加强语言文字规范化、标准化,加强社会语言及信息处理中语言文字问题的管理等,使当代中国的语言文字朝着规范、健康的方向发展,语言生活呈现统一、多样的特征。当代中国语言规划的实施,大大便利了现代社会的交际,对维护国家统一、民族团结、社会稳定,促进经济、文化、教育、科技发展,扩大对外交流等,发挥了重要的作用,收到了显著的效果,受到国内外普遍的肯定与称赞。

(二)语言规划成功的基本经验。综观当代中国的语言规划,其成功的基本经验是:(1)从当代中国的国情出发制定、实施语言规划。中国是一个统一的多民族国家,她地域广阔,人口众多,语言方言纷繁复杂,经济、文化、教育、科技不发达,新中国成立后,需要尽快发展经济、文化事业,加速现代化建设,保持社会稳定与繁荣。当代中国的语言规划就是根据这些国情制定与实施的,在前一阶段偏重于语言地位规划,具体确定实行语言平等、保障民族语言权利、进行文字改革、推广普通话和加强现代汉语规范化为主要任务;后一阶段,根据国家实行改革开放和加强现代化建设的需要,语言规划偏重于语言本体规划,具体确定加速普及普通话,加强汉语和少数民族语言的规范化,加强语言信息处理的研究与管理为主要任务。两个阶段的语言规划,任务明确,目标实际,内容具体,要求循序渐进,措施积极稳妥,语言规划声望较高,这是最重要的基本经验。(2)认真贯彻、体现国家正确、有效的语言政策。当代中国语言政策的核心是:实行语言平等政策,保障公民语言权利,保护民族语言,推广全国通用的普通话,民族自治区域实行双语政策等。这些政策是十分正确、有效的,它对国家的团结、稳定与发展起到重要的作用。当代中国的语言规划,认真贯彻、体现了国家正确的语言政策,所以获得了成功。(3)语言规划成为政府行为,由政府主持制定与实施。中国过去的语言规划,主要是由爱国志士、社会名人、知识分子倡导和参与的社会行为,部分由政府组织、主持,政府在这方面也做了不少有益的工作,有时还发挥重要作用,但由于当时社会和各种条件以及政府本身的局限,语言规划中的政府行为也有局限,所以实施效果不太大。新中国成立后,政府充分发挥其行政权威作用,并建立、健全各级语言规划专门机构,主持制定与实施语言规划,调动、协调政府各相关部门,紧密配合语言规划工作,并动员社会大众积极参与,这使语言规划得以顺利进行。(4)加强语言立法,基本形成语言法律法规体系,依法管理社会语言问题及语言文字使用。《中华人民共和国宪法》及有关法律,如《民族区域自治法》《教育法》等,都有关于语言文字问题及语言文字使用的规定。2000年10月31日第九届全国人民代表大会常务委员会第十八次会议还通过《中华人民共和国国家通用语言文字法》,并于2001年1月1日起实施。这是中国有史以来制定、颁布的第一部关于语言文字的专项法律,以法律的形式规定普通话和规范汉字作为国家通用语言文字的地位,并对国家通用语言文字的使用作出了具体规定,其意义和作用是重大的。这些法律的制定与颁布,使语言规划工作有法可依,依法管理社会语言问题及语言文字使用,促使社会语言生活健康、有序地发展。(5)社会各界广泛参与,语言规划成为政府行为与社会行为相结合,并付之社会行动。语言规划最终要落实在社会,必须得到社会各界的支持,为社会大众所接受,才能顺利完成。当代中国的语言规划在政府主持制定与实施过程中,社会团体如工会、共青团、妇联、民主党派、文联、作协等,学术机构如中国科学院、中国社会科学院、中国语言学会、中国少数民族语言学会、语文现代化学会等,新闻出版单位如报纸杂志社、广播电台电视台、出版社等,各级各类学校,积极配合广泛参与,在社会上形成良好的氛围,收到很好的社会效果。(6)切实加强语言文字规范化、标准化,制定并推行各项语言规范标准,提高语言规范化程度,增强语言的社会交际功能和信息传输能力。(7)总结、吸收清末以来中国语言规划的经验,很好继承现代语文革新运动的活动与成就。

(三)语言规划存在的主要问题。语言规划是十分复杂、艰巨的,其难度很大。为进一步做好语言规划工作,我们在总结当代中国语言规划成功经验的同时,也要看到它存在的主要问题。这些问题是:(1)对语言规划的长期性、复杂性、艰巨性的认识有所不足,因此有时有急于求成的表现,有些语言规划工作不够周全。如 20 世纪 50~60 年代,对汉字及其前途的认识不够全面,有些参与语言规划的人士设想较快完成文字改革,早日实现汉语拼音化,把推广、普及普通话和汉语规范化看得过于简单、容易,因此影响到有些语言规划目标提得过高,要求实现过急,有些语言规划工作有简单化倾向。又如 1986 年制定新时期语言文字工作方针任务时,提出到 20 世纪末普通话要成为教学语言、工作语言、宣传语言和交际语言,也就是要普及普通话,而采取的措施又不够有力,有些工作也不够细致,从时间和做法看,这个目标显然不易实现,所以 1992 年国家语委调整为 2010 年以前在全国范围内初步普及普通话。(2)对科学研究重视不够,语言规划理论基础比较薄弱,对社会语言生活和社会语言问题的调查、研究不够,对有些问题的论证不够充分,所以有些语言规划活动和做法科学性有所不足。如

1956 年经国务院全体会议第二十三次会议讨论通过并公布的《汉字简化方案》，及 1964 年中国文字改革委员会在《汉字简化方案》基础上编辑出版的《简化字总表》，是简化汉字的规范标准。从总体上评价，这批简化汉字是科学、合理的，实行效果是好的，便利千千万万人对汉字的学习与使用，对普及教育、提高文化和发展科学技术等有重要的作用，因此受到社会各界的欢迎与肯定。但是这批简化汉字中的有些字，其简化的科学性有所不足，主要表现在有些简化字与相近形体的字容易混淆，造成认读和识别的困难，如"儿—几，设—没，风—凤，沧—沦"；有些简化字形体上与未简化的字相同，而音义有别，造成混乱，如"树叶（葉）"的"叶"与"叶韵"的"叶"，"重迭（叠）"的"迭"与"更迭"的"迭"；有些简化字失去汉字形体匀称的特点，字形欠佳，缺乏美感，如"厂、广、产、习、亏"；有些简化字不合原汉字的体系，特别是一些用符号简化的字，与原字形体系离得更远，给学习汉字带来不便，如"对、邓、戏、欢、汉、仅、权"。造成这些问题的主要原因是，过多考虑精简笔画数和简化字数，对汉字简化的整体化、规范化注意不够，所以简化了一些不该简化的字，对同音代替、草书楷化、符号代替的简化方法的使用有的不当，还有增加了一些不必要的汉字部件等。其他语言文字规范标准中，有的也不大符合科学性，如有些字音的审定、有些词形的规范缺乏理据。推广普通话的有些做法不够科学，所以影响推普效果。

（3）有些语言规划工作受政治影响较大，或过分依靠行政作用，造成一定的损失。语言规划离不开政治，总是一定政治的体现，并要充分发挥行政的组织、领导作用，但如果政治性、行政性过强，而政治、行政有时又出现偏差，语言规划就会违反自身的特点与规律，削弱其科学性、求实性，遭受必然的挫折。如 1977 年 12 月 20 日发表的《第二次汉字简化方案（草案）》，是在"文化大革命"中酝酿、制定的，因为受当时极"左"政治、行政的影响，简化的字数过多，有些字的简化不科学不合理,要求试用过急,试用效果不好,给社会用字造成混乱,国家语委经过认真、慎重的研究以后,不得不报请国务院批准于 1986 年 6 月 24 日正式废止。又如新疆维吾尔族长期使用阿拉伯字母为基础的察合台文,因为受当时政治的影响,1965 年主要依靠行政作用开始推行以拉丁字母为基础的维吾尔族新文字方案,1979 年新疆维吾尔自治区人民代表大会通过关于全面推行新文字、停止使用老文字的决议。新文字推行太急,效果不好,给社会用字造成很多困难,所以 1982 年新疆人民代表大会又作出决议,决定恢复使用维吾尔老文字,新文字只作为拼音符号保留。(4)所制定的语言文字规范标准有的不够严谨、细致,影响了语言规划实施效果。如《印刷通用汉字字形表》《第一批异体字整理表》和《简化字总表》中有些字有矛盾,《普通话异读词审音表》中对有些字音的审定不够恰当、可行,《关于出版物上数字用法的试行规定》中的有些规定难以实行,这都需要很好地修订与完善。上述存在的这些问题,给语言规划工作造成一些损失,影响了语言规划的声望,值得认真总结与改进。

当代中国的语言规划还有许多事情要做,特别是在保障公民语言权利,加强社会语言生活监测与社会语言问题调查研究,加强语言文字规范化、标准化,进一步增强语言活力,保护弱势、濒危语言与方言,保持语言生活的统一性与多样性等方面,需要给予更多的关注与着力,借以促进我国的社会语言生活继续朝着丰富、健康、有序的方向发展。

参考文献

全国文字改革会议秘书处《全国文字改革会议文件汇编》,1955 年。

现代汉语规范问题学术会议秘书处《现代汉语规范问题学术会议文件汇编》,科学出版社,1956 年。

周有光《汉字改革概论》,文字改革出版社,1979 年。

国家语言文字工作委员会政策法规定《国家语言文字政策法规汇编》,语文出版社,1986 年。

全国语言文字工作会议秘书处《新时期的语言文字工作》,语文出版社,1987 年。

周有光《新语文的建设》,语文出版社,1992 年。

高天如《中国现代语言计划的理论与实践》,复旦大学出版社,1993 年。

中国社会科学院民族研究所、国家民族事务委员会文化宣传司《中国少数民族语言使用情况》,中国藏学出版社,1994 年。

王均主编《当代中国的文字改革》,当代中国出版社,1995 年。

凌远征《新语文建设史话》,河南大学出版社,1995 年。

于根元《二十世纪的中国语言应用研究》,书海出版社,1996 年。

语文出版社《语言文字规范手册》,语文出版社,1997 年。

戴昭铭《规范语言学探索》,上海三联书店,1998 年。

许嘉璐《语言文字学及其应用研究》,广东教育出版社,1999 年。

冯志伟《应用语言学综论》"语言规划"部分,广东教育出版社,1999 年。

郭熙《中国社会语言学》"语言规划和语文生活"部分,南京大学出版社,1999 年。

戴庆厦等《中国少数民族语言文字应用研究》,云南民族出版社,2000 年。

李建国《汉语规范史略》,语文出版社,2000 年。

于根元《应用语言学概论》,商务印书馆,2003 年。

说语言政策

　　语言政策是政府对语言文字的地位、发展和使用所作的行政规定。在国外，一般称语言政策为 Language planning，中文还可以翻译成"语言计划"等。语言政策主要包括两方面的内容：(1)就语言文字本身的地位、发展、规范和改革所制定的标准与法规；(2)对语言文字使用的要求与规定。具体一点儿说，语言政策的内容包括宏观的和微观的两个方面。宏观方面，如确定并推广国家的官方语言和民族的共同语、标准语，制定或改革文字，以及对共同语、标准语及其书面形式——文字的推行等。微观方面，如对共同语、标准语的语音、词汇、语法以及文字的正字法和正词法等确定规范标准，对推行共同语、标准语及其书面形式——文字的具体要求和规定。

　　语言政策是一定政治的体现，具体体现政府对社会语言问题的态度，是一个国家总政策的一部分。因此，语言政策必然要受总政策的制约，同时又会影响总政策的贯彻与实施。例如中华人民共和国成立以后，为了加强国家的统一和民族的团结，同时为了迅速提高文化教育水平、发展科学技术、促进经济建设，制定以进行文字改革，推广普通话，加强现代汉语规范化和尊重、保障并发展少数民族语文为主要内容的语言政策。这些语言政策是我国当时总政策的一部分，同我国当时的政治、经济、文化等方面的政策密切相关。这些语言政策的实施，对我国当时总政策的贯彻执行，加强各民族团结、促进社会进步和加速现代化建设，无疑发挥了积极的作用。又如新加坡，在独立以后，从实际情况出发,确定了双语制,让英语、华语、马来语、泰米尔语等并存并用,而在华语文方面,加强推广标准华语,采用简化汉字和汉语拼音。这些实用的语言政策的实施,对新加坡的社会稳定和现代化发展,确实起到了积极作用。正因为语言政策如此重要,所以一般国家和民族在制定语言政策的时候,都采取极为慎重的态度,充分考虑国家、社会的实际情况和各种有关的因素,认真研究,周密计划,谨慎行事。

根据语言及语言生活的实际和社会各有关因素(如政治、经济、文化、科技、民族感情等)而制定的语言政策,一般具有以下一些特性。

(1)民族性和普遍性。语言是民族的特征之一,因此语言政策一般都充分体现其民族性,反映一定民族的意愿与心理,尊重有关民族的语言感情。语言政策的民族性,主要表现在确定与推行民族共同语及其书面形式——文字方面。语言政策还有普遍性的一面,这主要表现在不排斥采用外国外族的语言文字作为本国本族的标准语文,如新加坡和澳大利亚等国,独立以后仍采用英语作为共同语。印度尼西亚在荷兰殖民者统治时期,使用荷兰语和本国的爪哇语,独立以后,却采用标准马来语为其标准语,字母的形式与读音都同马来语相一致。

(2)延续性与稳定性。语言文字是渐变而不是突变的,所以它能为全社会服务。社会在使用语言文字时,也要求语言文字不能变动太快太大。这都决定语言政策具有延续性和稳定性。如标准语及其书面形式——文字,一般都比较稳固,即使是政权更迭,一般政策发生较大变化,语言政策的变化也不会太大,往往同以前的语言政策保持一定的延续性。这种情况是普遍存在的。就是语文革新和文字改革,也都不是在短时间内发生的,一般都经过几十年、上百年甚至更长时间的酝酿才在条件成熟时实行的。我国的语文革新和文字改革是这样,土耳其、朝鲜、越南的文字改革也莫不如此。

(3)预测性和现实性。语言文字是相对稳定的,又是逐渐变化的,而社会的变化更大。制定语言政策自然要对与之有关的语言变化和社会发展进行预测，并把这些预测体现在语言政策当中，以便语言政策能够适应未来的变化与发展。但是语言毕竟是为现实社会服务的，必须适应社会的实际需要，这就决定语言政策具有现实性。当今世界，任何国家和民族的语言政策都具有这样的特性，只不过程度不同而已。语言政策制定得好，这种特性就强一些，制定得差，这种特性就弱一些。

（4）约定性与规范性。语言与被表达的事物没有必然的联系，它们之间的关系是长期社会约定俗成的。人们使用语言文字，往往容易形成习惯。一旦习惯形成就较难改变，即使读错音、写错字，时间长了，错的人多了，习非成是，也就成了约定俗成。使用语言的这些习惯和俗成性必然反映到语言政策当中，使语言政策具有约定性。然而语言文字的演变与发展，往往会出现不合规律的成分，人们对语言文字的使用，也会有不正确的地方，因此必须在约定俗成的基础上，利用行政、教育、学术等手段，对语言文字及其使用加以适当的规范，这就使语言政策具有一定的规范性。因为语言政策具有这样的特性，所以它才是可行而有效的。例如我国制定并推行的《第一次汉字简化方案》，因为具有约定性和规范性，所以受到社会各界的欢迎和接受，并且取得良好的效果。

自古至今，一般国家和民族都力图使语言文字更好地为本国本民族服务，因而都有自己的语言政策。以我国为例，秦始皇统一中国后，即制定"书同文"的政策，用小篆统一六国的文字。后来，在长期的封建社会里，各朝代的语言政策虽然有所不同，但基本的是提倡古文，崇奉汉字。到了民国时期，语言政策发生较大的变化，白话文运动、国语运动、罗马字运动和拉丁化运动的兴起与发展，既是爱国志士、知识分子倡导与发动，又与当时语言政策的实施有关。新中国成立以后，制定了新的语言政策，其核心是：实行语言平等政策，进行文字改革，大力推广普通话，加强现代汉语规范化，保护和发展少数民族语文。到了1986年，为适应改革开放和现代化建设的需要，又确定新时期的语言政策，其方针是："贯彻、执行国家关于语言文字工作的政策和法令，促进语言文字规范化、标准化，继续推动文字改革工作，使语言文字在社会主义现代化建设中更好地发挥作用。"主要任务是："做好现代汉语规范化工作，大力推广和积极普及普通话；研究和整理现行汉字，制定各项有关标准；进一步推行《汉语拼音方案》，研究并解决实际使用中的有关问题；研究汉语、汉字信息处理问题，参与鉴定有关成果；加强语言文字的基础研究和应用研究，做好社会调查和社会咨询服务工作。"还有新时期少数民族语言政策。预计新时期的语言政策将适用于今后一个时期。

原载《语言学百题》，上海教育出版社，1991年

继续坚持和完成文字改革的方向和任务[*]

1958年1月10日，周恩来同志在政协全国委员会举行的报告会上作了《当前文字改革的任务》的报告，代表党中央和国务院明确指出了我国文字改革的方向，并且提出了文字改革工作的三项重要任务：简化汉字、推广普通话、制定和推行汉语拼音方案。

这三项任务是我国历史上不可能完成而遗留下来的任务，这方面的工作实际上从民国初年以来就已经陆续进行了。它又是根据我国解放后革命和建设的需要提出来的任务，具有过去没有的新的意义。党中央和毛泽东同志很早就考虑这方面的事情了。新中国成立前夕，毛泽东同志就这方面的事情征求了有关领导同志的意见。新中国成立之后，毛泽东同志对有关问题作了一系列的指示。1952年中国文字改革委员会的前身中国文字改革研究委员会一成立，就着手进行这方面的工作。周恩来同志作这个报告的时候，党中央和国务院对于确定有关的方针政策和规划迫切要做的工作，都已经作好了充分的准备，有的工作已经开展了好几年，并且取得了成绩。在周恩来同志报告之后，党中央和国务院对有关的方针政策和工作项目又陆续提出了补充和修改意见。

我国文字改革方向的确定和三项任务的提出，是符合语言文字本

---

* 本文与于根元合作。

身演变规律的,是经过长期调查研究并且总结了历史的和外国的经验之后提出来的,是有科学根据的。文字同语言一样,也是一种社会现象,一种交际工具。从社会现象这一方面来看,它一经产生就同社会紧密相联,具有较为稳固的社会性。从交际工具这一方面来看,它的产生与发展总是同人们的社会活动紧密结合在一起,人们要求学习和使用起来比较简便。文字改革,要充分考虑到文字的社会性和简便性,既考虑到文字演变是逐渐进行的,是比较缓慢的,同时也考虑到使用者对文字的要求。这样,文字改革符合客观规律,才能得到人们的广泛支持,才能成功。我们党确定文字改革采取积极的稳步前进的方针,就是充分考虑到上述情况的。另外,一个国家的文字改革是该国家语文政策的具体实行,必须借助于政府的行政手段和发动群众来支持。经验告诉我们,离开这两条而独自或很少一些人搞什么文字改革,都是不可能成功的。我国文字改革的历史已经充分证明了这一点。我国文字改革的三项任务,是党中央和国务院提出来的,是符合包括知识分子在内的广大人民群众的要求的,是有党政机关、各级行政部门和科研单位制定计划采取措施来保证它的完成的。这方面的工作是群众性的,又是有组织有步骤地进行的。因此,在周恩来同志报告后不久的几年里,这方面的工作便蓬蓬勃勃地开展了起来,并且取得了很大的成绩。

到 1964 年编印《简化字总表》时为止,已经推行简化字 2238 个。同时,通过废除异体字、更改部分生僻地名字等,精简了 1100 多个汉字。1958 年开始,全国出现了连续两年多的推广普通话工作的热潮。1958 年 7 月在北京,1959 年 8 月在上海,1960 年 8 月在青岛召开的第一、二、三次全国普通话教学成绩观摩会,充分显示了那些年的工作成绩。1960 年,推广普通话一度进展不快。1963 年又有了发展,因此,1964 年 8 月在西安召开了第四次全国普通话教学成绩观摩会。拉丁字母形式的《汉语拼音方案》，于 1958 年 2 月 11 日在庄严隆重的第一届全国人民代表大会第五次会议上通过。同年秋季开始，全国小学语文课本采用它来给生字注音。1960 年中共中央发出《关于推广注音识字的指示》，《汉语拼音方案》的使用范围更加广泛了。苗、彝等民族以此为基础创制了本民族文字，维吾尔、哈萨克等民族以此为基础设计了新文字。聋哑人的《汉语手指字母方案》也以此为基础。我国教外国留学生等学汉语也用它来给汉字注音，在技术标准代号、旗语、灯光通信、编制索引等方面也广泛使用了《汉语拼音方案》。

　　十年动乱期间，文字改革的方向和工作受到了严重的干扰，早就确定的主要工作项目有的没有完成。更由于一些有关的方针政策被搞乱了，有些人在这方面的认识也被搞乱了，在打倒"四人帮"之后工作起来有许多困难。前几年这方面的工作有了一些恢复，有的一度还有所发展，但步子太慢，近两年来又出现了一些新的问题。所以，我们觉得现在提出继续坚持文字改革的方向、完成文字改革的任务是有必要的。

　　我们认为，党中央和国务院当时确定的文字改革的方向和任务是正确的。这三项任务（除了制定汉语拼音方案已经基本完成之外），不仅在现在和今后一个时期仍然是我国文字改革工作的重要任务，而且在当前进行四化建设的新时期更有它的迫切性。我们要提高认识，采取措施，把这方面的工作更好地开展起来。

　　汉字难读难写，因而也就难记，这是客观存在的事实。人民群众长期以来就在自发地简化汉字，认识了繁体字的人实际上也不得不学那些简化字。我们把自发地简化变成有秩序地简化，有利于广大群众目前的使用，也没有增加认识了繁体字的人的负担。第二次简化工作开始阶段不稳妥，考虑文字的社会性不够，而过多强调了简便性，所以公布的草案里的简化字多了一些，而且有一些简得不妥，这些，前几年就在改进了。汉字简化虽然不宜太快太急，但工作还是要做，因为有一些字还需要考虑简化。例如"藏"字，17画，又是常用字。人们有的简化为"芷"，有的简化为"艻、茫"。"芷"比较通行，似乎可以考虑用作简体。又如"檀"字，17画。它的右半部在"坛"字里已经简化了，所以也可以考虑把它简化为"杬"。更重要的是要通盘考虑一下简化的目的和原则。不要把汉字简化同汉字整理工作分开，汉字整理是汉字简化工作的重要部分。简化的目的当中要考虑到尽量使汉字的结构有规律，如果能够拼形，汉字信息化和其他形式的机械化都会比较容易。简化的原则因此也要考虑到减少汉字的结构单位、结构方式和笔形，尽量使得汉字容易分辨，可以分解。除此之外，还有其他一些原则。有的同志批评说，有人因为汉字不适应某些科学技术，设想打破汉字的结构，去适应这些科学技术，这是削足适履的做法。他们认为，只能说目前的科学技术还不够发达，应当去发展它，使之适应汉字的结构。我们认为科学技术再发达，汉字也还要改革。只举一个例子来说吧，有的一个字或很少几个字就是一种结构，可改而不改，硬要为它们增加一种信息，在讲究效率的科学技术里不会认为这是划得来的事。笼统地歌唱"青少年朋友们，祖国的文字多美啊"，这是欠妥的。《第二次汉字简化方案修订草案》正在一部分同志里征求意见。希望这个"草案"慢一些改成"方案"公布使用，而通盘考虑把它改得更好一些，这更稳妥。

推广普通话，仍然要坚持"大力提倡，重点推行，逐步普及"的方针，仍然要抓好学校这个重点。近两年来，学校的推广工作进展不够快，一个重要的原因是措施不够有力。1978年教育部发出《关于加强学校普通话和汉语拼音教学的通知》，要求八年内各级各类学校要基本普及普通话。现在，通知发出三年多了，我们建议教育部门采取有力的措施，解决很多地方都存在的师资等方面的困难。原来定的计划，早一两年晚一两年完成问题不很大，措施有力了，做好学校推广工作才有保证。

抓好社会推广工作也很重要。社会推广工作，以商业、交通、邮电和服务性行业中的服务员和售票员为主要对象。这些同志接触群众机会多，接触说方言的人的机会也多。他们讲好普通话不仅影响面大，并且也是本身工作的需要。这些同志说好普通话，更好地为群众服务，也应该是"五讲四美"活动的要求。近两年来，在不少地方，甚至包括一些推广工作多年来很先进的城市，社会推广工作总的说来有倒退的趋势，这应该引起我们的重视。各地的专职干部绝大多数是努力的，问题是有些主管部门抓得不够紧，不够有力。各级领导同志多数也是关心和支持这项工作的，但是也还有一些领导同志对这项工作总是不够重视甚至不重视。当前，加强对推广普通话工作的领导是很重要的。社会推广工作中树立一些先进的目的是带动一般，绝不是"撑门面"给人看的。先进的地方和一般的地方，推广工作都应当扎扎实实地开展。

前几年，不少话剧和电影里演员扮演领袖人物时说方言，许多观众都有意见，近两年来情况好转了。前几年的那个情况本来就是不正常的，从理论上、制度上、古今中外的经验方面都缺乏根据，实际效果也不见得好。过若干年以后再回过头来看看，我们将会更清楚地认识这一点。现在，不少电影、话剧、电视演员的普通话说得不够好。出版物里尤其是一部分文艺作品里滥用方言的情况至今还相当严重，希望文化、出版部门认真管一管。

近两年来汉语拼音教学在学校里有了进展，高年级学生汉语拼音回生的问题得到了一些解决。《汉语拼音方案》的使用范围在国际上也扩大了。1977年，联合国第三届地名国际标准化会议通过决议，采用《汉语拼音方案》作为中国地名罗马字母拼写法的国际标准。《汉语拼音方案》首先是在拼写中国地名方面为世界公认。去年，国际标准化组织文献工作技术委员会决定拟订采用《汉语拼音方案》的"国际标准草案",等提交国际标准化组织全体会员国表决通过后,《汉语拼音方案》就将成为拼写汉语的"国际标准"。《汉语拼音方案》在科学技术上的使用,还有广阔的天地,例如拼音电报比起我国现在常用的"四码"电报来好处很多,电报拼音化是革新我国电信事业的重要途径。《汉语拼音方案》在科学技术和其他方面的实际使用中,还有一些问题,例如如何标调、同音词的区分、词的定形和连写、文言成分的表达、外来词的转译等问题,这些都要研究解决。

在设计汉语拼音方案的初期,着重是设计汉字形式的方案,没有得到满意的结果。1955 年 10 月召开的"全国文字改革会议"上,各方面的代表和学者研究了多种形式的方案,绝大多数主张采用拉丁字母的形式。有一个强有力的理由是拉丁字母是世界上多数国家采用来书写语言的符号。毛泽东同志和周恩来同志当时也仔细比较、研究了几种形式的方案,下决心采用拉丁字母的形式,党中央和国务院作出了这个决定。周恩来同志在《当前文字改革的任务》报告中精辟而透彻地说明了采用拉丁字母的优越性。他指出:"现在公布的汉语拼音方案草案,是在过去的直音、反切以及各种拼音方案的基础上发展出来的。从采用拉丁字母来说,它的历史渊源远则可以一直推溯到 350 多年以前,近则可以说是总结了 60 年来我国人民创制汉语拼音方案的经验。这个方案,比起历史上存在过的以及目前还在沿用的各种拉丁字母的拼音方案来,确实更加完善。"

《汉语拼音方案》由全国人民代表大会批准推行以来,国内外有些人还在设计别的方案。作为个人的研究和探讨,自然是可以的。例如,有的朋友早些年就设计了一套汉字形式的方案,到处交换意见。前三四年,我们曾对这类方案讨论过几次。我们很赞赏这些朋友热心于我国文字改革工作。我们彼此认为有几点认识是相同的:一、主张汉字改革。二、主张汉字的根本改革要走拼音化的道路。三、认为对不同形式的方案可以研究,可以讨论,尤其是我国现在还没有汉语拼音文字,作为汉语拼音文字的设想更可以讨论。有很大不同的一点是,关于汉语拼音方案,我们主张拉丁化形式而不同意汉字形式。我们更不赞成在一般公开发行的报刊上介绍不成熟的个人方案。这种交换意见本来是正常的,讨论也是需要的、有益的。可是近两年来出现了一个新的情况,一些很有影响的报刊,甚至有的学报,对于宣传全国人民代表大会通过的《汉语拼音方案》不甚热心,却热衷于报道某些个人的关于文字改革的一些主张,而且宣传个人设计的方案。这样做显然是不合适的,实际上已经引起了社会上一部分人认识上的混乱。有的同志担心《汉语拼音方案》不再推行了,要搞别的什么方案了。有少数人对文字改革并不热心,本来也没有什么研究,但也在那里"支持"一些个人方案,甚至在搞什么"试验"。这些宣传报道造成的不良影响,至今仍未消除。再说,前些时报刊上对汉字形式拼音方案的宣传,也是缺乏说服力的。几种不同形式的拼音方案,拿到小学生里去试验,拼写一些并不复杂的用语,程度不同地都会收到一些效果,这本来是常识,是普通的道理。有了些效果,就大加宣传,是不是也轻率了些?

这里也暴露了我们工作中的一个缺点:一个时期以来对我国当前文字改革的方向和任务介绍、宣传得很不够,现在应该多作一些介绍和宣传。当然,涉及方向和任务的不同主张,作为一个学术和理论问题,在一定范围内还应该交换意见。虽然我们主张将来的汉语拼音文字方案应以《汉语拼音方案》为基础,但是我们也不同意少数同志的《汉语拼音方案》就是汉语拼音文字方案的说法。现在还没有汉语拼音文字方案,汉语拼音文字采用拉丁字母形式的原则也没有法定的根据。所以,特别是作为汉语拼音文字方案的设想,在一定范围内更是应该讨论的。

我国当前的文字改革,是我国社会主义现代化建设的一个组成部分。我们现在继续坚持党中央和国务院指明的文字改革的方向,采取有效的措施,努力工作,这不仅是目前建设的需要,而且是造福于未来。让青少年一代接受教育,一同参加工作,让他们也能继续坚持文字改革的方向,完成文字改革的任务,这个意义更重大更深远。

原载《语文研究》1982 年第 1 辑

对当前文字改革工作的意见[*]
——传达乔木同志关于文字
改革工作的谈话精神

乔木同志在听取这次座谈会情况的汇报以后,原定今天下午要作一次讲话,谈文字改革工作。但是今天早上打来电话,说他昨天晚上发烧,今天实在讲不了了,请同志们谅解。乔木同志要我把昨天刘导生同志、陈原同志、王均同志和我在他那里谈话的内容和精神说一说,以代替他的讲话。

文改会多年没有开这种会了,这次召开文字改革工作座谈会,还是适时的。会开得不错,有较大收效。关于文字改革工作,想讲几点意见。

一、文字改革工作是有意义的。它是国家、社会的一项重要事业。正如会议上有的同志说的,这是百年大计的事情。随着社会的进步,国内国际交往的日益频繁,文化教育的发展和科学技术的发达,广播电视的逐步普及,社会对文字改革必将提出更多的要求,文字改革工作的重要性也必然会愈来愈被人们所认识。社会要现代化,就要求各方面要高效率、标准化,而语言文字的规范化就同社会现代化有密切关系。例如推广并普及普通话,研究、整理汉字和推行《汉语拼音方案》,都是语言文字规范化的重要内容。因此,不能认为文字改革工作可有可无,可

---

* 本文是 1984 年 10 月 19 日在文字改革工作座谈会上传达胡乔木同志有关讲话精神的讲稿,发表前曾送乔木同志审定。

以漠不关心。文字改革工作是必不可少的,它在两个文明建设中有很重要的作用。希望从事文字改革工作的同志要有明确的认识,并且坚定信心,做出更大的成绩,为国家的社会主义现代化建设作出贡献。

二、过去的文字改革工作是有很大成绩的。新中国成立以后,在党中央、国务院的领导下,在老一辈无产阶级革命家的亲切关怀和大力支持下,全面开展了文字改革工作,研究确定了文字改革的方针任务,制定并推行了汉语拼音方案,整理和简化了汉字,大力推广了普通话,大规模进行扫盲,还做了其他方面的许多工作。在这些方面,都取得了显著的成绩,这是大家公认的事实。现在,《汉语拼音方案》已在国内外广泛应用,普通话在一些地方,特别是方言复杂的地方,正在受到领导部门和社会各界的重视。新《宪法》明确规定:"国家推广全国通用的普通话。"普通话在人们交往中和社会生活中正在发挥积极作用。

近年来,除了继续推广普通话、推行《汉语拼音方案》,以及研究整理汉字等取得成绩以外,有两件事情值得足够的重视。一件是黑龙江省以及其他一些地方进行的"注音识字、提前读写"实验。这项实验已在全国其他一些地方扎扎实实地扩大了,教育部已经肯定了,并且加强了领导。这一实验很有意义,一定会得到中央和各地的支持。当然,在各地推广时,依靠强迫命令是不行的,比如方言复杂的地区,实验就不能整套照搬。实验要有条件,才能取得成功;条件要准备充分,如领导重视,师资培训,教材编写,读物增加等。这项实验不但可以大大提高语文教学水平,对算术教学和其他学科的教学都有很大的帮助,有利于开发智力,工作做好了还可能帮助学制的改革,对文改工作也会起很大的促进作用。三中全会以后,中央要专门讨论一次教育问题,希望准备一份比较好的有关"注音识字、提前读写"实验的材料,要有充实的内容,要有说服力。我们想"注音识字、提前读写"的实验,会受到中央的重视。

　　另外一件是输入汉语拼音输出汉字的电子计算机研制成功，这是信息处理的一个突破，对《汉语拼音方案》的扩大使用和文字改革也可以起一定的促进作用。以后我国进入信息社会，计算机将会大大普及，直到广泛应用于家庭生活。汉语拼音输入法速度快，效率高，使用简便，非常有利于电子计算机的普及和应用。这一研究成果要尽快通过国家鉴定，这才有利于推广。明年文改会准备举行汉语拼音电脑国际学术讨论会，一定会对这项工作起促进作用。

　　广东省委、省政府对于推广普通话十分重视，抓得很紧很具体，效果也较显著。广东的工作一定会影响到福建和其他方言区，还会影响香港，促进香港推广普通话。上海也一贯重视推广普通话，要求各行各业都要讲普通话，这很重要。广东、福建、上海都是方言复杂的地区，如果两省一市的推广普通话搞好了，那说明其他省市更可以搞好，对其他省市也会起促进作用。当然，推广普通话是为了适应在目前经济发展条件下空前频繁的社会交往的需要，并不是要消灭方言；方言不是凭少数人的意志所能消灭的。

　　三、关于新时期文字改革的方针任务。除了重申过去中央确定的"汉字必须改革，汉字改革要走世界文字共同的拼音方向"这个方针以外，还要研究新问题。汉字在我国已有几千年的历史，有浩如烟海的文献资料，在中国人民心中扎下了很深的根，在实际应用上也发挥了很大的作用，这一定要承认。尽管现代社会的发展和科学文化的发达，使得汉字有某些不相适应，但在很长的时期内汉字还要用，拼音化的过程会是很长的。我们推广拼音，首先是为了促进识字教育和普通话教育，同时为了适应社会现代化和科技发展的需要，而不是企图消灭汉字，实际上汉字是消灭不了的。在今后长时期内，将是汉字和汉语拼音并存，各自发挥其所长，相互弥补其不足，共同为我国现代化建设服务。这些应当讲清楚，让人们放心，也可消除不必要的误解和抵触。

　　在新的历史时期,仍然要坚持文字必须稳步进行改革的方针。关于当前文字改革的任务,主要是:大力推广普通话,积极普及普通话;研究整理现行汉字,制定现代汉语用字的各项标准;进一步推行《汉语拼音方案》,使《汉语拼音方案》在实际应用中完善化、规范化;加强有关文字改革的社会调查和学术研究,并进行各种规模的实验。

　　当前有一件实际工作需要做,就是商标的拼音正字。许多商品的拼音常有错误,这会贻笑于国外。文改会准备同有关部门,如轻工业部、商业部、外贸部联系一下,帮助培训有关人员掌握拼音,做到正确拼写。至于地名、路名牌和各种招牌的拼音错误,以及社会用字混乱,如弃简就繁,乱用不规范的简体字,随便写错别字、异体字等,这些都应当注意纠正,以使各方面用字达到规范化。

　　语言文字具有历史的继承性和很强的社会性,因而它是相对稳定的,同时又是逐渐演变的。我们进行文字改革,必须遵循这个规律,顺乎自然,因势利导,做促进工作,而不能违反这个规律,这样才能取得成功。

　　四、关于地方成立有少数几个人办事的文改机构。这是必要的,可以向各地领导提出来,但是一定要实事求是,切实可行,才能通过。文改工作的办事班子可以设在教育厅(局),编制统一调剂解决,这样便于开展工作。

　　五、文字改革工作同社会各方面都有密切的关系,应当采用各种办法,利用各种场合,千方百计多作宣传,让各级领导同志和广大群众了解文改工作的意义和必要性,争取干部和群众的支持,这才能很好地开展工作。还要面向社会,加强为社会服务和社会咨询,切实做一两件或几件有利于社会的事,例如解决用字混乱的问题,这也是很必要的。当人们了解或感受到文字改革工作对他们有用,有帮助,就会给予大力支持。"注音识字、提前读写"实验就充分说明了这一点。这方面的工作怎样做得更好,请同志们研究。还有同志建议把文字改革工作改称为语言文字工作,这既表明这项工作的范围广泛,不限于改革,也免得一部分人一听说文字改革就认为文字就要改革,天天都要改革,或者认为文改会的工作就是要马上改革文字。这个意见值得我们考虑。

总之,大家要好好总结 30 年文改工作正反两方面的经验,为举行第二次全国文字改革会议作好各项准备,以便把大会开好,把文字改革工作做得更好,为我国两个文明的建设多作贡献。

原载《语文建设》1985 年第 1 期

关于文字改革工作

——答《语文建设》杂志记者问

最近，中国文字改革委员会副主任兼秘书长陈章太就国务院办公厅转发中国文字改革委员会《关于文字改革工作座谈会情况的报告》一事，回答了本刊记者提出的问题：

一、国务院办公厅转发文字改革工作座谈会情况报告的意义是什么？

答：经国务院同意，国务院办公厅转发这个文件，这对文改工作，是很大的鼓舞和促进。

我国的文改工作经历了很长的历史时期。它始于清末，到五四运动时，成为新文化运动的一项内容。中国共产党成立以后，对文字改革做了大量工作，瞿秋白、毛泽东、周恩来、陈毅、吴玉章等同志，都是文改工作的先驱和领导者。战争年代，我们党领导的北方话拉丁化新文字运动，在适应革命形势和提高人民群众文化方面起过重要作用，瞿秋白、吴玉章、林伯渠、萧三等同志是"北拉"的制定者，鲁迅、蔡元培、郭沫若等都是"北拉"的倡导者和积极支持者。新中国成立以后，文改工作在党中央、国务院的领导下更是搞得轰轰烈烈。尽管十年动乱中这项工作几乎完全停顿，甚至还有倒退，但从 50 年代开始的简化汉字，推广普通话和推行《汉语拼音方案》的三项工作，都取得了相当大的成绩，对我国的文化建设作出了积极的贡献。现在我们已经进入一个以"四化"为重点的新时期，党中央、国务院多次强调科技文化事业的重要性，这就对同信息社会关系密切的文改工作提出了更高的要求。

所以文件的转发,再次表明我国政府对文改工作十分重视,这将有助于人们了解文改工作的现实意义,加深对这项工作必要性的认识,吸引更多的人关心、重视和支持文改工作,对文改工作本身的发展也将起重要作用。

二、从第一次全国文字改革会议到现在整整三十年了,文改工作取得了哪些成绩?

答:三十年来,文改工作确实取得了较大的成绩,概括起来主要有:

第一,研究并确定了新中国成立后文改工作的方针、任务,使人们明确了文改工作方向。

第二,从上到下,建立了文改机构和推普工作机构,有了一支基础不错的专业干部队伍,并开展了一系列工作。

第三,推广了普通话,使之在我国广大地区,包括某些方言相当复杂的南方省、市,如上海、福建、广东等地得到了不同程度的普及,大大减少了由于方言隔阂而造成的交际上的障碍,促进了各民族、各地区人民群众的相互团结,有利于交往,加速了经济、文化的交流。同时,作为国际通用语言之一,普通话得到了世界有关组织的承认和应用。

第四,简化了一批汉字。1956 年公布的《汉字简化方案》(简称"一简")对普及文化,减轻人们初学汉字的负担等方面,起到了一定作用,是应当肯定的。

第五,制定并推行了汉语拼音方案。这个方案已得到广泛承认和应用,并在目前各地进行的"注音识字、提前读写"的实验中,发挥着重要作用。国际标准化组织已经作出了用《汉语拼音方案》拼写中国人名、地名的规定。

当然,三十年来,文改工作也有曲折和失误,除了三年困难时期和十年动乱的干扰外,1977 年《第二次汉字简化方案(草案)》(简称"二简")也是有缺点的。由于"左"的思潮影响,字数简得过多,有些字简得不合理,需要很好修订。

三、当前社会上对文改工作有不同的认识,您对这个有什么看法?

答:这是正常的。从清末到现在,人们对文字改革一直存在不同认识:一些文改工作者态度很积极,他们看到汉字难写难用的弱点,总希望尽快实现拼音化;由于汉字有几千年的历史,古籍浩如烟海,同时各地方言分歧又比较大,有的同志便认为汉语拼音化很困难;还有少数人出于误解,认为汉字不能改,汉语拼音化不可能。由于文字改革直接关系着社会进步和国家现代化,大多数群众还是拥护、支持的。

我觉得对这几种认识要很好分析,正确对待。要从多方面去看待文字改革:一方面要看到文改是语言文字发展规律所决定的。语言文字有社会性,也有继承性,这就决定了它不是一成不变的,但这种变化又是逐渐的、缓慢的。另一方面,文改是社会发展的需要所决定的。无论清末、"五四"时期,还是今天,文字改革都不是像个别人所说的是少数人无知的行为,而是一些有识之士看到国家需要繁荣、进步而投身其中的顺乎时代潮流的事业。现代化的一个核心问题,就是信息处理,而文字改革同信息处理就有密切的关系。对内搞活经济对外实行开放都涉及语言文字的规范化。推广全国通用的普通话,对搞语音输入、人机对话也很有意义。汉字编码有现实性和实用性,但在计算机的输入输出方面不如汉语拼音来得迅速、方便。同时,文字改革不仅仅是搞拼音化,它包括许多内容,正如文件所规定的,当前就有四大任务,这都跟国家的现代化有紧密关系。我们的语文必须规范化、现代化。从某种意义上讲,一个国家语文规范化和现代化的程度越高,说明它的现代化水平越高。

综上所述可以看出,我国文字是必须改革的,但改革的过程会是很长的,而且是必须稳步进行的,不能操之过急。改革文字并不是要废除汉字,而是要使我国的文字更好地适应现代化事业的需要。在今后相当长的时期内,方块汉字和《汉语拼音方案》将并存并用,各自发挥其所长。

四、文件中关于当前文字改革方针、任务的阐述与以往有哪些不同?

答:大致有五点不同:

(一)把推广普通话作为首要任务,并强调要"积极普及"。

(二)把简化汉字放在研究整理现行汉字的任务当中,而没有单独提出。这是要保持现行汉字的相对稳定. 就是说,汉字不能不简,但也不能老简。

(三)说明了《汉语拼音方案》在实际应用中要进一步完善。这并不是要修改方案本身,而是要研究解决同音词、正词法等那些还未解决的问题。

(四)明确提出要加强有关文改的社会调查和科学实验,包括从语言学、文字学、教育学、心理学、生理学、信息论和系统科学角度的研究,以加强文字改革的科学性。

(五)强调要做好社会服务工作。这是因为文改跟社会各方面关系密切,要对社会作出有益的贡献,使人们切实感到文字改革有用,这样才能得到更广泛的支持,加速文改的步伐。

五、贯彻文件精神的具体措施有哪些?

答:(一)要进一步研究落实国务院转发的文改文件精神,特别是新时期的文改方针、任务,统一思想,共同努力做好这个现代化事业不可缺少的重要工作。

(二)加强宣传。希望舆论界,特别是新闻单位给予大力支持,对新时期文字改革的方针、任务作必要的宣传,让社会上更多的人了解文改工作的意义,并消除一些不必要的误解。

(三)协助各地建立文改机构。希望各地配备一定的专职干部,切实把这项工作做好。

（四）回顾、总结三十年来的文改工作，避免走弯路，并在此基础上制定文改"七五"规划，更好地开展工作。

（五）今年秋季将同教育部联合召开第二次全国文字改革会议，贯彻落实中央转发的文件精神，进一步促进文改工作。

（六）切实加强文字改革的有关科学研究，做好推广工作，面向社会，为社会服务，扩大文字改革在社会上的影响。

原载《语文建设》1985 年第 3 期

新时期的文字改革问题

　　1984年10月16日至20日,中国文字改革委员会在北京召开了文字改革工作座谈会,二十六个省、市、自治区教育厅局和文改机构、中央有关部门的负责同志以及有关的专家学者共六十多人参加。18日,胡乔木听取了刘导生、陈原、陈章太、王均关于会议情况的汇报。19日,胡乔木给参加座谈会的全体同志写了一封信,还委托陈章太在座谈会上传达了他对当前文字改革工作的意见。这个消息和有关的材料发表后,引起了社会上尤其是广大语文工作者的关注和重视,在国外也引起了一定的反响。受《中国语文》编辑部委托,为进一步了解文改工作的情况并向广大读者介绍,记者于今年1月4日和5日两次访问了中国文字改革委员会副主任兼秘书长陈章太。陈章太热情地解答了记者提出的问题。

　　问:召开这次文字改革座谈会的背景是什么?

　　答:首先是为了澄清十年动乱在文改方面造成的思想混乱。50年代,文改工作搞得轰轰烈烈,取得了很大成绩。那时候,确定了文改工作的方针任务,制定并推行了汉语拼音方案,大力推广了普通话,简化了汉字,扫盲也很有成绩。60年代初,因为三年经济困难,文化建设包括文改工作受到很大影响。跟50年代相比较,60年代上半期的文改工作进展不大,可以说是处于半停顿状态,虽然在推广普通话、推行《汉语拼音方案》和扫盲方面还取得一定的成绩。十年动乱,文改工作受到严重的破坏,基本上停顿了,某些方面还有倒退。例如,一部分人对文改的意义和方针任务很不了解,特别是青年人;一部分人原来参加过文改的,这时候对文改也产生了怀疑;少数人根本不同意文字改革。这还表现在使用语言文字方面相当混乱,社会上不少人不用简化字而热衷于用繁体字;用简化字也有许多是不合规范的,写错别字的更是不少。文体上,有些人好"古",写文章不恰当地使用文言词语,文章半文半白,很不好读。有人还反对汉语拼音,把方块汉字说成完美无缺。对于《汉语拼音方案》,有一些人另起炉灶,想以其他方案取而代之。我们现在要很好地澄清这些混乱。

另一方面,在新的历史时期,文改的方针任务如何确定,具体应当做些什么,也要明确下来,这对于宣传工作和具体工作都是很重要的。各地长期从事文改工作的专业干部和积极分子,还要求有机会交流情况,并初步总结过去工作的经验和教训。

这样,文改会新的领导班子便考虑召开这次座谈会。这件事事先向乔木同志请示了,得到他的充分支持。这次座谈会原定的目的是了解情况,交流经验,研究问题,促进工作。

问:这次座谈会开得怎么样?

答:很好,很成功,比预想的要好得多。原先想开个二三十人的会,一个省来一个人。后来有些地方要求增加人,就开成了六十多人的会。气氛十分活跃、热烈,大家讨论得很认真,会议取得了很好的效果。这次座谈会的主要收获是:一、交流了情况和经验。二、充分肯定了过去文改工作的成绩,认真研究了存在的问题和教训。三、进一步明确了文改工作的意义。四、讨论了新时期文改工作的方针任务。五、解决了一些实际问题,例如建议地方成立精干的文改机构;商议了第二次全国文字改革会议的内容和筹备工作;初步部署了今后一个时期的工作;讨论了文改工作面向社会、为社会服务、加强宣传推广的具体做法。此外,还加强了地区间的协作,促进了各地的工作。

会后,许多与会同志向当地有关领导作了汇报,还在一定规模的会议上向文改工作干部与积极分子、大中小学教师、教育行政部门的同志作了传达。有的省、市、自治区对今后一个时期的文改工作作了安排。山西、辽宁、福建等地写报告要求成立地方的文字改革委员会或推广普通话工作委员会。一些还没有成立文改机构的教育厅局也把文改工作列入了今后的工作计划,并且准备配备专职干部。有的地方还准备创办有关的报刊,加强文改宣传。

舆论界反应也比较强烈。新华社去年 10 月 21 日发了长约八百字的报道。《人民日报》《光明日报》《解放军报》《北京日报》《北京晚报》《文汇报》《解放日报》《南方日报》等近二十家报纸发了详细报道。《中国教育报》《文字改革》《人民教育》《高教战线》《汉语拼音报》《汉语拼音小报》等报刊在重要版面发了更为详细的报道,有的转发了乔木同志的信件和我传达乔木同志讲话精神的讲稿。

问:乔木同志的信件和讲话精神里,哪几点是需要特别注意的?

答:乔木同志去年 10 月 18 日正在参加十二届三中全会,身体也不大好,但他还是专门安排时间听取了我们的汇报,并且对文改工作作了重要指示。他的讲话涉及文改工作的许多方面,特别谈到文改工作过去的成绩、挫折和现在存在的主要问题,文字改革在我国社会主义现代化建设中的重要地位,新时期文改工作的必要性以及文改工作的方针任务,还涉及其他一些具体问题。

乔木同志的信件和讲话精神里,有这样几点是需要很好注意的。一、明确指出新时期文改的重要性和必要性,充分肯定过去文改的成绩,提出在新的历史时期要研究文改工作的新问题。二、关于当前文改方针任务的提法跟过去有些不同。例如,实事求是地对待汉字和汉语拼音,明确指出在今后长时期内,将是汉字和汉语拼音并存,各自发挥其所长,相互弥补其不足,共同为我国现代化建设服务。把推广普通话列为文改的首项任务，并且要求积极普及普通话。没有单独提简化汉字，把简化汉字包含在研究整理现行汉字的工作里面。提出要加强文改的社会调查和科学研究，并且进行必要的实验。三、指出语言文字具有历史的继承性和很强的社会性，因此它是相对稳定、逐渐演变的，进行文字改革必须遵循这个规律，顺乎自然，因势利导，做促进工作。四、指出文改工作要面向社会，为社会服务，并且加强宣传推广工作，让社会上更多的人了解文改的意义，争取社会更大的支持。

座谈会结束的时候和结束之后，乔木同志还亲自给广东、福建，江苏三省的主要领导同志分别写信，谈了文字改革和推广普通话的问题。《光明日报》根据乔木同志建议，决定创办"语言文字"双周专刊，主要讨论语言文字的应用和规范化以及语言文字与科学技术的关系等问题，其中也要讨论文字改革问题。专刊的编委会已经正式成立，现正积极筹备出刊。这个专刊的创办，对文字改革一定也会起推动的作用。

问：中国文字改革委员会今后有哪些安排和打算？

答：正向国务院汇报请示有关问题。主要问题有三个：一、关于新时期文字改革方针任务的提法。二、建议批准文改会和教育部于今年秋季共同召开第二次全国文字改革会议。会议主要内容是总结三十多年来文改工作正反两方面的经验，确定新时期文字改革的方针任务，制定文改工作短期计划和"七五"规划，表彰先进集体和个人。三、建议批准各省、市、自治区成立文字改革委员会，由各方面人士参加，配备少数专职人员做具体工作。在有关报告得到国务院批准后，就着手筹备第二次全国文字改革会议，总结过去的文改工作，制定有关计划和规划。

另外，打算筹备成立有各界著名人士参加的"文字改革协进会"。文改会还要加强文改的社会调查和科学研究，加强宣传推广和社会服务。国务院批准中国社会科学院和文改会成立语言文字应用研究所，以及文改会成立宣传推广部和社会服务部，就是为了加强这些方面的工作。文改会还要有计划地培训文改专业干部，并且改进和加强文改方面图书的编辑出版工作，现在文改会领导的语文出版社和文字改革出版社已经逐步得到了加强。

《第二次汉字简化方案（草案）》的修订，在过去广泛征求意见的基础上，正作进一步研究，争取尽可能简化得合理，作为《增订汉字简化方案》尽快公布。以后，对简化字的调查研究还要进行，而汉字简化则要相对稳定一个时期，这样有利于社会和科技的使用。研究整理现行汉字除了研究整理简化字之外，还有许多工作，例如汉字属性研究；汉字的四定：定量、定形、定音、定序；人名地名用字研究；字频统计分析；常用汉字、计算机用字和中小学语文教学用字的统计确定等。

还要继续审音。有些字的读音分歧很大。过去审音委员会公布过审音总表，起了很大作用。现在读音不规范的现象还相当严重，电台播音员也常有读错的。审音工作，文改会和其他单位有关专家参加的审音委员会一直在做。现在，对原来审定过的有的字音要作慎重的修订，再新审定一些字音，在适当的时候公布。审音的原则主要还是从俗从众，约定俗成。但这不是惟一的原则，还要考虑其他有关的因素。明显读错的音，当然应该纠正。

对汉语拼音正词法准备作比较深入的研究，如拼音的标点、连写规则、同音词问题、技术补充使用的标调法等，都要研究。这是为了使汉语拼音方案在实际使用中进一步完善，而不是要修订汉语拼音方案。

现在，除了在各地一些小学充分利用汉语拼音广泛进行"注音识字、提前读写"的实验之外，还想在幼儿园的学龄前儿童中进行汉语拼音的教学实验。对于这些实验，要从教育学、心理学和语言学等不同的角度进行深入研究，以得出可靠的数据和科学的结论。

问：你还有什么消息可以告诉我们的读者吗？

答：香港推广普通话的形势很好。一个原因是，近些年来香港跟内地贸易往来和人员交往日益增多,香港广大居民迫切需要学习普通话。他们知道,香港要兴旺发达,光会说广州话是不够的。香港的有识之士早就看到了国家收回香港主权后语言使用的必然趋势,长期以来一直在为提高普通话和中文在香港的地位而努力奋斗,香港教学普通话的单位这几年如雨后春笋般成立和发展起来。今年 5 月初,香港大学语文研习所、香港中文大学中国语文研习所和香港中国语文学会将联合举办"普通话教学和测试研讨会",邀请国内外各方面的专家学者参加,规模比较大。召开这次会议,对加强香港各有关单位的团结和促进香港推广普通话工作一定会起积极的作用。

为了加强汉语拼音读物的出版工作,文改会已于去年 12 月 20 日会同教育部、文化部发出《关于编辑、出版、发行儿童拼音读物的联合通知》,要求各地各有关单位认真加强并切实做好这方面的工作。

文改会准备同深圳市等有关部门合作,筹建语言培训中心,主要培训推广普通话的干部和教学骨干,也想吸收港澳同胞和海外华侨来学习。据了解,还有别的单位也在筹建这种中心。

珠影(珠江电影制片厂)摄制的科教片《汉字的演变》拍得不错,把汉字的结构、汉字的演变及其规律扼要讲清楚了,很快就要公映。上海科教电影制片厂正在着手编制、拍摄宣传推广普通话的科教片,他们希望能在今年秋天发行。

问:关于文字改革,你对广大语文工作者还想说些什么?

答:我还想着重说明,当前文字改革的方针任务之所以这样提,完全是从我国的实际情况出发的。过去我们对文字改革,有时候似乎看得简单了一些,容易了一些,所以有些做法效果不一定好。其实,文字演变的一个重要规律是渐变,而汉字已有几千年的历史,记录了浩如烟海的文献资料,在我国人民心目中有很重要的地位;汉字改革一定要稳步进行,而不能过急过快。推行汉语拼音,是为了适应社会和科技发展的需要,绝不是要废除汉字,汉字还要长期存在,汉语拼音和汉字只是互相补充而已,正如推广普通话不是要消灭方言,方言不是人为所能消灭的。不过,话又说回来,文字要改革,最重要的原因是社会、政治、经济、文化、科技发展的需要。文字改革是客观发展规律所决定的,是不以人的意志为转移的;不是哪些人想改就能改,也不是有人反对改就不能改了。当前进行文字改革,是新时期各方面事业发展的需要,是社会主义现代化建设的需要。我们的工作是要按照客观规律办事,要顺乎自然,做促进工作。顺乎自然就是不能违背客观规律,既不能阻碍,也不能太急。"二简"的工作有毛病,重要的一条是不符合规律,简化时图多图快,结果适得其反。但是汉字有些字实在太繁太难了,这不能不简;你不简,群众还在那里简。因此我们要因势利导,调查群众中的简化字,并加以整理研究,使它合乎规律,简得合理、好用,使人们乐于接受。顺乎自然,因势利导,不能消极等待,我们还要加强研究,加强宣传,采取措施做促进工作。语言文字的使用有很强的社会性,它同人民群众的生活、工作、学习等密切相关,而且人们使用语言文字还有一定的习惯,这种习惯的改变需要有一个过程。即使是对的,是好的,当人民群众还不很了解的时候,也不能操之过急,而要做许多实际工作,让人们了解并感到文字改革确实有用,这样才能得到社会更大的支持。这就需要我们加强研究,拿出有说服力的研究成果,并且从实际出发,用群众喜闻乐见、容易接受的各种方法进行有效的宣传,这是我们广大语文工作者的责任。

　　文字改革是关系到我国国计民生和子孙后代的大事,又是一项长期艰巨的工作。我们语文工作者应当进一步加强团结,共同努力,支持并促进文字改革工作,为我国社会主义现代化建设作出应有的贡献。

原载《中国语文通讯》1985 年第 1 期

认真贯彻执行新时期语言文字
工作方针政策
——全国语言文字工作会议的总结发言

经过几天热烈的讨论，全国语言文字工作会议就要胜利闭幕了！现在，我受大会领导小组的委托，向大会作总结发言。

一　对会议的基本估计

在党中央和国务院的正确领导和亲切关怀下，经过全体与会同志的共同努力，会议达到了预期的目的。这次大会是成功的大会，开创新局面的大会！

会议回顾和总结了三十年来的语言文字工作，讨论了如何贯彻执行新时期语言文字工作的方针任务，交流了情况和经验，表彰了先进单位和积极分子。

会议期间，代表们认真讨论，畅所欲言，各种意见都比较充分地发表出来了。会场气氛活跃、热烈。通过讨论，大家沟通了思想，加强了团结，增强了信心，决心为贯彻执行新时期语言文字工作的方针任务而努力奋斗！

二　主要收获

（一）通过认真地回顾、总结三十年来我国的语言文字工作，尤其是文字改革工作,一致认识到,过去三十年的工作成绩是很大的,为社会主义事业作出了积极贡献,这一点应该充分肯定。与会同志一致表示,今后要继续推动文字改革工作,认真做好语言文字规范化、标准化的工作,以取得更大的成绩,为"四化"作出更大的贡献!

(二)明确认识到新时期的语言文字工作同现代化建设的紧密关系,对社会发展、科技进步和文化教育水平提高的重要意义。会议认真讨论了中央规定的新时期语言文字工作的方针和当前的主要任务。认识到这一方针任务是总结过去的经验,并根据新形势的要求以及语言文字本身的发展规律提出来的,是有科学根据的,也是切合实际的。与会同志表示拥护这个方针任务,今后一定努力贯彻执行。

(三)进一步认识到语言文字工作必须积极而稳步地进行,只能从实际出发,因势利导,做促进工作,而不能急于求成。这就是说,既要看到做好这项重要工作的紧迫性,又要看到它的长期性、复杂性和艰巨性。只有这样,才能符合语言文字发展演变的规律,也才符合现实社会生活对语言文字工作的要求,才能取得更大的实效。

(四)一致认识到当前社会用字的混乱现象已经相当严重,不利于社会主义精神文明和物质文明建设,必须加强宣传,进行教育,并采取有力的措施,加以干预和纠正。

(五)通过报告、发言、观摩录像等,充分交流了情况和经验,认识水平和工作水平都有提高。

(六)表彰了文字改革和推广普通话的先进集体和积极分子,鼓励了先进,树立了榜样。

这次会议也有不足,主要是会期稍长了一些,而有些问题又讨论得不够充分。

三　讨论中提出的几个问题

（一）关于拼音化方向问题。

关于拼音化方向问题，代表们在讨论中有两种不同的意见，这也反映了社会上对这个问题的不同认识。比较多的同志赞成工作报告不提这个问题，认为这符合中央倡导的实事求是、注重务实的精神，容易收到实效，有利于新时期语言文字工作的开展，同时也有利于继续推动文字改革工作。另外一些同志则认为报告中的有关表述，虽然是现实、可行的，但总觉得对拼音化方向不加以正面表述，是一种后退，调子低了，可能对今后工作的开展不利。

我们对这两种意见进行了认真地严肃地考虑和研究，仍然认为工作报告中的表述是符合实际的，是积极而又稳妥的，是前进而不是后退的。实际上我们在会前关于这个问题倾听过社会上的意见和专家的意见，也倾听过许多负责同志的意见。我们相信现在这样的表述，将会得到国内外更加广泛的赞同和支持，将能团结更多的人来做好新时期的语言文字工作，并且更好地完成过去没有完成的文字改革任务，从而更有效地为我国的现代化建设服务。

这里我们向同志们作个说明，刘导生同志的工作报告中关于这个问题的提法，国家语委事先是请示过中央和国务院的领导同志的。大会期间同志们对这个问题的不同意见，我们也报告了党中央和国务院。昨天下午，国家语委接到了党中央和国务院的领导同志对这个问题的批示，同意刘导生同志工作报告中对这个问题的表述。希望同志们能够很好理解。当然，对这个问题有不同认识，这是正常的，也是可以讨论的，但希望这种讨论不要影响集中力量做好我们当前要做的主要工作。

（二）关于"二简"问题。

讨论中对这个问题也有两种不同意见。一种意见赞成公布"二简"修订方案，认为这批简化字已经在人民群众中用开了，具有一定的社会基础。另一种意见主张正式宣布停止试用"二简"，认为再公布一批简化字，对出版物特别是多卷本的字典、词典、百科全书、祖国丛书，以及计算机的汉字字库都会造成很多困难，还会影响到一些东南亚国家对汉字的使用。总之，会上一致要求有关领导部门及早作出决断，向群众作个交代。我们认为这个要求是完全合理的。国家语委的领导准备将停止试用"二简"及干预、纠正社会用字混乱的意见上报国务院，请国务院批准下达。

（三）关于建立机构问题。

同志们一致建议上报党中央、国务院的文件以及有关文件中，要说明在各省、市、自治区建立相应的语言文字工作机构的重要性和必要性。我们认为这个意见很好，将按这个意见修改大会工作报告中的有关部分。

现在已经成立语言文字工作委员会、推广普通话工作委员会、文字改革委员会、文字改革办公室的有上海、广东、福建、湖北、黑龙江、吉林、辽宁、安徽、江苏、河南、陕西、甘肃、贵州等十三个省、市，将要成立的有北京、河北等省、市。还没有成立专门机构的省、市、自治区，可以参考他们的做法和经验，积极创造条件，建立相应的机构，并安排人员和经费，以便有效地领导和管理地方的语言文字工作。

地方语言文字工作机构的中心任务是：贯彻执行中央规定的新时期语言文字工作的方针，加强语言文字规范化、标准化。当前的主要工作是不是可以包括以下几个方面：（1）大力推广和积极普及普通话；（2）进一步推行《汉语拼音方案》；（3）加强文字应用的管理；（4）推行国家以及有关部门公布、发表的语言文字标准和法规；（5）有计划地培训语言文字工作干部，尤其是推广普通话的工作干部；（6）统一组织力量,开展语言文字的基础研究和应用研究;(7)做好社会调查和社会咨询、服务工作。

此外,代表们还就"七五"工作规划、语言文字立法、培训语文骨干、民族语文工作、语文工作与计算机等方面发表了很好的意见,提出了宝贵的建议。这些意见和建议,会后将向有关方面反映。关于规划问题,原来准备作为这次大会的一项议程,但是考虑到这次大会应当集中精力讨论、贯彻中央规定的新时期语言文字工作的方针任务,同时,规划工作还需要作进一步的准备,所以这次大会就没有讨论这个问题。国家语委打算同各地、各有关部门磋商之后,在今年七八月召开"七五"期间语言文字工作规划会议,制定规划,落实任务。

大会以后,希望各地认真传达会议的精神,努力贯彻执行新时期语言文字工作的方针和任务,并于3月底以前将有关情况、工作计划以及"七五"期间规划的设想上报国家教委和国家语委。规划设想应当包括预期目标、工作要求、研究项目和基本措施。希望本着既积极又稳妥的精神考虑规划。总之要从实际出发,实事求是,讲求实效。

同志们! 当前我国形势很好,各条战线生机勃勃。"六五"计划已经胜利完成,"七五"计划已经开始实行,形势必将越来越好。党中央和国务院十分关心语言文字工作,各行各业、人民群众也都重视、支持语言文字工作,因为语言文字工作在社会主义现代化建设中能够发挥积极作用。大会就要胜利结束了。让我们在各自的岗位上团结协作,多做实事,多作贡献,共同为开创语言文字工作的新局面而努力奋斗!

1986 年 1 月 13 日

原载《语文建设》1986 年第 1、2 期合刊及会议文件汇编和
《新时期的语言文字工作》,语文出版社,1987 年

我国当前的语言文字工作

——答《瞭望》周刊记者问

最近,本刊记者访问了国家语言文字工作委员会(简称"国家语委")副主任陈章太,请他谈谈我国当前的语言文字工作。下面是陈章太对记者所提问题的回答。

问:中国文字改革委员会(以下简称"文改会")改名为国家语言文字工作委员会,是否意味着工作范围的扩大?

答:是这样。国务院在决定将文改会改名为国家语委的通知中指出:"国家语言文字工作委员会仍为国务院的直属机构。其主要职责是:贯彻执行国家关于语言文字工作的方针、政策和法令,促进语言文字的规范化、标准化,继续推动文字改革工作,并做好有关的社会服务工作。"这说明工作范围已从进行文字改革扩大到促进语言文字的规范化和标准化,以及其他有关的工作,内容比以前增多了。但从性质上来说,并没有根本的改变。过去文改会担负的主要任务是进行文字改革,而文字改革也是语言文字规范化、标准化的内容。这些工作今天仍包括在国家语委的职责范围之内。文改会改名为国家语委,主要有三方面意义:一、扩大工作范围,以适应新时期我国现代化建设的需要;二、进一步加强语言文字工作,促进语文工作更大的发展,以便承担因形势的发展向语文工作提出的更加繁重的任务;三、使机构名称同实际工作相符,以便更好地开展工作,发挥作用。

问:国家规定的新时期语言文字工作的基本方针和当前的主要任

务是什么?

答:新时期语言文字工作的方针是:"贯彻执行国家关于语言文字工作的政策和法令,促进语言文字规范化、标准化,继续推动文字改革工作,使语言文字在社会主义现代化建设中更好地发挥作用。"当前的主要任务是:"做好现代汉语规范化工作,大力推广和积极普及普通话;研究和整理现行汉字,制定各项有关标准;进一步推行《汉语拼音方案》,研究并解决实际使用中的有关问题;研究汉语汉字信息处理问题,参与鉴定有关成果;加强语言文字的基础研究和应用研究,做好社会调查和社会咨询服务工作。"这几项任务中最重要的是,促进语言文字规范化、标准化,使语言文字在社会主义现代化建设中更好地发挥作用。今后我们的语文工作,必须紧紧围绕这个中心来进行。

问:汉字的前途怎样,汉语拼音化方向今后是不是有所改变?

答:这个问题是国内外人士非常关心的。周恩来同志早在1958年就明确指出过:"关于汉字的前途,它是不是千秋万岁永远不变呢? 还是要变呢? 它是向着汉字自己的形体变化呢? 还是被拼音文字代替呢? 它是为拉丁字母式的拼音文字所代替,还是为另一种形式的拼音文字所代替呢? 这个问题我们现在还不忙作出结论。"时间虽然过去了二十多年,但周恩来同志的这段话在今天仍然具有现实意义。

为适应社会交际的需要,语言文字一方面不断发生变化,另一方面又保持相对的稳定,这是语言文字的基本特点。我们进行文字改革,必须重视语言文字这一基本特点,不可急于求成。汉字已有两千多年的历史,在历史上有过不可磨灭的功绩,在广大人民心中深深地扎下了根,要想在短时期内废除不用,而用拼音文字来代替它,这是不可能的,也是不可想象的。可以肯定,在今后相当长的时期内,汉字作为国家的法定文字,还要继续发挥它的主导作用。

汉语拼音化方向,过去曾经强调过,今年举行的"全国语言文字工作会议"，没有明确重申这一点，这并不意味着今后要改变或否定这一方向。根据几十年文字改革的实践，我们认为这个问题是非常复杂的，要作出确切的结论，还需要在长期的实践中进行更多重深入的研究。另外，随着我国科学技术的发展，特别是汉语汉字信息处理技术的深入发展，使越来越多的科技工作者关心并研究汉语、汉字的问题。他们从信息处理的需要出发，对语言文字的理论和应用提出了许多新的问题和要求。研究并解决这些问题，必将促进语言文字理论的发展，为研究文字改革的方向问题提供更为坚实的理论基础。再说，关于汉语拼音化，那是将来的事情，不属于当前文字改革的任务。现在需要的是充分消化、巩固和发展过去语言文字工作（包括文字改革）所取得的巨大成果，认真贯彻新时期语言文字工作的方针任务，从实际出发，多做实事。凡对语言文字规范化、标准化有利的事，对继续推动文字改革工作有利的事，我们都应当努力去做。

问：简化汉字，过去曾经作为文字改革的三项任务之一，今后这方面的工作是不是还要继续进行？

答：50 年代国家确定当时文字改革三项任务，简化汉字列为第一项。这是根据当时的具体情况和实际需要提出来的。新中国成立以后，为了扫除文盲和普及教育，尽快提高民族文化水平，以利社会主义各项事业的发展，需要解决汉字的难学难写问题，以减轻初学者的学习负担，因此简化汉字便成为紧迫的任务。

第一批公布的简化字，包括偏旁类推字，共 2236 个。这批简化字推行后，取得了实效，缓和了常用汉字难学难写的矛盾。1977 年发表的《第二批汉字简化方案（草案）》，字数简得过多，试用要求过急，有些简化得不合理，试用中效果不好。考虑各方面的需要，权衡利弊，现在不宜再正式公布第二批简化字。

目前，人们迫切希望现行汉字的字形在一个时期内能保持相对稳定,简化汉字的任务已不是十分紧迫了,所以国家规定的当前语言文字工作的主要任务没有单独列出简化汉字工作,而是把它包括在研究和整理现行汉字的任务之中。这并不是说今后简化汉字工作不再进行了;无论从汉字演变的历史看,或是从社会的实际需要看,今后汉字不再简化都是不可能的。只是汉字简化不能过快过急,汉字的形体不能老处于变动之中,今后对汉字的简化应持极其慎重的态度。

问:为什么要把推广普通话作为新时期语言文字工作的主要任务?怎样使这项工作取得良好的成效?

答:首先,党的十一届三中全会以来,我国各方面的政策作了符合实际的调整,大大加快了社会主义现代化建设的进程。大力推广和积极普及普通话,可以消除方言隔阂,沟通民族语言,有利于空前繁荣的社会交往,有利于扩大商品流通和建立国内统一市场,有利于加强人民团结和民族团结,借此促进大好形势的进一步发展。其次,在新的时期,以"四化"为重点的现代化建设,特别是文化教育的普及和提高,科学技术的进步和发展,传声技术的现代化、计算机语音输入和语音识别的研究,都对推广普通话提出了新的要求。第三,随着对外开放政策的贯彻执行,国际往来和国际交流越来越多,进一步推广普通话,可以减少语言交际的困难,促进国际交往。

今后,为使推广普通话取得更大的实效,应当抓紧以下几方面的工作。第一,加强宣传,提高人们对推广普通话意义的认识,争取社会各界的大力支持。第二,学校是推广普通话的重要阵地,应当继续抓好各级各类学校,特别是小学和中等师范学校的推广普通话工作,为社会推广普通话打下坚实的基础。第三,开放城市、旅游地区和大中城市,以及商业、交通、邮电、旅游等部门和服务性行业,是社会推广普通话的重点,应当切实加强这些城市、地区和部门、行业的普通话推广工作,以扩大影响、推动全面。第四,认真培训干部,扩大普通话工作干部队伍,提高普通话工作干部的水平。第五,根据不同地区、不同行业、不同年龄,以及其他具体情况,制定普通话的分级要求并拟订测试标准。第六,各有关部门应当制定和发布推广普通话的法规,或在有关部门的法规中列入推广普通话的内容,并采取必要的行政措施,保证这些法规的执行。第七,加强对普通话的研究,拟订普通话语音、词汇的某些具体标准,加强普通话语法规范,调查研究普通话推广工作中的一些重要问题,如北方方言地区怎样加强推广普通话工作,大中城市和开放城市怎样搞好普通话推广、普及工作等。第八,编写、出版更多更好的普通话教材和读物,特别是多出音像方面的教材和读物。出版上述教材和读物一定要具有科学性和实用性。

问:目前社会上用字比较混乱,应当采取什么措施来改变这种状况?

答:语言文字的应用同社会各方面的关系相当密切。一般说来,现代化水平的高低,往往反映在标准化的程度方面,而语言文字的规范化,是标准化的重要内容。因此,世界上比较发达的国家对语言文字的应用都相当重视,采取许多措施,加强这方面的管理,使语言文字的应用尽量符合规范化、标准化的要求。近些年来,我国社会上对文字的使用不很注意规范化,出现了比较混乱的现象,这是很不正常的。万里副总理指出:语言文字的运用,是否合乎规范、标准,往往反映一个国家、一个民族的文明程度。当前社会用字比较混乱,滥用繁体字,乱造简体字,甚至随便写错别字,这对两个文明建设是很不利的,应该引起我们的注意,并采取切实有效的措施,加以干预和纠正。

社会用字的问题是很复杂的,纠正社会用字的混乱,应作认真细致的调查研究,采取切实可行的措施。重要的是多做宣传教育工作,使大家重视这个问题,逐渐养成写字注意规范的良好习惯,并要着力提高社会的文化教育水平,从根本上解决这个问题。

问:由于今后相当长的时期仍要使用汉字,这会不会影响我国信息处理技术的发展?

答:我国电子计算机事业起步较晚,中文信息处理有许多问题亟待解决,信息处理技术亟待提高,总体规划需尽早研究拟订。就我国目前的条件,汉字的存贮已不存在什么问题。但因为汉字的数量多,字形结构复杂,对计算机的输入和输出有一定影响,比处理汉语拼音要困难一些。不过汉字输入输出并不是中文信息处理的惟一形式,还有拼音输入输出,或拼音输入汉字输出等形式。当前要抓紧做好各种输入输出方案的选优工作,加速实现标准化。

原载《瞭望》1986 年第 14 期

论新时期语言文字工作的方针任务

　　1986 年 1 月召开的全国语言文字工作会议,宣布了经过党中央、国务院领导批准的新时期语言文字工作的方针任务。这个方针任务和 50 年代确定的语文工作方针任务相比,有明显的不同。国内外人士普遍认为,新时期的语言文字工作方针任务的确定,是正确、适时的,一定能够促进语言文字工作更好地为四个现代化建设服务。但是由于我们宣传得不够,许多同志对这个方针任务不太了解,不很熟悉。这里,我谨对有关的问题作些说明。

一　新时期语文工作方针任务制定的经过

　　党中央、国务院领导同志批准的新时期语言文字工作的方针是:贯彻执行国家关于语言文字工作的政策和法令,促进语言文字规范化、标准化,继续推动文字改革工作,使语言文字在社会主义现代化建设中更好地发挥作用。当前的主要任务是:做好现代汉语规范化工作,大力推广和积极普及普通话;研究和整理现行汉字,制定各项有关标准;进一步推行《汉语拼音方案》,研究并解决实际使用中的有关问题;研究汉语汉字信息处理问题,参与鉴定有关成果;加强语言文字的基础研究和应用研究,做好社会调查和社会咨询服务工作。

　　这个方针任务是怎么制定的? 我想就制定的经过作些介绍。从 50 年代以来,我们是以文字改革为主来开展语言文字工作的。30 多年里面,取得了很大的成绩,发挥了不小的作用,也有一些失误,走了一些弯路。为了总结经验,更好地前进,原中国文字改革委员会在组建新班子以后,于1984年10月召开了一次文字改革工作座谈会,邀请各省、市、自治区从事这项工作的同志,以及一部分专家学者,共同对这30多年的文字改革工作进行了一些回顾和研讨。在那次会议上,除了充分肯定成绩以外,还分析了存在的主要问题。多数同志认为,过去文字改革的主要问题是:对文字改革的规律性研究很少,对文字改革工作的长期性、复杂性、艰巨性认识不足,把文字改革看得容易了一些,总想按照主观愿望把这项工作做得快一些。具体做法有时也有失误,最大的失误就是在1977年匆促公布《第二次汉字简化方案(草案)》。这个草案所简的字数过多,不少字简得不够合理,要求试行过急,因此造成了很大的被动。还有,就是在文字改革工作中,借助政治运动,依靠行政命令多了,对有关问题的研究、实验做得不够,工作当中出现的一些重要问题,研究、解决得不够。

这次会议,在分析情况的基础上研究了一些问题,其中包括新时期对语文工作的要求,为全国语言文字工作会议确定新时期语文工作的方针任务做了准备。

文字改革工作座谈会以后,我们向中央领导同志作了汇报。乔木同志有一个比较详细的讲话,其中讲到了有关的一些重要问题。比如,对于改变文字改革工作名称的建议,中央领导同志说,不是不可以考虑,应该从实际出发,工作要适应社会发展的需要。后来乔木同志在修改传达稿时又加了一段话:"还有同志建议把文字改革工作改称为语言文字工作,这既表明这项工作的范围广泛,不限于改革,也免得一部分人一听说文字改革就认为文字就要改革,天天都要改革,或者认为文改会的工作就是要马上改革文字。这个意见值得我们考虑。"为了听取意见,经乔木同志同意,这个传达稿后来正式发表了。在征求意见过程中,大多数同志赞成将文改会改名为语言文字工作委员会,认为这样既名实相符,又便于工作。经过一段时间的酝酿,于 1985 年 12 月,国务院正式批准中国文字改革委员会改名为国家语言文字工作委员会,并明确规定国家语委的主要职责范围为:"贯彻执行国家关于语言文字工作的方针、政策和法令,促进语言文字的规范化、标准化,继续推动文字改革工作,并做好有关的社会服务工作。"这说明,对于新时期语言文字工作的方针任务,党中央、国务院已经作了比较全面比较充分的考虑。

此后不久,党中央、国务院批准国家语委和国家教委联合召开全国语言文字工作会议。在筹备这次会议的时候,对一些重大问题,如汉语拼音化方向要不要重申,《第二次汉字简化方案(草案)》如何处理,对过去文字改革工作怎样评价,当前的主要问题是什么,对推广普通话作何要求,语言文字工作同现代化建设的关系,以及如何加强,我们不止一次地向党中央、国务院请示。几位中央领导同志都有一些口头的指示和书面的指示,给以很大的关心和支持。根据中央领导同志的多次指示,我们反复研究并草拟了新时期语言文字工作的方针任务,送请中央和国务院审批。经过多次修改,最后经中央书记处和国务院领导同志批准,于 1986 年初由刘导生同志在全国语言文字工作会议上作工作报告时正式公布。

这就是新时期语言文字工作方针、任务制定的大致经过。

二　同 50 年代确定的方针任务有什么不同

新时期语言文字工作的方针任务,同 50 年代确定的方针任务相比,有些不同之处。

50 年代确定的语言文字工作方针是什么?当时的文字改革有三

项任务,即简化汉字、推广普通话、制定并推行汉语拼音方案。这三项任务,是周总理在文字改革的工作报告当中阐明的。但那时并没有把工作方针明确地归纳成一两句话或几句话。这是不是就没有工作方针了呢? 不是的。50 年代语言文字工作的方针实际上是有的,那就是:语言要规范,文字要改革。这个方针,我们从周总理的报告和其他政府文件的有关阐述中,从具体工作当中可以看得出来。

最明显地体现这个工作方针的,是 1955 年召开的两次大会。一次是中国科学院召开的现代汉语规范问题学术会议,一次是教育部和文字改革委员会联合召开的全国文字改革会议。从这两个会议的名称和内容可以看出,50 年代确定的语言文字工作方针是语言要规范,文字要改革。那时语言文字工作的主要任务,也没有像现在这样一个字一个字地确定。但是从当时提出的任务看,是加强现代汉语规范化、推广普通话和进行文字改革。这和文字改革的三项任务是有所不同的。这就是 50 年代语言文字工作的基本方针和主要任务。

新时期语言文字工作的方针任务同 50 年代的方针任务相比较,显然有所不同。除了继续推动文字改革工作以外,工作范围扩大了,内容增加了,重点变化了。我以为具体有以下几点不同。

(一)工作重点不同。

50 年代的工作重点主要是改革文字,新时期的工作重点是加强语言文字规范化和标准化。语言文字规范化、标准化的内容很多,包括加强语文教学、提高全社会的语文水平。文字改革不是不搞了,而是放在语言文字的规范化、标准化当中来进行。这样,文字改革工作就能搞得更扎实、更有基础。

(二)没有重申 50 年代强调过的汉语拼音化方向。

我们过去曾经强调过我国的文字改革要走世界共同的拼音方向,并为此作了许多宣传。新时期语言文字工作的方针任务没有重申这一点。对这一点，现在还有一些同志持有不同认识。他们认为，现在不重申这一点，就是否定拼音方向，不搞文字改革，不实现拼音化了。

这是一种误解。新时期语言文字的工作方针和国家语委的工作职责，已经明确规定要继续推动文字改革工作，这是不容置疑的。但是又为什么不重申拼音化方向了呢？主要是因为考虑到这个问题的长期性、复杂性和艰巨性。在我国进行文字改革，实现拼音化，绝不是短期之内的事情，不可能像有些人过去所想象的那样，在二三十年或者三五十年之内就能够实现。汉字在我们国家已经有 3000 年历史，记录了浩如烟海的文献资料，且不说在历史上有过不可磨灭的功绩，就是在现实的语文生活中还在发挥着主导作用。汉字在长时期使用汉字的人们当中，已经深深地扎下了根，在一个短时期内要想改变汉字的地位，用拼音文字来取代它，事实上是不可能的，大多数人是接受不了的。

语言文字有很强的社会性，它离不开社会，社会也离不开它。这就决定了语言文字一方面以它的变化来适应社会发展的需要，另一方面又保持相对的稳定以便利社会的应用。变化之中有稳定，稳定之中有变化，这是文字发展的一条基本规律。文字如果一成不变，就不能适应社会发展的需要，就必然要被淘汰。历史上有些文字的死亡，原因很多，但是很重要的一条是因为这些文字不能适应社会发展的需要。但是文字的变化一般总是极为缓慢的；变化过快、过于频繁，也不能适应人们应用的需要，会引起混乱。世界上所有国家的文字改革，都是非常谨慎的，都是逐步进行的。土耳其、越南、朝鲜的文字改革，表面看来时间很短，而且都是在政权更替的时候似乎一下子就成功了的，但是实际上都经过了很长时期的酝酿，到革命胜利之前，各种条件都已经成熟了，加上革命胜利这个条件，所以在政权更替的时候能够凭借行政措施解决问题。

朝鲜的文字改革虽然经过很多时间的酝酿，但一旦用行政命令宣布改革之后,还是有不少问题。而韩国到今天还使用不少汉字。

日本的文字改革在明治维新之前已经酝酿了很长时期。他们原来完全使用汉字,改革以后采用了假名(平假名、片假名),后来又有罗马字(即拉丁化的罗马字),实际上日本现在有四种文字:汉字、平假名、片假名、罗马字。日本历届政府都想尽量减少汉字。他们的当用汉字曾几次压缩,但是社会的需要和社会实际应用当用汉字的数量却在不断增加,所以最近这些年日本当局不得不增加当用汉字。

朝鲜、日本的文字改革经验,我们也应当很好地研究、借鉴。

文字改革是一项长期、复杂、艰巨的任务,特别是汉字的改革任务更不是短期内能完成的。如果我们想有那么一天终于把汉字改成了拼音文字,恐怕这一天也是很遥远的,而且必定是长期进行大量的、多方面的实际工作的结果。考虑到这一点,我们认为,新时期语言文字工作任务明确规定"继续推动文字改革工作"是适当的,因为文字改革工作包括进一步推行《汉语拼音方案》、扩大《汉语拼音方案》的使用范围。有没有重申拼音化方向,不是问题的关键,重要的是要多做实事。

没有重申拼音化方向,并不是否定拼音化方向。刘导生同志代表国家语委在全国语言文字工作会议上所做的报告明确指出:《汉语拼音方案》有深厚的历史基础和广泛的群众基础,它有强大的生命力,是一个科学、实用的方案,对《汉语拼音方案》作了充分的肯定。而且实际上我们已经在不断地扩大《汉语拼音方案》的使用范围。当前我们同国家教委在小学语文教学中大力实验"注音识字、提前读写",全国有上百万小学生参加这项实验。实验的目的是利用汉语拼音使小学生提高阅读写作能力,使小学生的语文学习和他们的实际语言能力,以及智力开发结合起来,克服语文教学中原有的识字、写字和语言能力脱节这个矛盾。有些地方经过三年的实验,让实验班的学生参加小学毕业语文考试和中学入学语文考试,结果绝大部分学生的语文考试都合乎要求,有不少还超过普通班五年级或六年级毕业生的水平。现在全国许多地方的实验已经进行了两年,有的刚进行一年,从现在的情况看,效果确实很好。这项实验的结果,充分说明《汉语拼音方案》有强大的生命力,需要继续推行。

我们还在继续加强《汉语拼音方案》在计算机应用的研究。我国电子计算机的输入方式,现在主要还是汉字编码,方案多到500多个!但是利用汉语拼音输入的方案现在越来越多了,因为利用汉语拼音的计算机有不少优点。一是简便,容易掌握,二是速度比较快。当然汉字编码也有其好处,在许多人不掌握汉语拼音的情况下,没有汉字编码的计算机是不行的。但是从发展观点看,汉语拼音输入的前景可能更好一些。在日本,搞中文信息处理最早用汉字编码方案,现在汉字编码方案已经逐渐过时而改用拼音输入了。下一步的语音输入正在发展,人工智能计算机也逐渐出现,汉语拼音在这些方面具有重要的现实意义。

用汉字编码,无法直接接收声音,而用汉语拼音是可以直接接收声音的。英国、美国、中国香港等都有研究汉语拼音输入计算机的。他们有的意图很明确,就是为英语的语音输入进行探索,创造条件。汉语是一个音节一个音节的,音节的数量有限,研究汉语拼音的语音输入,比英语语音输入可能要容易一些。我们用汉语拼音输入的问题解决之后,下一步就要研究解决语音输入。不用打字,动口不动手,这边说话,那边通过计算机就输出语言或文字来。

由此可见,汉语拼音无论在教学中,还是在计算机应用中,或是在其他领域中,都有很大的作用。扩大《汉语拼音方案》的使用范围,有许多实事可做。我们没有重申拼音化方向,而明确规定进一步推行《汉语拼音方案》,多做实际工作,同时看发展条件再做进一步研究总结的提法是有道理的。

还有同志说,是不是因为国内外有人反对拼音方向,你们就迁就不提了? 我们说:并不是这样。

文字改革,一方面是由文字的发展规律决定的,另一方面是由社会的客观需要决定的。不可能是谁主张改革就可以改革,谁要快改就可以快改,谁反对改就可以不改。我们说,文字改革是需要的,同时又说,文字改革要稳步前进,不能急于求成。这还涉及对汉字前途的看法。有的同志提出问题说,现在不提拼音化方向,是不是从此就不搞拼音化了? 难道真的就要"汉字万岁"了吗?

汉字万岁不万岁,它是不是会被拼音文字或者其他文字代替,那是将来的事情,现在确实不好下结论。但是可以肯定,文字本身,是从有史以来就在不断变化的。

汉字除了它的历史功绩以外,还有它的优点。第一,汉字同汉语相符合。汉语是音节语言,汉字是音节文字。第二,汉字是超方言的。在方言纷繁复杂的地区,汉字能够适应各种方言的需要。第三,汉字在形体上有它的特点,形象性较强,对人们认字有的时候还有帮助。

但是汉字也有较大的局限性。它不是拼音文字,跟实际语言脱节。汉字难认、难写、难记,特别是对初学者,对儿童,或对外国人、少数民族,更是困难。许多外国留学生不怕学汉语,就怕学汉字。如果在汉语拼音里加进一些汉字,外国人、少数民族学得就非常快。在这一点上,汉字无论如何是不能跟汉语拼音相比的。对汉字进行比较全面的分析研究之后,我们应该实事求是地承认:在相当长的时期内,汉字还是适应大部分人的需要的,根本不能不用。

汉字的前途究竟怎样呢? 周总理在 50 年代的报告中已经指出:对这一问题不要匆忙做出结论。所以我们现在考虑的不是要下结论,而是要加强研究,不断实验,多做实事,讲求实效。

(三)推广普通话已成为首要任务。

新时期的语言文字工作任务中,把推广普通话作为首要任务。明确提出要大力推广、积极普及。全国语言文字工作会议上,还从应用的角度考虑,要求到 20 世纪末,普通话要成为四种语言:1. 教学语言。全国各地各类学校都要使用普通话教学;2. 工作语言。国家机关工作人员工作时都要使用普通话;3. 宣传语言。广播、电影、电视、话剧等都要使用普通话;4. 交际语言。不同方言区的人,社会交际时,基本上要使用普通话。过去着重强调推广普通话是为文字改革做准备,今天对推广普通话意义的提法远比过去要高。今天推广和普及普通话,是为了适应现代化建设的需要,为了对内搞活对外开放的需要,当然也包括文字改革的需要。

普通话的标准只有一个,那就是以北京语音为标准音,以北方话为基础方言,以典范的现代白话文著作为语法规范。这个标准,是全国都应该遵循的标准。但是根据实际情况,对普通话的要求,在一定阶段内可以有所不同。初步考虑分三级要求。第一级,说标准的普通话,特别是语言影响大的行业,如广播、电影、电视(地方戏曲片除外)、话剧,师范院校的老师,各级各类学校的语文老师等,对他们的要求就要高一些。总的来说,他们应该说标准的普通话,语音、词汇、语法都要合乎标准。第二级,说比较标准的普通话。一般人应当逐步达到二级要求,在语音、词汇、语法上允许有某些差误。第三级,说一般的普通话,允许带有一定的方言色彩,但不影响不同方言区的人互相交际。

在一个有着十几亿人口、语言方言又相当分歧的大国,推广普通话当然也不能性急。统统要求达到一级标准,谈何容易!分级要求,倒能提高大家学习普通话的积极性,从而促进推广普通话工作的不断发展,达到更快地普及普通话的目的。假如全国百分之七八十的人的普通话达到三级以上要求的话,对各个地区的社会交往和各方面事业的发展就将起重大的作用。

到了 50 年代末,台湾全省就有百分之九十以上的人能够说普通话

(他们叫国语),这已经是相当普及了。后来虽然有些回生,但基本上还是普及的。台湾的学者讲的不少是带有闽南腔的普通话。他们的学者、知识分子尚且是这样,何况一般居民呢!这说明台湾的普通话水平并不是很高的,我们大陆大多数人要能达到三级要求的话,一般水平不会比他们低。至于测试普通话的具体办法和具体要求还要继续研究,并经过比较成熟的试验,再作为一项标准公布。

(四)强调现行汉字的研究和整理,制定现代汉语的各项用字标准。

新时期的语文工作,强调对现行汉字进行全面研究整理,并制定各项用字标准,而没有单独提出汉字简化问题。这个变化有两层含义。

一层是,简化汉字已经不是当前最紧迫的任务。因为从50年代到60年代,我们陆陆续续公布的简化字总数达2200多个,占常用字的一半以上。这样大规模地简化汉字,在我国历史上,在外国,都没有过。日本简化了一些汉字,但比我们差远了。常用字有一半以上简化了,初学者的繁难问题已经得到一定程度的解决。现在,社会上对汉字的字形要求相对稳定。因为一种文字的字形老是变动的话,对社会应用是很不利的,所以简化汉字不是当前的急事。

另一层是,要把简化汉字放在汉字整理、研究当中进行。从文字发展史来看,汉字演变的总趋势是简化的,当然有时也有繁化,但不是主流。今后汉字也还有简化的问题,但要放慢脚步,慎重从事。简化汉字要放在汉字的全面研究整理中进行,而不作为一项单独的任务提出来。正是基于这个原因,1986年6月24日国务院批准了国家语委的报告,正式废止1977年公布的《第二次汉字简化方案(草案)》,同时对社会用字混乱提出纠正办法,要求各界充分重视社会用字混乱问题。

对汉字进行全面整理,认真研究用字标准,包括字形的规范、部首的规范、部件的规范、笔顺的规范、常用字标准、通用字标准、人名用字标准、地名用字标准,等等。这些对汉字教学、计算机应用以及全社会语言文字水平的提高都很重要。拿计算机的应用来说,计算机缺乏人的灵活性、应变性,输入的汉字如果字形变化了,或者笔画、笔顺不合规范,计算机就无法接受,不能处理。因此汉字的字形、字量、部首、笔顺、检索方法等各方面都要有一定的规范标准,才便于计算机应用并形成网络系统。所以研究和整理汉字,制定现代汉语的各项用字标准,是新时期语文工作一项很重要的任务。

(五)增加了信息处理方面语言文字工作的内容。

新时期的语言文字工作任务之一是:要研究语言文字的信息处理,语文工作机构和语文工作者要参与鉴定有关研究成果。这个任务,50年代不可能提出来。现在提出这个任务,说明客观上有这个需要,也说明语言文字工作的范围扩大了。计算机是由硬件和软件两部分组成的,计算机的软件就是语言文字在计算机的应用,就是把自然语言转换成机器语言、程序语言。钱学森同志给国家语委写的信,以及和我们的几次谈话,都明确地指出:计算机的软件就是语言文字工作。他要求国家语委这个政府职能部门要把这件事情认真管起来。李鹏同志对此也有指示。国家语委今后将同国家标准局、电子工业部、电子振兴办公室一起,加强对计算机软件研究和应用的管理。语言文字工作者在这方面可以发挥聪明才智,起积极的作用。

(六)强调加强对语言文字的科学研究,做好社会咨询服务工作。

鉴于过去对语言文字研究不够,文字改革工作比较多的是依靠行政手段,依靠宣传手段和群众运动来进行。新时期的语言文字工作,要特别加强科学研究和实验,要拿出有说服力的各种数据,作为开展语文工作的依据。对语言文字进行研究,要处理好基础研究和应用研究的关系,这两者完全是辩证的关系,是相辅相成的,但不同时期有不同的要求。当前我们首先要重视语言文字的应用研究,让语言文字在社会主义现代化建设中充分发挥作用。但也不可忽视基础研究。全国语言文字工作会议要求语文学界、语文老师从各个方面配合这项工作。

加强语文教学虽然没有作为一项单独的任务提出来,但在这次会议上,在中央领导同志的谈话中,都很强调这个问题。因为语文教学是整个文化教育的基础,是学好其他学科的条件。现在的学生语文考试分数虽然在提高,但是实际语文水平却在下降。我们的教学方法比较陈旧,很多地方需要改进。语文教学同其他学科不完全一样,平时就要打好基础。加强语文教学,改进语文教学方法,提高语文教学水平,是我们做好语言文字工作的基础。社会上很多人是从学校出来的,社会上的语文水平取决于学校的语文水平,学校语文水平不高,就影响到社会各方面事业的发展。所以,我们要重视语文教学,切实提高语文水平。

语文教学除了传统的一套之外,还要适应新时期现代化建设的需要,特别要重视并加强口语教学和口语训练。

口语是书面语的基础。一般地说,口语表达较好的人,写出来的文章大体上是通顺的,因为口语能力和思维敏捷度、条理化、精密化是密切相关的。加强口语训练,除了对提高写作水平有现实意义之外,对现代化建设也有实际意义。今后的计算机,更多的会是靠口语输入的,人机对话也会有很大的发展,说话、写文章、打报告也要用计算机。口语训练有素,思维敏捷,思路清晰,口语输入到计算机里,速度快,打出来的文字干干净净;口语讲不好,输入速度慢,效率低,打出来的文字修改都不好修改。所以要强调语言教学,加强口语训练。

三　新时期语文工作方针任务制定的依据

我以为,新时期语言文字工作方针任务制定的依据主要有以下三

个方面:

(一)情况变化了,社会发展了。

和50年代相比,情况发生了很大的变化。50年代,新政权刚刚建立,经济、文化等各方面都非常落后。要解决这些问题,就要提高文化、普及教育。因此,简化汉字在当时就成为十分重要的任务。简化汉字对扫盲、提高文化水平,对发展初级教育,确实起了不小的作用。而现在简化汉字就不是当务之急了,语言规范化,普及普通话,研究整理汉字等成为重要任务。

现在我们已经进入社会主义现代化建设时期。现代化要求标准化,各行各业都有一个标准化问题,标准化程度的高低,往往反映一个国家现代化程度的高低。标准化的一个很重要的内容是语言文字的规范化和标准化,这是因为计算机越来越普及,不仅在办公室、企业管理、科研部门使用,而且很快要普及到家庭、普及到社会的各个角落,用它处理各种事务。计算机软件遇到的一个重要问题,是语言文字的规范化、标准化。现在我国的计算机硬件水平不低,足够应用,但是软件的问题很多,汉语汉字信息处理的问题太复杂。

现在软件问题主要是文字问题,下一步就是语言问题。如果我们的语言不能更好地统一,要在计算机上用方言,计算机就较难处理。当然也可以采用模糊处理的办法,但是模糊处理毕竟有一定的限度;凭模糊处理的方法,要计算机理解各种方言是相当困难的。因此加速推广普通话,不仅能够适应新时期对内搞活对外开放的需要,对计算机的应用和发展,乃至科学技术现代化也是很有意义的。

我们现在的社会是开放的社会,人们的许多观念正在发生很大的变化,社会各方面越来越活跃,生活节奏越来越快,工作效率越来越高,科学技术飞速发展,语文生活越来越丰富,……所有这些,都要求语言文字工作适应情况的变化,适应社会发展的需要。

（二）文化教育和科学技术发展了。

50 年代，我国的文化水平、科学技术水平都很低。那个时候，热心文字改革的主要是文化教育界，现在又加上了科技界。文化教育本身也有很大的提高，科学技术正在大发展，都要求语言文字工作更好地为它们服务。文化教育提高了，科学技术发展了，工作重点就由文字改革扩大到语言文字工作的规范化、标准化，这是实际的需要，客观的要求。

（三）遵循语言文字的基本特点和语言文字的演变规律。

语言文字是变化的，又是相对稳定的，这是语言文字的基本特点和演变规律。这个特点和规律是由语言文字的社会性决定的，因此，文字改革不能急于求成，只能稳步进行，语言文字的规范化、标准化也是这样。

当前的社会用字相当混乱，街上的招牌、广告、商标，人们的书写作品，甚至政府的某些告示、文件以及报纸杂志等，都有用字混乱的问题。这当然要大力纠正，但要从实际出发，要求要合理，措施要适当，不能操之过急。例如招牌，有些是知名人士写的，有些是现在的书法家写的，很多用字都不合规范，如果统统要求换掉，会遭到各方面的反对，可以采用一些变通的办法去解决，达到用字规范，又能为大多数人所接受。再如霓虹灯广告、招牌，做的时候花了成千上万的钱，因为它用字不合规范，要求一下子拆掉重做，经济上要受损失，人家就会反感。怎么办呢？可以变通一些嘛！比如说，过去做的暂时不动，再做一个用字规范的挂上，至于以后做的，用字就一定要合乎规范。过去工商行政管理局注册的时候，不管用字规范化的事，那是国家没有明确的要求，也不要去指责人家。现在国务院批转了国家语委有关社会用字问题的报告，有了几条基本要求，今后就要管好。从实际出发，过去和今后分开考虑，采取积极而稳妥的办法，是管好社会用字必须遵循的。

今后开展语言文字工作，一定要遵循语言文字的演变规律，顺乎自然,因势利导,做促进工作。这是一个原则,不能违反;不顺乎自然,硬要强制进行规范,脱离实际,脱离群众,不能收到好的效果。《第二次汉字简化方案(草案)》之所以失误,就是因为违反了这个原则,字数简得太多,有些字简得不合理,有些字变得不像样子,所以遭到各界反对。第一次汉字简化方案为什么受到欢迎? 因为符合顺乎自然、因势利导的原则。2000多个字,许多是宋元以来就在民间流行,经过长期广泛使用的俗体字,再经科学研究、合理规范,然后才总结公布,广大群众当然乐于接受。强行简化,一般人就接受不了;减少了笔画,却增加了形近字或其他麻烦而导致混乱,怎么会受人欢迎呢?

语言文字规范化、标准化和文字改革,是一项系统工程。要做好这些工作,心理的因素、生理的因素、应用的因素、社会的因素、文字形体的因素、演变的规律都要考虑,也就是要作好综合研究。认为汉字越简化越好,简化得越快越好,笔画简得越多越好,是片面的认识。字音也是这样,现在许多字的读音不统一,有些是约定俗成的,硬要改,恐怕也不行。这也要顺乎自然,才能做好促进工作。

但是,顺乎自然并不等于迁就自然,放任不管。社会上使用、流行的,不见得都合乎标准,合乎理据,合乎规律。我们的任务就是要按照语言文字的演变规律,加以引导、规范,制定标准,促进语言文字规范化、标准化。

四　当前的几项主要工作

当前的语言文字工作主要有以下几项:

(一)加强语言规范化。

加强语言规范化,特别要加强词语规范。现在社会上的名词术语层出不穷,花样翻新,不少词语概念含混,意义不明确,生造的晦涩难懂的词语也不少。自然科学和社会科学的有些术语也不规范,随便搬用外语词,外来词翻译很不统一,等等。这些现象严重影响现代汉语的规范,必须加强研究,逐步引导、解决,使现代汉语更加纯洁和健康。要加强口语规范和口语训练,借以提高学生的语文水平乃至全社会的语文水平。现在社会上语文水平低下,影响到各方面的工作。许多单位反映,要找一个会说会写的秘书非常困难。大学文科毕业生,有的会写不会说,有的会说不会写,甚至有的说写都不合格。现在有的大学开设了秘书专业或文秘专业,据我了解,有百分之五六十的学生不太理想,不大合格。以此为专业的学生尚且如此,其他专业学生的语文水平可想而知,可见加强语言文字规范化的艰苦和重要。这项工作,必须作为新时期语言文字工作很重要的一项内容来抓。

(二)积极普及普通话。

普及普通话是当务之急。全国各个地方,包括各少数民族地区都有这个任务。宪法明确规定:"国家推广全国通用的普通话。"义务教育法也明确规定:各级各类学校要使用普通话教学。普及普通话,关系到我们国内各项事业的发展,关系到国际交往,关系到科学技术的应用和发展。这不是耸人听闻,有一位中央领导同志说,他到南方去,曾经带两个翻译,一个是外语翻译,一个是方言与普通话的翻译。要把推广、普及普通话同语文教学、语文建设结合起来,同两个文明建设结合起来,才能取得更大的实效。

(三)加强对社会用字的管理,纠正社会用字的混乱。

近几年来,社会用字非常混乱,到了不可容忍的地步。有的街道不到一百家商店,招牌、广告的用字,竟有百分之五六十不规范。错别字多、用字混乱至少有三点害处:

1.影响交际。北京青少年上街纠正错别字,普遍的反映是,街上的字好多不认识,特别是繁体字,也看不懂写的是什么意思。因为这些中小学生学的是规范化的汉字,学的是简化字。有些外国留学生来中国学汉语汉字好几年了,走到街上,好多招牌也是看不懂,他们看不懂的原因和我们中小学生一样。社会用字混乱显然影响交际。

2. 影响精神文明建设。一个地方用字混乱不堪,说明这个地方的管理还有不善之处。一个商店用字混乱,也说明这个商店管理水平不够高。出口商品的商标上面,汉字和汉语拼音有错误,说明我们的管理不严,文化落后,这要贻笑国外的。不少外国朋友来我国,在这个地方、那个地方看到用字不一致,向我们领导人提意见说:在我们国家,社会用字有专门机构、专门人管理,你们国家有没有? 可见,用字混乱直接影响精神文明建设。

3. 影响科学技术的应用。用字不规范,影响计算机的理解和处理,所以国务院授权国家语委会同各有关部门分别制定一些用字管理条例。例如商标、广告、招牌用字的若干规定,电影、电视屏幕用字规定,新闻出版用字规定,等等。新闻出版用字规定过去是有的,近一个时期没有很好执行,报刊上用字也出现一些混乱,现在要认真执行,加以纠正。社会用字的管理工作,除各有关部门要切实加强以外,各级各类学校也要重视,特别是中小学,可以发动学生帮助做这项工作,这可以使学生也得到锻炼。

(四)大力培训干部。

新时期要注意培训语言文字工作干部、推广普通话干部,特别要注意培训骨干。不培训干部,只在那里笼统地提些要求,具体工作还是没人去做,这是不行的。工厂企业要求逐步推广普通话,就要分期分批地培训职工,现在深圳就是这样做的。在香港,推广普通话已经逐渐形成高潮,那里有好多培训中心,职工大多是自费学习。我们内地主要是国家机关培训,学校培训。全国的省、地、县都要层层培训。现在有些省、市利用大学、师范院校、教育院校、中学来培训骨干,这是个好办法,可以调动各方面的积极性,取得更大的效果。

(五)加强对语言文字应用的研究。

这对语言文字工作者来说尤其重要。既要做好语言文字的实际工作,包括用行政手段来做好这些工作,同时又要做好应用研究工作。这项任务主要由语文工作者来承担。

(六)加强对社会的宣传。

社会上有些人不大重视语言文字工作。他们认为,只要不是哑巴,会说话,语言就不成为问题;只要能认字,写字就不成为问题,显然这是一种误解。要把语言文字工作同四个现代化的关系、同科学技术的关系、同文化教育的关系等宣传好,让社会各界对语言文字工作的重要性有更多的了解,这样才能得到社会各界更多的支持。

全国语言文字工作会议之后,各省、市、自治区陆续建立语言文字工作委员会,有些地、市、县也开始建立相应的专门机构,加强对地方语文工作的领导。我们希望各地的语文工作者同语言文字工作机构紧密配合,共同把新时期的语言文字工作做好,让语言文字在现代化建设中更好地发挥作用。

原载《教学语法系列讲座》,中国和平出版社,1987 年

对新时期语言文字工作的几点认识

1986 年 1 月,在"全国语言文字工作会议"上,中央规定了新时期语言文字工作的方针和任务,其方针是:"贯彻执行国家关于语言文字工作的政策和法令,促进语言文字规范化、标准化,继续推动文字改革工作,使语言文字在社会主义现代化建设中更好地发挥作用。"当前的主要任务是:"做好现代汉语规范化工作,大力推广和积极普及普通话;研究和整理现行汉字,制定各项有关标准;研究汉语汉字信息处理问题,参与鉴定有关成果;进一步推行《汉语拼音方案》,研究并解决实际使用中的有关问题;加强语言文字的基础研究和应用研究,做好社会调查和社会咨询服务工作。"这一新的方针任务公布以后,受到与会者的一致拥护,也受到各有关方面和广大语文工作者的热烈欢迎,纷纷表示要认真学习,努力贯彻。笔者在学习新时期语言文字工作的方针任务时,也有一些粗浅的体会。这里谈几点认识,跟同志们讨论,以期对这一方针任务有更深刻的认识。

一

50 年代确定的我国语文工作主要任务是:进行文字改革,加强现代汉语规范化。当时还就文字改革方面规定了三项具体任务:简化汉字,推广普通话,制定和推行汉语拼音方案。有的同志把这两者相混,这是需要弄清楚的。新时期的语言文字工作主要任务同过去的语文工作主要任务相比,显然范围是扩大了,内容增加了,这是形势变化和社会发展的需要。

语言文字是人类重要的交际工具,语文工作历来同社会息息相关,并且随着社会的发展而发展。50年代语文工作任务的提出,主要是根据当时的客观需要。那时,新中国刚成立不久,国家的底子很薄,经济、文化、科技等都相当落后。为了改变这种状况,必须尽快普及文化教育,提高全社会的文化水平。语文是学习文化的基础,加强现代汉语规范化,推广普通话和进行文字改革,大大有利于文化教育事业建设,因此开展这些工作便成为当时紧迫的任务,语文工作也主要围绕普及文化教育来进行。事实证明,贯彻执行当时语文工作的任务,是收到了良好效果的,语文工作也是很有成绩的。

从那时到现在,已经过去了三分之一世纪,情况发生了很大的变化,我国已进入以"四化"为重点的现代化建设的新时期。这主要表现在以下几个主要方面:(1)纠正了"左"的错误,使各项方针政策更加符合实际,经济建设突飞猛进,国内统一市场逐渐建立。(2)随着"对外实行开放,对内搞活经济"政策的执行,国内外交往空前广泛,空前频繁。(3)科学技术日新月异,特别是信息处理技术的普及和提高,加速了社会各方面现代化、标准化的进程。(4)文化教育受到更大的重视,而社会文化水平亟待进一步提高。(5)人们的工作效率越来越高,生活节奏越来越快。(6)社会的某些观念正在发生变化,人们的思维结构也在变化,逻辑思维更加发达。上述形势的变化,为语文工作的发展创造了有利条件,同时也对语文工作提出了新的更高的要求。语言文字工作为适应新时期的需要,必然要调整它的方针任务。可以认为,新时期语言文字工作方针任务的制定,标志着语文工作进入了新的阶段,表明语文工作同社会主义现代化建设的关系越来越密切。

从上述情况看新时期的语文工作方针任务,可以十分清楚地认识到,这个方针任务的重点是:"促进语言文字规范化、标准化","使语言文字在社会主义现代化建设中更好地发挥作用"。今后我们的语文工作,主要应当围绕这一重点来进行,这样才能取得更大的实效,得到健康发展。

二

上面说过,在新的时期里,语言文字工作的内容增多了,范围扩大了,主要是加强语言文字的规范化、标准化。那么,文字改革是不是还要进行,或者只是说说而已,实际上不搞了? 熟悉文字改革历史的同志都知道,我国从清末以来,社会上的文字改革活动始终没有停止过,有时还形成颇有声势、颇具规模的高潮,如辛亥革命后的国语运动和国语罗马字、拉丁化新文字运动,新中国成立后开展的有领导、有计划的全面进行文字改革的活动。这些文字改革活动都收到较大的成效,对各时期的政治、经济、文化等方面的发展都起过积极的作用。事实证明,文字改革是社会现实的要求,客观实际的需要,而不是人们的主观愿望想要进行就进行,不想进行就可以人为地停止。

当前,我国正大踏步向着四个现代化迈进。经济文化和科学技术的发展要求语言文字要加强规范化、标准化,而文字改革是语言文字规范化、标准化的重要内容。比如新时期语文工作主要任务当中的大力推广普通话、整理现行汉字、进一步推行《汉语拼音方案》等就都属于文字改革工作的范畴。因此,中央确定的新时期语言文字工作方针中,明确规定要"继续推动文字改革工作"。这就是说,过去的文字改革工作是"动"的,今后还要继续向前推动,而不能让它停止下来。这个方针再清楚不过地表明,在新的时期里,文字改革工作还是需要的,而且要扎扎实实地进行下去。

　　当然,对待文字改革,如同对待其他事物一样,也要实事求是。语言文字的社会性很强,它一方面随着社会的发展而变化,另一方面又要适应人们使用的习惯,保持相对的稳定。也就是说,语言文字是不断发生变化的,但这种变化一般是相当缓慢的,这是语言文字变化的实际情况。我们对待文字改革,一定要从这个实际出发,采取稳步进行的方针,才能达到预期的目的。急于求成,欲速则不达,甚至可能产生不好的效果。1977 年发表的《第二次汉字简化方案(草案)》,简化字数过多,有些字简得不合理,试用要求过急,发表后受到各方面的批评,造成不良的影响,对此,我们应当引以为戒。

　　从我国的实际情况看,汉字改革和汉语拼音化是一项长期、复杂、艰巨的任务。我国已有四千年文字可考的历史,汉字记录了浩如烟海的文献资料,在历史上有过不可磨灭的功绩,而且现在还在充分发挥其作用。要想在短时期内废除汉字,用拼音文字来取代它,根本是不可能的,也是不可思议的。汉字是国家法定的文字,在今后相当长的时期,汉字还要使用,并且继续发挥其作用。现行的《汉语拼音方案》还不是拼音文字,它是学习汉语汉字、推广普通话的有效注音工具,并用于汉字不便使用的方面,如用于拼音电报,设计手旗、灯光通信,制定产品代号及其他方面的代号,研制计算机拼音输入和语音识别等。今后要进一步推行《汉语拼音方案》,逐步扩大其使用范围,这是社会发展和科技发达的需要。

　　关于汉语拼音化方向,过去曾经宣传、强调过。经过几十年的文字改革实践,现在看来,这个问题相当复杂,需要在长期实践中进行更全面更深入的研究,才能取得正确的认识。因此,新时期语文工作方针没有明确重申这一点。这并不意味着要否定或改变这一方向,而是采取更加实事求是的态度。对待将来的事情,现在可以而且应当进行研究和讨论,但不宜匆忙做出结论。这绝不会削弱文字改革,相反,对进行这项工作更为有利。我们现在要做的是,在实际使用中充分消化、充分巩固和充分发展文字改革已经取得的成果,认真贯彻执行新时期语文工作的方针任务,继续推动文字改革工作,多做实事,为社会主义现代化建设作出更大的贡献。

三

我国的民族语言有七八十种之多,汉语方言也相当复杂。为了沟通各民族的联系,消除汉语方言的隔阂,从而加强民族团结和人民团结,促进全国经济、文化等事业的繁荣发展,因此推广普通话成为语文工作的主要任务。过去在这方面做了大量工作,在新的历史时期,社会主义现代化建设更加迫切要求加强这方面的工作,因此新宪法规定:"国家推广全国通用的普通话",这就是把推广普通话列为新时期语文工作的首要任务的重要依据。

当前推广普通话,仍要执行 50 年代确定的"大力提倡,重点推行,逐步普及"的方针。但是,因为形势变化了,社会要求更加迫切了,加之过去在这方面已经取得较大的成绩,有了相当的基础,所以,现在在具体做法上应当跟过去有所不同,重点要放在推行和普及方面,也就是要大力推广和积极普及普通话,使普通话在学校、机关、工厂、部队、社会逐渐成为大多数人共同使用的语言。1986 年 1 月举行的"全国语言文字工作会议"的主题报告中明确提出:"在本世纪内,我们应该努力做到:第一,各级各类学校采用普通话教学,普通话成为教学语言。第二,各级各类机关进行工作时一般使用普通话,普通话成为工作语言。第三,广播(包括县以上的广播台、站)、电视(地方戏曲片除外)、电影、话剧使用普通话,普通话成为宣传语言。第四,不同方言区的人在公共场合的交往基本使用普通话,普通话成为交际语言。"达到了这个要求,普通话在我国就基本普及了，我们应当为实现这个目标而努力奋斗。

学校仍是推广普通话的重要阵地。各级各类学校，特别是中小学，应当把推广普通话工作抓紧抓好，让广大青少年在学校期间就学会普通话，打下良好的基础，这是十分重要的。当前各地小学普遍开设说话课，这对培养小学生的语言能力，提高他们的普通话水平，是很有意义的。各地的说话课应该尽可能结合当地的语言或方言特点来教，这样，才能收到较好的效果。师范学校和职业中学，在普通话方面应当比普通中学要求高一些，至少要做到：各科教学使用普通话，学生毕业时普通话要合格。

社会推广普通话的重点是大中城市、开放城市和旅游地区。在这些城市和地区，推广普通话工作一般不可能全面开花，主要是先抓好接触群众面较广的、影响较大的部门的普通话推广工作，如商业、交通、服务、旅游、邮电、卫生等部门。

推广普通话，除了要加强宣传、适当立法、进行组织、编写读物等方面的工作外，重要的是要进行实际的培训。培训可以分为两类，一是培训师资、骨干，二是培训一般人员，也就是提高和普及相结合。培训工作要层层抓，中央、省、地、县都可举办各种不同类型的研究班、训练班、学习班。一般说来，中央和省地着重培训师资、骨干，县以下着重培训一般人员，有条件的县当然也可培训一般骨干。培训工作做得越好，培训面越宽，普通话的普及就越快。

四

关于汉字的研究和整理，有三个问题需要讨论。

（一）简化汉字问题。一般说来，简化字比繁体字易学易写，对识字教学、扫除文盲和普及教育很有意义，所以 50 年代确定的语文工作任务把简化汉字列为第一项。为什么新时期的语文工作任务中没有提到这一工作？这是因为：第一，过去公布的简化字包括偏旁类推字在内，共有2236个。这批简化字的数量相当大，占现行常用汉字的一半以上，这批简化字公布以后，已使汉字的繁难问题得到一定的解决。但是这批简化字要在人民群众中尤其是中老年人当中得到广泛应用，还需要进一步消化和巩固。第二，当前，社会上对汉字简化的要求已不十分迫切，与此相反，社会各界的普遍要求是，要保持汉字形体的相对稳定，特别是汉字信息处理和印刷出版等方面，强烈要求汉字的形体不要老变动，以免给他们造成很多困难。第三，汉字的繁简问题相当复杂，对汉字简化的利弊，需要综合各方面的情况，作更全面更深入的研究，不宜简单从事。第四，汉字的整理工作已将汉字简化工作包括在内，因此，不必单独作为一项任务列出。

汉字的形体虽然不能经常变动，但从汉字的演变情况和社会实际看，要使汉字不再简化是不可能的，今后汉字简化工作还是需要的，只不过要非常谨慎就是了。

（二）关于社会用字问题。当前社会上对汉字和汉语拼音的使用比较混乱，引起了各方面的批评和关注，最近有些地方正在采取措施加以干预和纠正，如北京市在全市范围内开展了"让春风吹走首都街头的错别字"活动，少年儿童在老师和辅导员的带领下，不仅走上街头纠正招牌、广告、商标、货品名牌等用字的混乱现象，同时也改正自己平时写作中的错别字，收到了很好的效果。这些活动很有意义，值得提倡和仿效。

社会用字从一个侧面反映一个国家、一个民族、一个地区的文明程度。对社会用字的混乱当然要认真去管，但是用字混乱的情况各不相同，造成这种混乱的原因也是多方面的，有历史的，社会的，文化的，心理的，习惯的，等等。纠正用字混乱，要从实际出发，讲求实效。这就需要很好地进行调查研究,分析各种情况,划清正误界限,制定有关办法,分别提出要求,逐步加以纠正。这些工作应当包括在对汉字的研究和整理任务当中。

（三）研究、整理汉字,要做的工作很多,当前应该首先做好以下工作:(1)加强现行汉字的基础研究,获取更多的资料和数据。(2)制定并公布有关用字的标准,如常用字、通用字、人名用字,以及研制国家标准"信息交换用汉字编码字符集·辅助集"等。(3)进一步整理异体字,继续研究、整理简化字。(4)规范现行汉字的部件名称、汉字书写笔顺、笔形次序以及部首排检法等。(5)调查研究社会用字问题。

五

当今世界正处于信息化时代。我国现代化、信息化的发展速度也很快,电子计算机越来越多地在一些方面使用,信息处理技术日益提高。完全可以预计,在不久的将来,计算机必然在我国得到广泛应用,进入社会的各个角落。生产管理自动化,图书资料检索自动化,排版印刷自动化,通讯技术自动化,办公事务自动化,军事指挥自动化,乃至家庭事务自动化等,都将逐步实现。到了那个时候,许多方面将无须使用纸张,不用书面来表达、传递、存储信息,传统的语言文字交际形式将逐渐被电子计算机软件应用所代替,具有分析、判断、归纳、演绎及其他某些思维能力的新一代计算机将代替人类的一部分脑力劳动。计算机软件是现代化、信息化的重要部分,这种软件系统的应用、发展和开发,同语言文字的进一步规范化、标准化有密不可分的关系。所以有些科学家认为,计算机软件的研制也属语言文字工作范围,要求国家尽快组织包括语言文字学专家在内的各方面人员,研究制定有关的具有战略性的总体规划,加强语言文字应用同计算机软件应用关系的研究,特别是对软件系统进行统一规划,确定标准,以便电子计算机大规模联网,在各方面发挥更大的作用,并且赶上国际先进水平。

鉴于语言文字工作同电子计算机信息处理的密切关系,新时期的语文工作任务中明确规定要"研究汉语汉字信息处理问题,参与鉴定有关成果"。要完成这一任务,我们语文工作者应当改变传统的工作方式,学习掌握并综合利用现代科学技术知识,特别是电子计算机以及数学、信息论、控制论等知识,充分发挥现代技术在语言文字研究方面的作用,对语言文字在电子计算机以及其他技术方面的应用,进行更多更深入的研究,为我国的现代化建设作出应有的贡献。

原载《语文学习》1986 年第 5 期

推广普通话任重而道远
——答《光明日报》记者问

问：目前我国普通话的状况怎样，请您作些介绍。

答：我国自实行改革开放以来，推广普通话开始进入了新的时期，中华大地上出现了普通话迅速发展的大好局面，具体表现在：(1)人们的语言观念发生深刻的变化，社会上普遍认为普通话好听、有用，便利交流，不少人还认为会说流利的普通话是一个人高素质的一种表现，以会说普通话为荣，自觉学习使用普通话。这种观念上的变化是重要的，它影响着人们的语言感情和语言使用。(2)社会语言生活发生很大的变化，普通话在社会生活中越来越发挥主导作用，学校教学、广播电视播音一般使用普通话，国家机关工作人员在公务活动中许多使用普通话，社会公共交际中越来越多的人使用普通话。方言地区和少数民族地区的双语言生活发展很快，会说普通话的双语人越来越多，普通话已真正成为全国通用的语言。(3)在全国大中城市中，普通话已经基本普及，会说普通话的人已达百分之七八十，小城镇会说普通话的人也达百分之四五十，农村及边远地区会说普通话的人越来越多，其中青少年多数会说普通话，中老年人也有不少会说普通话。(4)目前，世界上几千所大中小学在校生学习汉语的约有3000多万，加上社会上会汉语的人，其人数更多。他们学习、使用的汉语就是普通话的口语和书面语，普通话已逐渐成为一种跨地区的交际语。

近20年来，我国推广普通话的成绩是显著的，普通话在我国正逐渐普及,在政治经济、文化教育、科学技术等领域及社会生活各个方面发挥越来越大的重要作用。但是我们必须认识到,在我国推广和普及普通话是长期、艰巨的任务,这是因为我国地域广阔,人口众多,语言、方言纷繁复杂,文化教育不够普及,人们的综合素质不够高,国内统一市场还不够发达,推广普通话任重而道远,还需做许多艰苦、扎实的工作,并且长期坚持下去。

问:这一时期推广普通话为什么会取得这么大的成绩,国家采取了哪些有效措施,当中有没有作过调整?

答:我以为,这时期推广普通话采取的最有效的措施,主要有以下6项,有的措施前后有些调整。

(1)国家更加重视推广普通话工作,政府加大推普力度,将大力推广、普及普通话确定为新时期语言文字工作的首要任务,这是最重要的措施。无数事实证明,在我国只要国家重视,政府抓紧,再大再困难的事情也一定能够办成办好,推广普通话也不例外。

(2)加强语言立法,依法加速推广普通话。1982年制定的《宪法》中,明确规定:"国家推广全国通用的普通话。"2000年国家又制定《国家通用语言文字法》,用法律的形式确定普通话在全国通用的地位,并规定普通话的使用范围。

(3)确定了正确、有效的推广普通话工作方针。其总方针是:积极而稳妥。具体方针20世纪50年代确定为:"大力提倡,重点推广,逐步普及。"到了1992年,国家根据现代化建设和社会飞速发展的需要,将推普工作方针适时调整为"大力推行,积极普及,逐步提高",将推普工作重点放在"积极普及"上,从而促使推普工作取得更大的效果。

(4)确定推广普通话工作目标。1986年制定新时期语言文字工作方针任务时,提出到20世纪末,要努力做到使普通话成为各级各类学校的教学语言,各级各类机关的工作语言,广播、电影、电视、话剧的宣

传语言,不同方言区人们公共场合交往的交际语言,这也就是说,到 20
世纪末要基本普及普通话。这一要求有些急了,所以到 20 世纪 90 年
代时调整为:到 2010 年在全国范围内初步普及普通话,到 21 世纪中叶
普及普通话。工作目标明确,措施更有力,效果更明显。

(5)在具体工作中,抓住重点,普遍促进。推普的重点是学校、传
媒、国家机关和社会窗口行业,要求这些部门、行业工作和服务时都要
使用普通话,并通过这些部门、行业广泛使用普通话的示范作用,促进
社会各界学习、使用普通话,从而逐步普及普通话。

(6)大力培训推普工作干部,广泛开展普通话水平测试。培训和
测试的重点,是师范学校和中小学的教师,广播、电视的播音员和节目
主持人,国家机关的工作人员;对这几类人员进行普通话培训和测试,
其影响和实效更大。直至目前,全国各行各业参加普通话培训和测试
的人员达到 800 多万。这一大批人员都是使用、推广普通话的骨干,他
们发挥了相当重要的作用。此外,在国内外还开展汉语水平考试,参加
这一考试的外国留学生和各种外国人已有数十万人,仅 2002 年就有 5
万多人,他们对扩大普通话的影响有积极作用。

问:您认为目前推广普通话有什么困难和问题,怎样解决?

答:我认为主要的困难和问题有以下几个方面:(1)普通话在全国
范围内远未普及,各地的方言使用还较普遍,南方方言区是这样,北方
方言区也是如此,这从广播、电视节目上常常可以听到看到,这种状况
较大影响各项事业建设和社会交际,推普工作不能满足现代化建设和
社会发展的需要,这是最大的问题。(2)各级领导和一般群众,还有不
少人对推普的重要性、紧迫性认识不足,认为随着政治经济、文化教育
的发展,普通话慢慢就普及了,不必花大力气去推广;不少领导没有带
头使用普通话,许多群众也没有自觉、积极地使用普通话,这就影响了
普通话的进一步发展。(3)对《国家通用语言文字法》的宣传、执行不

够坚决、有力,没有充分依据法律管理、促进推普工作。(4)有些推普措施的实行不够有力,如对各级各类国家机关工作人员的普通话要求就不够迫切和严格,考核也不够具体;普通话培训和测试开展不够普遍,对这一推普重要措施的作用发挥不够。解决这些困难和问题,最重要最实际的是,认真、坚决贯彻和实施上述我回答第二个问题提到的几项正确、有效的推广普通话措施。

问:您如何看待普通话与方言和民族语言的关系?

答:普通话是汉民族共同语的标准语,也是法定的全国通用的语言,它是在方言基础上形成的,又高于方言。方言是汉民族共同语的地域语言,是为各方言区居民服务的,并为保存地域文化发挥作用;它丰富了普通话,又在一定程度上妨碍了普通话,但也受普通话的冲击与影响。推广普通话主要是国家、民族的需要,是事业发展和社会进步的需要。推广普通话是为了克服方言隔阂,使方言区的人在自己的方言之外,多掌握一种更加规范、更加有用的语言工具,而不是要消灭方言,方言是不可能人为消灭的;方言的消亡是长期、缓慢的,有些强势方言还会跟它所反映的地域文化一起长期存在。对有些濒危方言及其反映的地域文化,还应尽可能加以抢救,尽量延缓其消亡时间,或是记录、保存其有关资料,让我们的语言生活和文化生活更加多样化。

就民族语言来说,《宪法》和《民族区域自治法》《国家通用语言文字法》等法律,都明确规定:"各民族都有使用和发展自己的语言文字的自由。"国家还从政策、行政、司法、文教、出版、宗教等多方面为民族语言的使用和发展创造条件。在民族地区推广普通话,是为了克服语言障碍,使民族地区的居民在使用本民族的语言之外,多掌握一种全国通用的语言,从而有利于各民族的社会交际,也有利于民族地区的发展。语言是民族的重要特征,民族语言与它所反映的民族文化,将会长期存在和不断发展,这是我国语言生活和文化生活丰富多彩之所在。

对那些弱势语言或濒危语言,国家正采取各种措施加以保护和抢救,继续发挥它们的社会功能,为本民族服务。

问:您还有其他意见要说吗?

答:我还想谈一点儿想法。推广普通话不仅是政府行为,也是社会行为,应当充分发挥行政机关、群众团体、学术机构和学校、媒体等的作用,同时广泛动员群众参加,这样才能收到更大更好的效果。对普通话本身及推普工作中若干重大问题应当加强研究,用科学的方法加速推广普通话。还应当明确,对社会上一般人来说,学习、使用普通话是为了交际,能够说标准、流利的普通话当然很好,说不标准甚至很不标准的普通话也不错,只要能够交际就行,不必要求大家都说标准的普通话,那不实际也无必要。

2003 年 8 月 22 日

略论汉语口语的规范[*]

在 1955 年召开的现代汉语规范问题学术会议上,罗常培、吕叔湘先生作了题为《现代汉语规范问题》的学术报告。报告中指出:"但是也不能忽视文学语言的口头形式——在公共场合使用的言辞。中国古代的知识分子是很讲究说话的,孔门四科,言语是其中之一。春秋各国使者往来,辞令之美,念过《左传》的都有深刻的印象。这个优良的传统没有能够很好地保存下来。一个人站到台上去讲话,按理说,所用的语言应该同写文章所用的差不多。在注重语言修养的国家,演讲的速记记录,整理出来就是一篇文章,在我们这里,能够这样处理的是例外,讲话的效果当然也就不一样了。这,应该说也是语言规范化工作中一个重要问题。"①

两位先生的论述是十分精辟的,它告诉我们:(1)口语规范是"一个重要问题";(2)应当重视和讲究口语表达——说话;(3)我国古代很讲究说话,可惜这个好传统没有很好地继承下来。本文就是在两位先生这段话的启示下写作的。下面拟就汉语口语规范②的意义,汉语口语规范的标准和要求,以及汉语口语规范的办法三个方面进行一些探讨。

一

对当代汉语口语进行规范具有多方面的意义,值得我们重视。

---

* 本文于 1983 年 9 月在美国夏威夷举行的"华语社区语文现代化和语言计划学术会议"上宣读,发表时略有修改。

在我国历史上,虽然有过讲究说话的传统,产生过许多善于辞令的生动事例,如苏秦游说合纵,蔺相如完璧归赵,触詟说赵太后,烛之武退秦师,诸葛亮舌战群儒等,但由于政治经济、科学文化等的种种局限,几千年来,我国只重视书面语言的规范,讲究做诗写文章,而忽视口头语言的规范,不注重说话。即使五四运动时极力反对文言文,提倡白话文,主张言文一致,但忽视口语的倾向仍然没有得到根本的解决。新中国成立之后,对现代汉语的规范是十分重视的,确定了具体的标准,开展了许多工作,取得了很大的成绩,但这种规范仍有偏重书面语言方面的倾向,一般人还是不大注意讲究说话。然而在现实生活中,口语的作用越来越大。在这种情况下,强调口语的规范,加强对口语的研究,提高口语表达水平,就显得很有必要了。

社会的发展已经进入信息时代。随着经济、文化、科学技术的高度发达,电子计算机的不断更新和广泛应用,社会上许多领域都要求现代化,强调高效率,人们的生活方式和思维习惯等都将发生较大的变化。我国已经确定了四个现代化的宏伟目标,制定了实现四个现代化的具体规划,正在一步步地向着现代化社会前进。现代化的关键在于争取时间,强调效率,讲究效益。语言是人们交流思想的工具,是信息科学技术的载体,社会的发展,科技的发达,绝对离不开语言的发展。为了适应现代社会和科学技术发展的需要,语言(特别是口语)就必须不断地进行严格的规范,让它更加精密、简便、好用,借以提高整个社会活动的效率,提高人们各种交际的效益。

一般的人一天到晚都要说话,有的人有时还需要不停地说话。当然,有的人因工作性质或周围环境以及个性等的关系,说话是比较少的。粗略估计,从事一般职业的一般人,一天说话少则几百句,多则几千句。可见在现代社会里,口语的使用频率比书面语高得多。假如每个人都能做到用最少的语言传达出最多的信息量,每天说话能够节省若干分钟，而所说的话又是准确达意、效能最佳，那么，这对于社会的发展和科技的进步，其作用将是无法估计的。而要做到这样，就必须对口语进行规范，让它具有十分明确的标准和要求，同时提高人们口语表达的水平，让人们说话更加准确、清楚、简洁、生动，这是全民族科学文化水平提高的标志之一。

口语是书面语的基础。一般地说，具有一定文化水平，口语表达能力较好，会说话的人，往往书面表达的能力也较强，写出来的文章也较简明、通顺。思维的条理化常常是在说整段整篇的话的时候表现出来的。在现想现说的情况下，说话来不及细细地思量，只是有几个最简单的零碎的概念，但说的时候要很快把这几个最简单的概念连句成话，下一句和上一句，后一段和前一段，连起来时要很恰当，要能让对方听懂，以达到思想交流的目的，这就要求人们思维敏捷，有条理，并且养成良好的说话习惯。有了这样的基本能力和良好习惯，再加上写作时从容不迫，其书面表达的能力自然会不断得到提高，写出来的文章一般是文从字顺。相反，口语表达能力很低，说话不清不楚，甚至颠三倒四、不知所云，写出文章来一般也是啰唆重复，词不达意的。对口语进行规范，提高口语表达能力，对于书面表达能力，乃至整个民族文化水平的提高都有一定的促进作用。

现代社会的发展和科学技术的发达，要求人们具有高度发达的智力，即要求人们头脑灵敏，反应迅速，思考周密，表达清楚，知识丰富，视野开阔，想象力强，对事物具有较强的观察、分析和综合的能力。单从思维来说，就是要求具有更高水平的逻辑思维、抽象思维的能力。语言的规律性很强，而表义形式却灵活多样。语音系统很严密，而语音组合却是千变万化的；语法句型是有限的，而语义表达却是多种多样；有些词语的概括性极强，而有些词语的感情色彩的差别却是十分细微。规范的口语比较接近书面语，而书面语语词多数比较确切概括，句式比较精密复杂。因此,加强汉语口语的规范,让人们多说符合规范和标准的话,这对于开发智力,培养现代人才是极为有益的。

加强汉语口语的规范,还有利于社会生活的其他方面,如加强各民族的交往和团结,加强国际间的各种交流和协作等。

二

关于口语规范的标准和要求,这有两层意思:一层是指口语本身规范的标准和要求,另一层是指口语表达的规范和要求。先说第一层意思。

汉语口语本身的规范,总的来说,应当跟书面语一样,必须以普通话为标准,即说话要说普通话。但是口语跟书面语毕竟有所不同,在对口语进行规范的时候,不能不考虑口语的某些特点。口语的主要特点似有以下几个方面:

(一)口语同人的一切活动直接联系着,而人的活动是极其频繁、广泛、多变的,口语的变化发展也是比较快的,创新成分自然比较多。拿北京话来说,近几十年来的变化就很大。例如,30 年代就在北京一部分女青年当中存在的尖音现象,现在更为普遍了,不光是多数女孩子念尖音,一部分男孩子也念尖音,连一些中青年也有念尖音的;不光是学生、售货员、服务员有不少念尖音的,甚至连电影演员、电台的播音员有时也念尖音。这种尖音不合中古语音演变的规律,可以说是杂乱的,如把"建设"的"建","小溪"的"小","今天"的"今","下车"的"下","学习"的"学","现在"的"现","喝酒"的"酒","九个"的"九"等都念成了尖音,其声母近似 z、c、s,略带有舌面擦音的成分。又如,有些北京人把一部分以合口呼起头的零声母字念成有声母的 [v],其中以 wen 韵为最多,其次是 wei、wang、weng 等韵。如"温"vēn、"闻"vén、

"稳"věn、"问"vèn，"威"vēi、"伟"věi、"汪"vāng、"王"váng，"翁"
vēng、"瓮"vèng 等。再如，北京话里有些字的声、韵、调现在也有变
化。如"呆板"的"呆"，有念 ái 有念 dāi，"彩虹"的"虹"，有念 jiàng 有
念 hóng，"麦芒"的"芒"，有念 máng 有念 wáng，"暂时"的"暂"，有念
zhàn 有念 zàn，"约束"的"束"，有念 shù 有念 sù，"偌大"的"偌"，有念
ruò 有念 nuò，"忏悔"的"忏"，有念 chàn 有念 qiān，"阿谀"的"阿"，有
念 ē 有念 ā，"狐臭"的"臭"，有念 xiù 有念 chòu，"露出"的"露"，有念
lòu 有念 lù，"大厦"的"厦"，有念 shà 有念 xià，"不禁"的"禁"，有念 jīn
有念 jìn，"吵嚷"的"吵"，有念 chǎo 有念 chāo，"多么"的"多"，有念
duō 有念 duó，"二流子"的"流"，有念 liú 有念 liū，"看不见"的"见"，有
念 jiàn 有念 jián，"卓见"的"卓"，有念 zhuó 有念 zhuō，"意思"的
"思"，有念 sī 有念 sì，"喷香"的"喷"，有念 pēn 有念 pèn，"漆黑"的
"漆"，有念 qī 有念 qì，笔直"的"笔"，有念 bǐ 有念 bì，等等。有一些字
是念错了音的，但念的人多了，习非成是，如"绿林"的"绿"念 lù，"荨麻
疹"的"荨"念 xún，"贲门"的"贲"念 pēn，"发酵"的"酵"念 xiào，"殷
红"的"殷"念 yīn，"刹那"的"刹"念 shà，"涪陵"的"涪"念 péi 等。有
些老北京人嘴里还出现闪音声母[ʃ]，它往往出现在儿化韵当中，如
"土豆儿"[～təuʃ]、"金箍儿棒"[～kuʃ～]等。也有把 z、c、s 声母念
在[tθ][tθ'][θ]的。此外，还有其他一些特殊的读音。③

　　至于北京话的词汇、语法，也有不少变化。在词汇方面，除了产生
一批又一批的反映新生事物的新词术语和科技语外，最有趣的恐怕
是近期在青少年中出现的关于"美好"和"丑恶"的很多词语。如："盖"
（读音 gài，好、很好、超过、漂亮、壮观、好看、能干等）、"盖帽儿"（读音
gàimàor，好极了等）、"铳"（读音 chòng，好、很好等）、"倍儿铳"（读音
bèirchòng，很好、非常好、好极了等）、"率"（读音 shuài，漂亮、好看、有
风度、大方潇洒、新颖别致等）、"派"（读音 pài，时髦、有风度、有派头

等）、"镇"（读音 zhèn，赢、超过、压住、使震惊等）、"白镇"（读音
báizhèn，肯定赢、一定使震惊、毫无疑问地超过等）、"份儿"（读音
fènr，好、漂亮、体面、有派头、能干、有能耐等）、"没治"（好极了等）、
"蔽"（读音 bì，可能不是这个字，好、强、超过等）、"绝"（读音 jué，太好
了、好极了等）；"柴"（读音 chái，次、差、不好、糟糕等）、"次"（读音 cì，
差、不好、难看等）、"怯"（读音 qiè，丑、土气、难看、不大方等）、"恶"
（读音 è，有人有时读成 ŋè，坏、狠、粗野、凶狠、狠毒、恶劣等），还有
"棒""赖""屁"等。"师傅"一词已从专称扩大到用于一般的尊称，而
且在社会生活中广泛应用着。在语法方面，虽然比较稳固，但也出现了
一些变化。如量词"个"的使用范围大大扩大了，量词"条、出、座、张、
头、匹、根、只、盏、碗、块、部、辆"等，在口语中有时有人用"个"来代替，
可以说"几个鱼""一个戏""两个钟""三个桌子""四个猪""五个马"
"六个雪糕""七个鸡""一个马灯""两个菜""三个点心""一个小汽
车""一个自行车"等。又如语气词"吧""嘛"的广泛使用。"吧"一般
只出现在句子末尾，表示半信半疑或疑多于信，但现在北京的青年人
（尤其是女青年）一张嘴就带"吧"，而且常常在句子当中出现。如"昨
天吧，我看的那个电影吧，真叫棒""我跟你说吧，那件事吧，你一定得
办"。这里的"吧"，只起停顿的作用。"嘛"大都出现在中老年人的嘴
里，特别是担任某些领导职务的干部说得较多。"嘛"有时可以起缓和
语气的作用，如"天黑了，别去了嘛""有话你就说嘛"。但有时却使语
气变得生硬、冷淡，如"你急什么，这种事总得慢慢办嘛""我们得研究
研究嘛"。再如动宾结构（V—O）的势力不断扩大，这种类型的说法大
量增加。如"跑马""方便顾客"；"一锅饭吃五个人""桥上走汽车，桥
下走火车""时间不多，最多讲一个人"；"忙晚饭""大着胆子""排电影
票"（排队买电影票）、"吃丈夫"（靠丈夫生活）；"我们家数我矮""参加
那么多的人"；"歇礼拜"（在礼拜天休息）、"跑上海"（往上海跑）、"搓

肥皂"（用肥皂搓）、"淋雨"（被雨淋）、"打听别人"（向别人打听）；"塌房"（房塌）、"亮灯"（灯亮）、"买头一个"（头一个买）。甚至原来非V—O 结构也被当作 V—O 结构而扩展了。如："高什么兴""登了个记""同过三年学""帮了一个倒忙"。此外，在青少年当中还常常出现"等会儿我"这类的说法④。

（二）口语是初始语言，一般是比较粗糙的，其中有不少不准确、不规范或者是多余的成分，因此可读性较差。请看下面两段话的录音记录。

　　　就是说，这个牛仔裤，从裤子的样子说。过去，很早中国也有。北京也有穿西服的，可是那个西服跟牛仔裤不一样。欸，在电影里头，如骑马穿这个裤子的，都是墨西哥那些放牛娃，驯马人，都是他们，为骑马穿这种紧兜裆的裤子。为了方便，欸，裤腿很肥，欸，所以呢，那个时候呢，这个，这个，放牧的人吧，在电影里叫 cowboy cowboy，我们就说这种裤叫 cowboy 穿的裤子，没有牛仔裤之说。这牛仔裤当然可能是南方引进的。欸，看牛，放牛娃，放牛娃穿的裤子，牛仔裤。

　　　今天上语文课吧，老师问我那个"栩栩如生"当什么讲来着。嗯，我，我怎么也想不起来了，就是想不起来，这个这个，那么老半天。哎，反正吧，就是想不出来了。我的记性啊，唔，可坏啦。那天我使我弟弟的圆珠笔吧，后来不知放在哪儿。我弟弟的圆珠笔可好啦，是红蓝两色，是我小姨给买的，从上海给买的。我小姨吧，对我们家，我们家可好啦。这个，她一出差，就住在我们家。……

　　第一段话是一位老工人谈"北京人懂不懂牛仔裤"的问题，要点虽然大体明确，但条理不够清楚，有些重复啰唆，有的话不通。第二段话是一位中学生说他在课堂上回答老师提问的情况,但说话漫无中心,想到哪儿说到哪儿,兴之所至,任意拈连,让人听了十分费解。

(三)口语是人们最早习得的语言。一般在十二三岁以前就形成口语习惯,以后即使学习一种标准口语,但原来形成的母语(主要指方言口语)习惯,还常常会流露出来。这就是方言区的人学习普通话出现的实际问题。比如闽方言区的人说普通话,语音方面最常见的是把zh、ch、sh说成z、c、s,"正式"说成"赠四","呈报"说成"层报";把f发成h,"方地"说成"荒地","发奋"说成"花混";部分人把ü发成i,"雨具"说成"乙季",等等。词汇方面,往往把"(味儿)鲜"说成"(味)甜","人胖"说成"人肥","草纸"说成"粗纸","冬至"说成"冬节","客人"说成"人客","喜欢"说成"欢喜","眼珠"说成"眼仁","一斤半"说成"斤半","第一名"说成"头名","下雨"说成"落雨","打鱼"说成"抓鱼","种地"说成"种田",等等。还有把普通话的许多双音词说成单音词。语法方面,最明显的是把"进城去"说成"去城里","我打不倒他"说成"我打他不倒","我吃过了"说成"我有吃","你看到没有"说成"你有看到没有","买一斤油"说成"油买一斤","你告诉他"说成"你对他讲",等等。

(四)口语是沿着合乎语言规则的简易化的趋势发展的。借助一定的语言环境和辅助手段,说话时往往可以省略一些语言成分,甚至是中心成分。如"我坐无轨(电车)(走)""刚才接到(一个)长途(电话)""撕几尺(布)做小孩儿被褥,里(子布和)面(子布)全(都)要""(有)破烂的(请拿来)卖""喝二两(酒)""(买)两张(到)西四(的车票)"等⑤。

根据汉语口语的特点,我们认为,对口语的规范,总的标准可以比书面语的规范标准稍低一些。但这种要求只适用于人跟人之间的交际活动,而不适用于人机对话以及其他技术设备方面,因为技术设备再先进,机器再灵敏,它总有一定的局限性,如果口语应用于这些方面而不加严格规范,就不能适应技术设备的要求,就不能很好地发挥机器的作用。我们认为,口语本身一些属于明显的生造或影响交际的不规范的语言成分,都不应当接受下来,必须加以排斥。而对于一些新造的语言成分、某些方言成分以及某些不完整的或省略的现象等,则应采取谨慎、稳妥、宽容的态度,只要它意思基本清楚,不影响交际,不引起歧义,一般都不要轻易否定,也不必急于去纠正。

在使用汉语口语的人们当中,由于民族、年龄、职业、文化程度、所操语言或方言以及语言修养等的不同,他们的口语水平也是很不相同的。从语言使用者的角度和语言实际使用的情况出发,我们对汉语口语本身的规范初步提出下列三个等级的要求:

第一级的要求是:说标准或者比较标准的普通话。在语音方面,所发的音素都比较准确,声母、韵母、声调及其拼合合乎《汉语拼音方案》所规定的标准。至于轻声、儿化、变调和语调等,除有明显区别意义的应当掌握以外,一般不应作为标准去要求。在词汇方面,应当使用普通话词汇,一般不用别人不懂的古语词、方言词、外来词或其他方面的词,更不能使用生造词。对于新造的词语,除意义比较明确,使用比较普遍,或为了表达的需要外,一般不用或少用。在语法方面,无论是句子或句群,语序或词语搭配,都应当符合普通话的语法习惯。至于语气、停顿等,可以不必严格要求。

第二级的要求是:说大体标准的普通话。发音大体准确,声母、韵母、声调及其拼合大体符合《汉语拼音方案》所规定的标准。允许有些差误,如尖团音掌握不稳,n 和 l 分不大清,f 和 h 有时不分,zh、ch、sh 和 z、c、s、j、q、x 有时相混,没有撮口呼,ü 和 i 相混,没有介音,iao 和 ao 不分,前后鼻音相混,an 和 ang 不分,in 和 ing 不分,调值不够标准,阴平念成中平,阳平扬得不够高,上声拐弯不够明显,去声降得不够低等。

当然,这些差误不能全有,一般不应超过五项。大体使用普通话词汇,允许出现一些方言词或其他方面的词,方言词或其他方面的词占所用词汇总数一般不应超过百分之四。用词、造句等大体合乎普通话的语法习惯,不规范的句子只能偶尔出现,一般不应超过所说的句子总数的百分之三。

第三级的要求是:说不很标准的普通话。这种普通话带有较浓厚的方言色彩或其他语言的色彩,即现在所说的某某地方普通话,如四川普通话、上海普通话、广东普通话、福建普通话、台湾普通话等。在语音方面,声母、韵母、声调等不合《汉语拼音方案》规定的标准的一般不应超过六项。尽可能说普通话词汇,方言词或其他方面的词汇一般不应超过所用词汇总数的百分之七。用词、造句尽可能符合普通话的语法习惯,不规范的句子一般不应超过所说句子总数的百分之六。这一级的普通话尽管不很标准,但说出来,不同方言区或各地区的人彼此都能听懂,能够互相交际。

如果还要加一级,那就是说很不标准的普通话。这种普通话的方言色彩或其他语言的色彩相当浓厚。说这种普通话,不同方言区或各地区的人有时只能连猜带蒙,交谈时困难较大。这恐怕只能算是学说普通话。

由于地区、文化程度和职业等的不同,对人们说普通话的要求也应当有所不同。从地区来说,对北方方言区的人要求必须高一些,而对其他方言区,特别是吴方言、粤方言和闽方言区的人的要求可以稍低一点儿。从文化程度来说,对受过中等以上教育的人的要求必须高一些,而对其他的人的要求可以稍低一点儿。从职业来说,中央和省级广播电台、电视台的播音员,电影、话剧演员,大中城市里各类学校的语文教师、外语教师,与人工智能有关的科技人员,外事工作的主要成员,翻译员,旅游行业的导游员以及博物馆、展览馆的解说员等,应当说符合一级要求的普通话。县以上各级党政领导干部,军队连以上各级干部,大中小城市各类学校的各科教师(包括小城镇、农村中的中、小学校语文教师),专区广播电台、县广播站的播音员,商业、交通、运输、邮电等行业的服务人员,大中型厂矿企业的各级干部等,应当说符合二级以上要求的普通话。除此之外,凡受过初等以上教育的人,不管什么地区、什么职业,都应当说符合三级以上要求的普通话。每个地区、每个部门,其成员如果有百分之八十左右能够说符合三级以上要求的普通话,普通话在这个地区、这个部门就算普及了。对于学校来说,要求当然应该比这要高一些。而各类人员说的普通话达不到以上的标准,就应当采取有效措施,切实提高他们的普通话水平,以争取早日在全国范围内普及普通话。

下面说口语规范的第二层意思,即口语表达的规范和要求问题。这个问题比较复杂,这里只能简略地谈谈。

口语表达的形式是多种多样的,但归纳起来主要有三种:一种是念稿子或照事先准备好的稿子来说,如电台、电视台的播音,电影、戏剧、相声的台词和对话,讲解员的解说词等。这种形式的口语表达用的大都是加过工的文学语言,即所谓书面语言口头化。第二种是有准备的讲话、报告、演讲、教课、讲故事等。第三种是日常生活中的说话、聊天、打电话以及即兴发言等。第一种实际上不属口语表达范围,这里不予讨论。第二种和第三种虽然有所不同,但表现形式和所用的语言大体差不多,有共同的特点,可以对他们提出总的要求。这种要求有高有低,最高的要求是:出口成章,动听感人。具体应当做到口齿清楚,语言流畅,意思明确,中心突出,合乎事理,符合逻辑,修辞优美,简练生动,语调适中,节奏和谐。最低的要求是:说话达意,把话讲清楚,让人听了明白无误,让听人发出指令的机器也能够理解。

由于长期不重视口语,人们很少受过严格的口语训练,今天,我国各民族口语表达的水平还不理想。人们听到的条理清楚、动听感人的谈话不是太多的,经常听到的是那些杂乱无章、啰里啰唆的话。请看下面两段录音文字。一段是个中学生同他爸爸的对话,说的是刻字服务部不刻木料图章的事。可是这位中学生啰唆得要命,绕了半天还没有把意思讲明白:

　　儿子:今天太热了,我骑车到那儿,出了一身汗,这汗衫都湿了。你猜怎么着? 我找了半天吧,刻字服务部找不着了,我明明记着就在十字路口的东北角,可我去了好几个来回,怎么也找不着了。您猜怎么着? 后来我跟人家一打听,敢情刻字服务部搬家了,搬到南边新盖的大楼里去了。

　　家长:唉哟,图章到底是刻了没有呀?

　　儿子:瞧您,别着急呀! 我到了新盖的大楼,您猜怎么着? 一下儿就找着了。那里的售货员态度还挺好,没说话先笑。我跟他说要刻一个木头图章吧,他说没有木料的,还说刻一个玻璃的也不贵。我又说自己出木料行不行,他说也不行。后来他又拿出好几个有机玻璃的图章让我看,还向我介绍……

　　家长(打断儿子的话):你别说了! 不就是人家不刻木料的图章吗? 我知道了!

　　另一段是某单位行政科一位科员在工作汇报会上的发言,意思是说他对科里的工作情况不太了解,需要问科长。这本来只要两句话就可以讲清楚,可他却说了一大段:

　　说到行政科工作吧,这个这个,怎么说呢? 我也不太清楚,最好问问张科长。他吧,是我们科的头头儿,管全科的,一科之长嘛,底细全都知道,他都知道,什么都知道。唉,他不在,那,那,那怎么办呢?我是科员,只知道这么点儿事,说了你们也不全面。说说当然也可以。就说一些知道的吧,要是你们还不全面,再问问我们的科长。

这种口语表达的水平实在太低了,这就需要加以规范,才能提高口语表达的效果。这里所说的规范,当然是从口语表达的要求来说的,而不是要对父子的家常谈话或其他某些场合的谈话加以限制。

对不同职业的人或不同场合的讲话,口语表达的要求应当有所不同。一般地说,对使用口语机会多、接触人多、听众多、影响大的人,如党政军各级主要负责人、广播员、演员、教师、医护人员、外交人员、翻译员、讲解员、导游员、律师、政法部门的干部,商业、交通、运输、邮电等部门的服务人员,工矿企业各级领导人员,以及研究语言与机器的关系的科研人员等,要求要高一点儿,而对其他一般人的要求可以低一些。对公众场合、正式场合的发言和讲话,要求应当高一些,而对一般场合的说话要求可以低一些。

三

汉语口语规范的办法是比较多的,归纳起来,主要有以下一些方面。

首先,要加强对普通话和北京话的研究,为汉语口语规范在理论上和实践上打下基础。50年代确定的普通话的定义是:以北京语音为标准音,以北方话为基础方言,以典范的现代白话文著作为语法规范。这个定义是比较全面的,但细细琢磨起来,觉得还是笼统了一些,有关的问题需要进行深入地研究。如"北京语音"的标准是什么,它包括哪些内容,北京语音跟北京土音的界限是什么,轻声、儿化的规范标准又是什么,近几十年来北京语音的变化情况怎样,怎样对待新出现的一些北京语音现象等。又如,词汇规范的标准也不很明确,什么是普通话词,普通话词和方言词的界限是什么,北方话的词汇跟北京话词汇的关系怎样,口语词跟书面语词的关系怎样,现代汉语词跟古代汉语词的界限怎样,某些专用的名词术语怎样进行规范等。再如,在语法规范方面,什么样的著作才算是典范的白话文著作,鲁迅、郭沫若、老舍、周立波、赵树理等人的著作算不算典范的白话文著作,北京话、北方话的语法跟普通话语法的关系怎样,口语语法和书面语语法的区别和关系怎样,怎样对待口语中一些不合语法习惯的现象,怎样统一汉语语法教学体系,怎样编写规范性的语法著作等。经过认真、深入的研究,应当编写出一些直接为规范化服务的著作,以供人们使用和遵循,如《标准现代汉语大词典》《现代汉语标准语法》《汉语口语语法》《同义词词典》《普通话口语词词典》《普通话正音词典》《北京话词典》等。

应当设立专门学术机构,对口语问题进行全面而深入的调查研究和科学实验,编写和出版各种高水平的学术报告和论著,为汉语口语规范提供科学的依据,并为口语规范提供咨询。这种机构要有一定的人员和充实的设备,应当充分利用现代技术设备及其他手段,很好地开展工作。这种机构还应当具有权威性,可以向政府制定语言政策提出积极的建议,解答人们提出的关于口语规范的一些问题等。

第二,加强对儿童和青少年口语表达的训练,努力提高他们的口语表达水平。特别要重视对少年、儿童的口语表达的训练,因为少年、儿童是学话的黄金时代,应该从小抓起,这是口语规范的基础。一般说,一个人的语言发展大体有三个重要阶段:儿童时期、少年时期和青年时期。儿童时期主要是学话,少年时期主要是丰富语言,青年时期是发展语言。语言习惯的好坏,语言丰富与否,口语水平的高低,都取决于这三个阶段。为了切实提高儿童和青少年的口语水平,必须采取一些具体而有效的措施,如幼儿园和小学低年级都必须开设说话课;编写统一的口语教材,对儿童进行朗读、会话、讲故事、口头作文等听说训练,中等学校的语文课应当改变过去只重读写教学忽视听说训练的倾向,认真加强口语教学;中等学校统一招生考试时,应当进行必要的口试,口试要算成绩;对师范学校的学生,要有更高的要求,普通话不及格、口头表达能力太低的不能毕业,或是不能分配当教师。对儿童和青少年进行口语训练,还应当辅之以思维、逻辑、修辞等的教学和训练,全面发展他们的智力。

第三,在行政上作出一些规定,作为条文公布,切实执行。有的规定可以分期分批实行。现在,宪法上明确规定:"国家推广全国通用的普通话。"这是十分重要的,但是还必须采取一些具体的措施,作出一些必要的规定,以确保宪法规定的推广普通话任务的执行。如各级党政工作人员,军队中的指挥员、战斗员,各类教师,服务行业的职工,工矿企业和事业单位的职工等,一般都必须说普通话,有的因工作需要还应当会说符合一级或二级要求的普通话,有的还必须具有较高的口语表达能力;凡是不合规定要求的,都应当接受训练。当然,对于少数民族的职工应当另作规定。还必须明文规定,凡是跟使用口语关系密切的单位,如师范学校、戏曲艺术学校、广播电台、电影电视制片厂、剧团歌舞团、电话局、展览馆、博物馆、外事系统、旅游单位、医务系统、商业服务行业等,在录取或选用业务人员时,必须进行严格的口试,口试不合格的不能录取或选用。在制定和执行这些规定时,必须切实加强党政军、工农商学等各方面的协作,这样才能做好各项工作,取得有效的成果。

第四,举办研究班、进修班、训练班以及讲座等,认真培养口语专业的骨干,建立口语专业骨干队伍,充分发挥他们的作用,不断扩大影响。这种研究班、训练班、讲座等,应当有各种类型,有全国的,也有地方的,有政府办的,也有群众团体办的。形式要活泼多样,内容要实际。

第五，密切配合"五讲四美"活动，加强"语言美"的宣传，利用各种宣传形式和手段，强调口语规范和口语表达的重要性，并在社会上积极提倡讲究说话。举行各种形式的口语表达活动，如普通话观摩会，演讲比赛，口头作文比赛，故事会，朗诵会等，从精神上和物质上奖励口语表达的优胜者，树立口语表达的榜样。

第六，对于个人来说，应当认真加强语言修养，努力提高口语水平，这是十分必要而有效的。主要是研究自己的口语特点，分析自己口语表达的弱点，定出具体的要求，有目的地进行经常性的训练。特别是要下苦功练习口语表达，逐渐改变口语表达的缺点，养成反应迅速，先想好了再说，说时清楚、简练、生动的良好习惯。

此外，还有其他一些办法，如利用唱片、录音带、录像带等留声传声技术，把口语水平较高、口语表达好的录制下来，传播出去，借以进行形象教育。至于提高全民族的文化教育水平，大力开发智力，这跟提高口语水平当然也有密切的关系。

附　注

① 　见《现代汉语规范问题学术会议文件汇编》第 12 页，科学出版社，1956 年。

② 　有一点需要说明：这里讨论的"口语"，既包括跟书面语言相对而言的口头语言，也包括口语表达。

③ 　关于北京话特殊读音的情况，请参阅徐世荣《普通话语音和北京土音的界限》，载北京语言学院《语言教学与研究》1979 年第 1 期。

④ 　关于北京话口语语法的情况，请参阅陈建民《北京口语漫谈》，载《中国语文》1982 年第 1 期。

⑤ 　关于口语的特点，请参阅陈建民《说和写》第三节，广东人民出版社，1979 年。

对普通话及其相关问题的再思考

因为工作和研究的需要,多年来我对普通话及其有关的问题进行一些思考,在《略论汉语口语的规范》(1983)、《关于普通话教学和测试的几个问题》(1986)、《关于新时期语言文字工作方针任务的一些问题》(1987)、《从我国语言实际出发研究社会语言学》(1988)、《关于普通话与方言的几个问题》(1990)、《论普通话水平测试等级标准》(1997)、《再论语言生活调查》(1999)等文章中,对普通话的构成、普通话的推广和普通话水平测试等问题都有所叙述。本文拟对这些问题作进一步阐述,也是对本人和前人有关论点的重申、补充和修正,并参加近期学术界对有关问题的讨论。

一

自 20 世纪开始的国语运动中,对普通话要不要确定基础方言,采用什么方言为基础方言,以什么语音为标准音,曾有过激烈的争论。后来争论有所缓和,但对某些具体问题的不同意见一直存在。近几年来,由于一些实际情况的启示和学术思想比较活跃的缘故,于是又有人旧话重提,对这些问题提出质疑,引起了新的讨论。不管有些话说得如何,这种讨论是有益的,讨论中有许多很好的意见,这将促使我们进一步思考并更好地解决这些问题。

其实,作为一种民族共同语,大多都有一种方言作基础,也大多以一个地点方言的语音为标准音。这种方言基础和语音标准一般是历史、自然形成的,也就是由于历史、政治、经济、文化、语言、心理等因素,长时期对人们影响的结果,只不过是人们在进行语言规划时,对这些影响结果加以选择与肯定。比如英国英语是以伦敦方言为基础方言,以伦敦语音为标准音;法语是以法兰西岛方言(巴黎方言)为基础方言,以巴黎语音为标准音;日语是以东京、横滨方言为基础方言,以东京语音为标准音;俄语是以莫斯科方言为基础方言,以莫斯科音为标准音;德语是以高地德语方言为基础方言,以高地德语语音为标准音;印地语是以通行于德里和梅拉特附近地区的克里利方言为基础方言,以德里语音为标准音。又比如我国的少数民族语言,蒙古语以通行于呼和浩特及其附近的中部方言为基础方言,以察哈尔土语语音为标准音;藏语以卫藏方言为基础方言,以拉萨语音为标准音;维吾尔语以通行于乌鲁木齐、伊宁、喀什一带的中心方言为基础方言,以乌鲁木齐维语语音为标准音;彝语六大方言差别较大,难以确定统一的基础方言,其中四川凉山彝语以喜德语音为标准音。

　　普通话基础方言和语音标准的确定,如同其他基础方言和标准语音的确定一样,也是长期自然形成的。北方话是汉语的重要方言,它历史最长,使用人口最多,通行地域最广,内部次方言的差异较小,又有数百年作为汉民族共同语、标准语的基础,以它作为普通话的基础方言,是客观、自然的事情;从历史和现实来看,都不可能设想有其他任何一种方言可以代替北方话作为普通话的基础方言。"以北方话为基础方言",我理解有三层意思:(1)普通话是在北方话的基础上长期形成的;(2)北方话中主要代表点的语音系统是普通话的语音基础;(3)北方话的基本词汇是普通话词汇的重要组成部分。我想这个问题不应该再成为问题了。关于以北京语音为标准音的问题,早期有过较大的争论,到1932年民国政府教育部公布《国音常用字汇》,确定以北京音为国语标准音以后，争论似乎缓和了。1955 年全国文字改革会议和现代汉语规范问题学术会议召开，以及 1956 年由胡乔木草拟国务院发布的《关于推广普通话的指示》，为普通话规定了科学、完整的定义之后，学术界和教育界等各界基本取得共识，再没有什么争论。近几年来，海内外又有学者提出意见，认为不能以一地之音统盖各地之音，更不能要求教学、使用普通话都必须严格遵循北京音。这里先谈前一个问题，后一个问题下文再作讨论。

"以北京语音为标准音"，是说北京语音是汉民族共同语也是全国通用语言的普通话的语音标准，没有这种语音标准，普通话就无法表达，无法发挥其共同语的交际功能，这是毫无疑义的。从北京话的历史地位和实际作用看，普通话的语音标准非它莫属，这是无可代替的。过去的新国音和大陆的普通话以北京语音为标准音，台湾省的国语和新加坡等海外的华语也以北京语音为标准音，只是对某些读音的具体处理有所不同而已。"以北京语音为标准音"，其中的"北京语音"是指完整、稳定的北京语音的基本音系，也就是《汉语拼音方案》所标写的声母、韵母、声调系统和基本音节，而不包括北京话的土音和异读，对此政府的文件和重要的辞书、教科书等早已说明清楚，从未有过混淆。这个问题只需重申过去的基本观点，似无讨论之必要。问题是如何看待普通话的构成，以及如何处理普通话推广、教学中的具体语音标准问题。

二

1998 年姚德怀先生在"港沪'商务普通话'学术研讨会"上发表论文（刊《语文建设通讯》1998 年 10 月号），提出普通话可以分为规范普通话和大众普通话，大众普通话是广泛应用于社会的"普普通通的普通话"，"很值得研究"。笔者完全赞同这一基本观点，觉得这个问题确实需要很好地研究与讨论。

1988年我同陈建民合作的《从我国语言实际出发研究社会语言学》，及1990年发表的《关于普通话与方言的几个问题》，都讨论过"地方普通话"问题，说明这种语言现象是"全国各地普遍存在，它基本上摆脱方言，正在向标准普通话靠拢，是介于方言与标准普通话当中的过渡语，在推广普通话中起积极的作用，因而是长期存在的"。在《关于普通话与方言的几个问题》一文中，说明"普通话是一个统一的多层次的系统，它包括标准普通话和不标准的地方普通话。地方普通话是方言区的人学习普通话过程中必然产生的语言现象，它既有方言成分，又有普通话成分，但基本摆脱了方言而进入普通话范畴。……地方普通话没有固定的体系，本身很不稳定，经常处于变动之中。地方普通话的产生是推广普通话的结果，它反映方言向普通话演变的开始，或方言向普通话长期变化的成熟过程。……地方普通话是普遍存在和广泛使用的，其特点是比较明显的，这是不可否认和不可忽视的事实。对地方普通话应当进行认真的调查研究，分析概括其主要特征，从而更好更有效地为推广普通话服务"。今天再看这些叙述，大致还是合乎实际的，所以本文重申这些观点，也是支持关于"大众普通话"的讨论。

实际上普通话是一个总的范畴，也是一个静态与动态相结合的语言系统，具体由标准普通话与非标准普通话构成。标准普通话已经定型，基本处于静态，它有明确、具体的标准，语音即以《汉语拼音方案》标写的北京音系为标准，词汇即以北方话词汇为基础，以各大方言大致通行的基本词汇和常用词汇为规范，语法即以典范的现代白话文著作使用的一般语法格式为准则。如果以《普通话水平测试大纲》中描述的三级六等为参照，可以把其中的一级甲、乙等的普通话看成标准的普通话。标准普通话主要用作推广、教学普通话的标准，以便有所遵循。标准普通话的形成已经有近百年的历史，在我国社会生活和语言生活中发挥积极、广泛的作用,这应当充分肯定。

任何一种语言,自它确定其标准语之后,不管其历史长短,都会有其地域变体和社会变体。汉语从秦汉时期确定"雅言""通语"以后,便有相对的地域变体和社会变体存在。因为历史、自然、社会等因素的复杂,汉语的地域变体和社会变体的差异相当严重,到了官话以后,汉语标准语的影响虽然逐渐扩大,但其地域方言和社会方言分歧仍然很大,这自然也就存在标准官话、标准国语与非标准官话、非标准国语的较大差别。关于非标准官话、非标准国语,人们早就有所注意,所以有"蓝青官话""大众语""现代中国普通话"之说,后来有"地方普通话""方言普通话""带方言腔的普通话""不标准的普通话"等提法,在方言区还有其他一些说法,如"蹩脚国语""半拉子普通话""塑料普通话",等等。我以为姚先生文章提出的"大众普通话"比较新颖、形象,是一种通俗的说法,较易为大众所接受,稍为不足的是此说不够准确。从学术方面说,把这种普遍存在、作用较大的语言现象称为"非标准普通话"可能比较确切。"大众普通话"可以用于社会一般说法,"非标准普通话"作为学术用语。20世纪80年代我曾探讨过地方普通话问题,并具体指导两位社会语言学研究生做地方普通话方面的毕业论文,一篇是上海普通话语音特点研究,另一篇是福建大田地方普通话研究,取得了一些心得,但也深感地方普通话问题的复杂和研究非标准普通话的难度,觉得需要进行更多的深入调查,作更全面的研究,才能逐渐弄清其基本面貌。现在我只认识到,非标准普通话是与标准普通话相对而存在的,它是方言母语和非汉语母语的人学习、使用普通话过程中必然产生的语言现象,具体包括汉语方言区的人说的非标准普通话,少数民族人说的非标准普通话和海外华人说的非标准普通话,还应当包括外国人说的非标准普通话,其中大部分是方言区的人说的非标准普通话。非标准普通话的特征有其共性和个性,共性主要因方言母语和非汉语母语影响的结果,或因相同、相近的个人条件(如性别、年龄、文化、职业等)所形成的;个性则多数是因个人因素的差异造成的。非标准普通话是长期、大量存在的语言现象,在各方面充分显示其活力和作用,它的发展目标是标准普通话,发展过程的长短取决于实际需要、客观条件、主观努力和推普力度。过去学术界和有关方面对非标准普通话重视不够,研究更少,所以今天再来讨论这个问题就更有理论意义和实际意义。

三

推广普通话如果从清末算起,差不多经过了一百年的历程,这当中可以分为三个阶段。辛亥革命前为第一阶段,是推行官话阶段,主要是封建官府的事,社会上一般人不大重视,收效甚微,但为推行国语和推广普通话作了一些准备。辛亥革命后为第二阶段,是国语运动阶段,其特点是行政组织,学者主事,民众参加,形成一定声势的运动,但当时社会动荡,领导乏力,经济、文化基础很差,方言分歧严重,实际效果不大显著。

20世纪50年代以后为第三阶段,是推广普通话阶段,主要特点是推普成为政府行为,专家、群众积极支持、参与,做到有组织、有领导、有计划、有声势,政策稳妥,效果显著。如今人们的语言观念和语言生活发生很大的变化,从单语言单方言交际为主变为双语言双方言交际为主,普通话成为全国通用语言,在各地区各行业逐渐普及,有些地区或有些行业普通话已经成为主要用语,语言、方言隔阂大大消除,大中城市居民中约有80%的人能说普通话,普通话在我国社会生活中发挥越来越大的作用。但是我国幅员辽阔,人口众多,语言纷繁,经济文化教育还不够发达,方言分歧和语言障碍仍然存在(在有些地区还相当严重),加上推普工作存在一些问题,普通话在全国范围内远未普及。这种语言状况不能很好地适应国家、社会飞速发展的需要,推广普通话任重而道远,国人仍需努力!

回顾 50 年推广普通话历程,有些问题值得我们进一步思考和认真研究。本文不想也无力全面探讨 50 年推普经验和问题,只想就其中三个问题发表一些想法。首先,推广普通话是一项系统的社会工程,需要有配套的方针政策、宣传号召、目标要求、具体措施和检查研究,以便推普工作顺利进行,收到实际效果。20 世纪 50 年代中期确定的推普方针是"大力提倡,重点推行,逐步普及"。到了 80 年代中期,根据当时推普工作恢复不久的情况和新时期的需要,重申前一时期的推普方针,但把推普工作的重点放在推行和普及上面。1992 年根据形势的发展,将推普方针调整为"大力推行,积极普及,逐步提高"。在做法上采取积极稳妥的政策,如大力推广普通话,不强制、限制方言,保护少数民族语言。这些方针政策的制定,无疑是正确的,有利于推普工作稳步开展,收到积极效果,防止或减少负面作用。在宣传鼓动方面,有国家领导人的重要讲话、号召,媒体的大力宣传、报道,乃至每年 9 月第三周集中宣传推普,这方面是做得比较好的,对推普工作起到了积极作用。在目标、要求方面,20 世纪 50 年代到 60 年代不很明确、具体,到了 80 年代 90 年代就逐渐明确、具体了。1986 年提出到 20 世纪末普通话成为宣传用语、教学用语、行政用语和公共用语,尽管有些急(这个下文再作讨论),但还是明确、具体的。90 年代初确定,到 2010 年以前全国初步普及普通话,方言隔阂基本消除,21 世纪中叶全国普及普通话,国民普遍具有普通话能力。目标逐渐明确,要求基本合理。主要的问题是宣传一般化,要求不够具体,措施不够有力,推普力度不够大,收效不够理想。如公务用语、警务用语是政府行为,公务员、警务员是政府人员,其示范作用较大,对公务用语和公务员、警务用语和警务员在普通话方面的要求和管理就很不力。对司法用语和司法人员的普通话要求和管理也如此。又如 1986 年全国语言文字工作会议提出到 20 世纪末普通话要成为四种用语,时间紧迫,措施又不够有力,不足以保证这一目标和要求的实现和落实。那时我正主持国家语委的常务工作,对这负有责任,这是应当反省的。这个问题在推普的整个过程中始终存在,所以未能取得更大的实效。推普过去了五十年(不算推行官话和国语运动),再加未来的五十年才能普及普通话,这同日本明治维新后用二十年普及日本国语,新加坡用十年普及华语,台湾省大致用十几年普及国语相比,我们推普的成效不是成问题吗? 当然国情不同,大陆和台湾地区情况不同,基础与条件不同,不能一概而论;与之相比,我们推广共同语的困难要大得多,而且他们也有他们的问题,但我们对推普抓得不够,进展不够快,根本不能适应国家现代化快速发展的需要,这不能不说是一个问题,不能不让人感到焦急与忧虑!

第二,推广普通话是一项作用很大、影响深远、难度很高的工作,它如同其他重要工作一样,要从实际出发,注意讲求实效,才能取得成功。在这方面有好的经验,也存在不少问题。做的好的如采取积极稳妥的推普方针,就是从推广普通话是一项紧迫、长期、艰巨的任务考虑的,因而保证了推普工作比较平稳、顺利地进行,没有出现负面效应。存在的问题有三个:(1)对我国语言生活没有及早进行全面调查研究(直到 1999 年才开始进行全国语言文字使用情况调查),对语言使用情况不甚明了,更缺乏具体数字和量化材料,所以制定政策、采取措施科学依据不足。(2)有些目标和要求不够切合实际,如 20 世纪 50 年代推普初期有些急于求成,想在较短时期内基本完成推普任务,甚至有人提出"统一全国语言",80 年代中期提出到 20 世纪末普通话要成为四种用语,实现的时间显然太短。(3)有些具体做法没有很好地考虑实际情况,如对推普的要求只笼统提普通话,实际指有完整定义的标准普通话,没有重视非标准普通话的长期、普遍存在和积极的实际作用;事实上对大多数人只能要求他们先说非标准普通话,然后逐渐提高,不可能也不必要要求他们一开始就说标准普通话。

第三,推广普通话不单纯是行政的事,其中有许多学术问题和实际问题,这就需要进行很好的研究,如 20 世纪 50 年代为普通话规定的定义比较科学、完整,这就是作了许多研究的结果。然而定义还有不够明确、完善的地方,又未作正式的具体说明,这似有研究不够、考虑不周的问题。"以北京语音为标准音",实际是以北京音系为标准,如果讲明确了,后来就会减少一些麻烦。定义的三句话似乎都留下一些问题。当然,为普通话下定义是很难的,要做到周全、具体、准确、简明就更难了。再如推广普通话应当制定长远的、短期的科学、具体、可行的规划,内容有目标要求、措施办法、检查评估、组织实施等。过去虽有一些规划和计划,但不够全面、具体、完善,科学性和可行性都有可改进之处。又如普通话的名称问题,过去叫"国语",20 世纪 50 年代后改称"普通话",台湾省仍叫"国语",海外华人称作"华语",还有"汉语""中文""中国语"等说法。何者为妥,要从历史、现实以及其他多方面去研究。我赞成一些学者的意见,"华语"的含义最丰富、确切,有专指性,既指汉语标准语,又指中华民族通用语,比其他几种名称较好。但现在要想改"普通话""国语"为"华语",暂时还行不通,要做许多研究与实际工作,包括学术、舆论、行政、群众等各方面的工作,促使具体条件逐渐成熟,也就较好解决了。还如普通话的使用关系到社会的方方面面,对普通话的社会使用如何管理,要有合适的办法,因为调查研究不够,至今未能制定出这些办法。有关方面正在草拟《中华人民共和国语言文字法》,其中虽有关于普通话的内容,主要是依据宪法规定普通话在全国通用的法律地位和使用范围,以及若干使用规定和管理办法,语言文字法调整的对象和范围主要是政府行为,内容比较简单扼要,要有相配套的实施细则,或相关的其他法规。这些法规如何做到科学、合理、准确、稳妥、可行,何时成熟,何时发布,需要很好地研究,谨慎从事。还如,怎样检验推广普通话效果,如何评估普通话普及情况,要有一定的标准和一套科学的办法,这都有待研究与制定。我在《论普通话水平测试等级标准》一文中提出,从宏观、总体和微观、具体两方面评估普通话普及情况,似乎合乎实际和基本可行,具体的内容和操作还需细作研究。

四

1994 年 10 月 30 日国家语言文字工作委员会、国家教育委员会和广播电影电视部联合发布《关于开展普通话水平测试工作的决定》,从此开始了普通话水平测试,这标志着推广普通话进入了新的阶段,其意义是重大的。几年来在较大范围内开展了多次普通话水平测试,参加培训和测试的人员数以万计,取得了良好的效果,有效地推动和促进了普通话的推广和普及。

开展普通话水平测试的时间还不长,经验不多,研究不够,测试大纲、测试标准、测试方法,以及试卷、题库、评判等,都有待改进与完善。相信经过一段时间的实践与研究,普通话水平测试工作一定会做得更好,取得更大的成绩,发挥更大的作用。这里再讨论其中的几个问题。

(一)按照 1994 年三部委文件规定,现阶段的主要测试对象为中小学教师,师范院校的教师和毕业生,县级以上(含县级)广播电台和电视台的播音员、节目主持人,电影、电视剧演员和配音演员,以及相关专业的院校毕业生。教师、播音员、节目主持人、演员使用语言的示范作用最大,将他们确定为普通话水平测试的重点,要求他们的普通话应当达到较好的水平,这当然很必要很正确。但这还不够,普通话水平测试应当扩大范围,特别是党政机关、政法部门的公务员,群众团体、企事业单位的干部,军队和武警军官,公共服务行业的职工等,也应当进行普通话水平测试,要求他们的普通话水平达到三级乙等以上,并积极创造条件,将普通话水平测试逐渐推向社会,这将大大有利于推广和普及普通话,提高全民族文化素质和提高社会工作效率。

(二)按照三部委文件附件二规定,普通话水平等级标准分三级六等。这个规定是试行的,经过几年测试的实践,证明其基本格局合理、可行,测试效果不错。但还不够完善,主要是有些描述不够全面、准确,具体操作有一定困难,需要改进和修订,修订工作正在进行。关于普通话水平测试等级标准,我有专文讨论,不再赘述。这里只想着重说明,确定这项等级标准是必要的,让普通话水平测试有一定标准可循,没有统一的标准是不行的。但这只能一般反映受测人的普通话水平,并不绝对反映受测人的普通话实际水平。比如测试时常常出现这种现象,有的受测人说的普通话很标准,实际水平很高,可在测试时因受各种因素影响,其测试水平达不到他的实际水平;相反,有的受测人的实际水平并不高,可测试的水平却比较高。测试固然重要,但更重要的是通过测试促进提高普通话水平,真正学好和掌握普通话。

普通话水平测试应当依据国家有关部门公布的普通话水平等级标准和大纲。但为了保护方言区群众和母语非汉语的人学习、使用普通话的积极性,鼓励未达到标准的人继续学习普通话,逐步提高普通话水平,在三级六等之外,似可再加预备级,具体由各地语委根据实际情况自行规定,全国性普通话水平测试标准不宜有此规定。这实际上是肯定、重视"地方普通话""大众普通话"等非标准普通话,对推广、普及普通话有利。

(三)普通话水平测试的语音标准,应当依据《汉语拼音方案》所标写的北京音系及其基本音节。唇齿声母 f 和喉音声母 h,鼻音声母 n 和边音声母 l,翘舌声母 zh、ch、sh 和平舌声母 z、c、s,有些方言区的人或母语非汉语的人分不清楚;前鼻音尾韵母 en、in 与后鼻音尾韵母 eng、

ing 等,齐齿韵母 i 与撮口韵母 ü 有的人也分不清,这都是学习普通话的难点。这些问题教学、培训普通话时应当讲清楚,测试普通话水平时也必须区分。声调方面,阴平、阳平、上声、去声四声要分清,调型基本不混,调值大体到位。这样做是"取法乎上",以促进学员和受测人克服这些难点,真正掌握普通话音系,提高普通话水平。但是对普通话使用就应当放宽,不必严格要求,只要说的基本上是普通话,而不是方言或其他语言,基本能够交际,就是说非标准普通话也好,这就是"得法乎中"。儿化、轻声不能全然不管,实际也是取消不了的,因为它们有的有区别意义的作用。但儿化、轻声应当限制在最小的限度,只管有区别意义的部分。至于变调,教学时应当讲解,只给学生这方面的基本知识,测试可以不包括在内。事实上北京话的儿化、轻声正在发生变化,总趋势是弱化,变调也趋简化。总之,对待这些问题,教学、培训需要从严,应用应当从宽。

参考文献

现代汉语规范问题学术会议秘书处《现代汉语规范问题学术会议文件汇编》,科学出版社,1956 年。

陈章太《略论汉语口语的规范》,《中国语文》1983 年第 6 期。

文字改革出版社《推广普通话文件汇编》,文字改革出版社,1985 年。

陈章太《关于普通话教学和测试的几个问题》,湖北《普通话》1986 年第 3 期;香港《普通话测试论文集》,1988 年。

中国大百科全书出版社《中国大百科全书·语言文字》,1988 年。

《普通话测试论文集》,香港普通话研习社、香港中国语文学会编辑出版,1988 年。

陈建民、陈章太《从我国语言实际出发研究社会语言学》,《中国语文》1988 年第 2 期。

陈章太《关于普通话与方言的几个问题》,《语文建设》1990 年第 4 期。

王均主编《当代中国的文字改革》,当代中国出版社,1995 年。

凌远征《新语文建设史话》,河南大学出版社,1995 年。

中国社会科学院语言研究所词典编辑室《现代汉语词典》,商务印书馆,1996年。

刘照雄主编《普通话水平测试大纲》,吉林人民出版社,1996年。

陈章太《论普通话水平测试等级标准》,《语言文字应用》1997年第3期。

国家语言文字工作委员会普通话培训测试中心、《语言文字应用》编辑部合编《普通话水平测试的理论与实践》,商务印书馆,1998年。

姚德怀《"规范普通话"与"大众普通话"》,《语文建设通讯》1998年第10期。

周有光《关于"大众普通话"问题》,《语文建设通讯》1999年第4期。

胡百华《普通话"音混症"初探》,《语文建设通讯》1999年第4期。

陈章太《再论语言生活调查》,《语言教学与研究》1999年第5期。

原载香港《语文建设通讯》2000年第7期

略论普通话教学与测试

普通话不仅是"全国通用的"民族共同语,而且逐渐成为国际使用的一种语言。随着祖国大陆同香港地区以及海外往来的日益频繁,普通话的重要作用更加显现出来。为了有效地提高普通话教学水平,许多地方都在进行研究与探索。本文拟讨论普通话语音教学和审音、词汇教学和词汇规范,关于用普通话思维以及普通话教材的规范等问题。

一

（一）普通话的语音系统比较清楚,语音标准比较明确,教学时困难少一些。比较麻烦的是异读问题。有一些异读,过去普通话审音委员会审过音,大多审定得好,应当遵循。其中有少数不妥的,或是实际读音有所变化的,应当重新考虑。例如:"呆板",原审定为 áibǎn,恐怕要改为 dāibǎn;"便秘",原审定为 biànbì,恐怕要改为 biànmì。其他要改的字音还有一些,现列表举例如下:

词条	原定的音	拟改成的音	词条	原定的音	拟改成的音
成绩	chéngjī	chéngjì	麦芒	màiwáng	màimáng
穿凿	chuānzuò	chuānzuó	蹒跚	pánshān	mánshān
从容	cōngróng	cóngróng	澎湃	péngpài	péngpài
大厦	dàshà	dàxià	苤蓝	piěla	piělan
胳臂	gēbei	gēbì	时期	shíqī	shíqí
骨头	gútou	gǔtou	钥匙	yuèshi	yàoshi

（续表）

词条	原定的音	拟改成的音	词条	原定的音	拟改成的音
咀嚼	jǔjué	jǔjiáo	危险	wēixiǎn	wéixiǎn
擂	lèi	léi	寻思	xínsi	xúnsi
零散	língsan	língsǎn	指甲	zhījia	zhǐjia
露马脚	lòumǎjiǎo	lùmǎjiǎo	踪迹	zōngjī	zōngjì

还有一些异读，过去没有审定，其中有一些要审定，以便人们有所遵循。例如："膀臂"，不取 bǎngbèi 而取 bǎngbì；"包扎"，不取 bāozhā 而取 bāozā。其他需要审定的异读还有不少，现列表举例如下：

词条	不取的音	拟取的音	词条	不取的音	拟取的音
曝光	pùguāng	bàoguāng	埋怨	mányuàn	máiyuàn
贲门	pēnmén	bēnmén	牤牛	māngniú	mángniú
刹那	shànà	chànà	芒种	mángzhòng	mángzhǒng
忏悔	qiānhuǐ	chànhuǐ	泌尿	bìniào	mìniào
二流子	èrliūzi	èrliúzi	模型	múxíng	móxíng
高涨	gāozhàng	gāozhǎng	女巫	nǔwú	nǔwū
供职	gòngzhí	gōngzhí	曲折	qūzhé	qūzhé
活泼	huóbō	huópo	往后	wànghòu	wǎnghòu
可恶	kěè	kěwù	鸦片	yǎpiàn	yāpiàn
空城计	kòngchéngjì	kōngchéngjì	舆论	yǔlùn	yúlùn
落魄	luòbó	luòpò	装帧	zhuāngzhèng	zhuāngzhēng

语言具有很强的社会性，语言应用离不开广大群众，语言现象的某些变化往往是约定俗成的。因此，审音原则主要应是从俗从众，同时适当考虑其他因素。

已经审定的音，教学时要严格照教。还没有审定的音，或是审定后又变读的音，一般可按中央人民广播电台的读音教，而学生使用异读也可以算对。中央人民广播电台的读音有的时候也不统一，甚至有个别读错的，碰到这种情况，要另作研究。

（二）普通话里有连读变调的现象。如："版本""草稿""老鼠""法宝""保管""虎口"等，两个上声相连，前一个上声变阳平。又如："起先""抹黑""底盘""走读""惨败""检阅""眼睛""使唤"等，前面上声跟阴平、阳平、去声、轻声相连变半上。这些连读变调，教学时要按变调教。但测试时，要求一般不必太严格；学生在实际说话时，变调说得不够准，一般可不算错。

（三）普通话里也有轻声。如"跟头 gēntou""暖和 nuǎnhuo""梆子 bāngzi""老爷 lǎoye""婆婆 pópo"等。对那些有辨义作用的轻声，如"老子（lǎozi）/老子（lǎozǐ）""老爷（lǎoye）/老爷（lǎoyé）""反正（fǎnzheng）/反正（fǎnzhèng）""东西（dōngxi）/东西（dōngxī）"等，要严格照教，学生也要认真学习。对那些习惯性的轻读，不必过多要求，甚至可以不要求。而对北京现在年轻人当中越来越多的那些轻读，更可以不管。

（四）普通话里还有儿化韵。这些儿化韵大致可以分成五类：（1）有区别词义作用的，如："面（子），（被）面儿""（意）味，（香）味儿""（金）钱，（榆）钱儿""几（个），几儿（啦）""（几）块，块儿（大）""花（眼），（一朵）花儿""声（明），（小）声儿""个（人），（大）个儿"等。（2）起区别词性作用的，如："盖（动词），盖儿（名词）""气（动词），气儿（名词）""片（量词），片儿（名词）""泡（动词），泡儿（名词）""点（动词、量词），点儿（名词）""圈（动词），圈儿（名词、量词）""花（动词），花儿（名词）""个（量词），个儿（名词）"等。（3）某些形容词重叠而儿化的，如："好好儿""少少儿""快快儿""慢慢儿""饱饱儿""乖乖儿"等。（4）习惯上必须儿化的，如："没词儿""没法儿""有事儿""一个子儿""带刺儿""干活儿""蝈蝈儿""皮筋儿""烟袋锅儿"等。（5）可儿化可不儿化的，如："肝，肝儿""帮忙，帮忙儿""一幅，一幅儿""板，板儿""戏班，戏班儿""虫，虫儿""洞，洞儿""底，底儿"等。教学和测试时，对前二类要从严，对第三、四、五类可以从宽。

（五）另外，北京话里有一种比较特别的语音现象，就是由于轻读和儿化的结果，有的音节发音轻而含混，说快一点儿干脆不发出音来。如："大栅栏"说成 dàrla 或 dàla，"告诉你"说成 gàorni 或 gàoni，"杏仁茶"说成 xìngrcha 或 xìngcha，"不知道"说成 bùrdao 或 bùdao，"张各庄"说成 zhāngrzhuāng 或 zhāngzhuang，"高各庄"说成 gāorzhuang 或 gāozhuang 等。这种情况严格说不是普通话，而是北京土话，教学时可以不去管它。

二

（一）在普通话教学当中，词汇问题是相当重要的。这是因为普通话词汇的规范标准不像语音标准那么明确具体，有些词是不是普通话词捉摸不定。更重要的是，词汇问题在相当程度上影响到普通话水平的高低。说话时，如果语音是比较标准的，但却使用了不少非普通话词汇，交际还是会发生一定困难的；这种普通话当然也不能算是地道的。因此普通话教学要充分重视词汇的规范和教学。

（二）有的书面语使用不少方言词语，用普通话语音读起来，其他方言区的人还是听不大懂，就是看也有困难。例如香港报纸有这样的文字：

> 氹仔有时都会浸死人㗎
>
> 出街食饭，有时见到金碧辉煌，想入又慌畀斩到成颈血，但不可不知，氹仔未尝唔会浸死人，正所谓，你入到去就知，呢次，我畀人带咗来尖沙咀横街一间南朝鲜馆，喺街市左近，铺租肯定平过大街大巷，又有乜点装饰，伙计三九两丁七，皮费自然轻，睇白会抵食 D 卦。……

而个老板亦好人？佢识讲唔咸唔淡嘅广东话,见我地买酒番来,未讲唔嘣,而且自动拈杯椤雪,咁你又点唔识得落呢! 唔怪之得,亦有人揾到来食,不过,埋单就有多少问题,唔会计多,唔用信用咕唧,袋定银至好。

另外还有一段:

香港有个地方,唔忧有鸡骨你吮,更唔忧有鸡翼你食,重兼唔驶你钱添,而家系乜嘢世界,居然有 D 咁顺嘅嘢,你若然唔信,我亦唔会嘣,但系我暂时唔揭盅住,讲到咁上下至话你知。

个笪地方,可以话远在天边,亦可以讲得近在眼前,保一个认真高级嘅去处,保专做外卖嘅,平时,甚至直情任何时候,你想帮趁都几难,揸住银纸都有交易至算,佢有规矩唔做你生意,吹咩。

像这样满篇方言词语的语言,在香港的报刊上常见,有的比这更甚! 看这样的文章,像不大懂日文的人去看假名夹汉字的书报,要有连猜带蒙的本事。这种语言就是用普通话语音来念有许多人也难听懂。至于口语中带方言词语的,那就更多了。

方言区的人说普通话或写文章,要完全避免使用方言词语,一般是很困难的。特别是在香港地区,长期以来粤方言几乎一统天下,有些粤方言词自然要加进普通话当中去;用一点儿方言词语是不奇怪的,问题是方言词语要用得合适恰当,不能乱用多用,用了要想办法让人听懂或看懂。如"从昨天起,出街行路要小心,特别是过马路,行差踏错者可能会被'抄牌',最高罚款达二千银"。这段话虽然用了方言词语,但意思可懂,不影响交际。假如在"抄牌"后面用括弧加个注,简单说明"抄牌"是什么,那就更好了,连外地人也懂了。下面这段话,说的内容相近,但使用方言词语多了,离普通话远些,外地人听起来或看起来就不大好懂了。"有人话,香港人特别钟意冲红灯。照本女士分析,呢个唔保钟意唔钟意嘅问题,香港的生活紧张,行人又好,车又好,成日都谂住抢时间,因为'时间就係金钱'也,有金钱上嘅损失几大都唔制着。"

(三)还有一个问题是,使用词语色彩要协调;除非很有必要,应当尽量避免南腔北调。南腔北调,必然影响词语色彩的协调,同时也显得作者或说话人的普通话水平不高。例如:"为要顾全旅行团大局,千祈唔好首先就搞乱到大家嘅秩序。"这段话前一半是普通话,后一半是很冷僻的方言,夹杂在一起,很不协调,无论是听起来或看起来都很别扭。

又如:"'选美'大家睇得多,'选丑'相信就未点听过。喺美国,确有'选丑'活动,而且唔喺市井之徒胡搞一通,而喺由高等学府隆而重之作出此事。"这一段语言更值得研究了。其中既有粤方言词语"睇""喺""唔""就未点听过",也有普通话"确有'选丑活动'""胡搞一通"。这样的语言色彩何其不协调啊! 教学和测试普通话,对这类语言要特别予以重视,认真纠正。

(四)普通话词汇教学,还要注意避免不必要地使用文言词语。如:"月前徐枫要来港生产,希望此地环境会一索得男,结果不负所望。"又如:"行官之建造,古已有了。于今虽已改掉此风,但觉得过去三十年却是比古时尤烈。何故? 窃以为……"其中的一些文言词语并不是非用不可的,改用口语词不是既好懂又不影响文意吗?

还要避免记述口语时而使用书面语言。如"说罢,他给了名片与她,她说:'我一定会打电话与你的。'""在咖啡座上一坐,大声喝道:'来,与我取一杯咖啡来。'听这一喊,未有被吓走的。"

此外,还要避免使用人们不常用或者过时的词语。如:"成绩最为骄人""她可能因为畏寒,把外套的衣领高高耸起"。

（五）这里还要提一下使用外来词的问题。吸收外来词是一种语言丰富自己词汇的手段。一般说不要笼统地反对使用外来词，但要避免不恰当地使用外来词语。如"巴士""的士""Taxi"满天飞，甚至飞到北京、上海等地的大街小巷，这未必是必要的。更要避免不必要地夹用外文词语。例如：

> BEE GEES 三兄弟中的 BARRY 最近出版他的首张个人大碟 NOW VOYAGER，而似乎十一歌曲中，起码有七八首能成为热门细碟。譬带有怨曲味道的 THE HUNTER、FACE TO FACE 及 SHINE SHINE，此外亦有 FUNKY MUSIC 感觉的 FINE LINE、I AM YOUR DRIVER、SHAITERP ROOF、LESSON IN LOVE。

歌曲名用外文还勉强可以，而像"此外亦有 FUNKY MUSIC 感觉的……"绝对不行。

（六）还有一个问题需要讨论，就是什么样的词算普通话词。普通话词就是汉语里现代普遍通用的词。具体说来，我认为大体有四条标准：（1）影响较大的词典，如《现代汉语词典》等收入的词，除标注〈方〉〈书〉〈古〉那些词外，一般都是普通话词。（2）使用语言比较规范的现代和当代著名作家，如郭沫若、茅盾、老舍（后期作品）、曹禺、丁玲、冰心、刘白羽、赵树理、孙犁、王蒙、陆文夫、苏叔阳等的作品所使用的一般词汇，以及重要报刊如《人民日报》《光明日报》《文汇报》《当代》《人民文学》《十月》等使用的一般词汇，应认为是普通话词。（3）北京话和小北方话（包括华北、东北地区）的一般词汇，包括一些新产生的、但其他方言区具有中等文化程度或跟外界接触较多的人能懂的词，如"棒"（好、强等）、"帅"（英俊、漂亮等）、"盖"（好、超过等）等，以及别的方言里具有上面同等条件的一些使用较广的词，如"瘪三""晓得""跑码头""里手"等,也可以算是普通话词。(4)中央和省市级的广播电台和电视台的普通话广播所用的一般词汇,也是普通话词。

三

(一)从方言母语向规范的民族共同语母语过渡,是一个复杂的过程。特别是口头表达,也就是说话,通常是现想现说,即想即说,根本没有时间细细思量,这样,除了要把方言的语言成分转换成共同语的语言成分,还有一个速度问题,也就是往往在一瞬间就要极快地完成这个转换。现在,方言区的人和非汉族人说、写普通话,一般用的翻译法,少数用直接法。实践证明,翻译法的速度慢效果不好,而且往往说、写不了标准的普通话。直接法是学习语言的好方法,教、学普通话应当采用这种方法,也就是要直接用普通话思维,并且把普通话当成一个运用自如的非常习惯的体系来运用,成为自己的母语。

(二)方言区或非汉族的人学习普通话,一般要经过三个层次的转换:词汇转换→语法转换→语音转换。例如一个粤方言区的人要说"你先走"这句话,他脑子里先得出现"佢""行""先"这些粤方言词,并把这些方言词转换成普通话的"你""走""先",再把粤方言的"佢行先"句式转换成普通话的"你先走"的句式,最后再用普通话语音表达出来。再如粤方言的"有落(车)嘸",要变成普通话的"有下(车)的吗"或"有没有下(车)的",也都必须经过同样的转换过程。再如台湾闽南话歌曲的"酒干倘卖嘸",要变成普通话的"有没有酒瓶卖"或"有酒瓶卖吗",同样要经过这个转换过程。这样的翻译转换,必然影响学习普通话的效果,影响说、写普通话的速度和顺畅度,所以有不少方言区的人说普通话时不那么流畅,有时甚至磕磕巴巴的,就是这个原因。要是能够用普通话思维,就可以不经过转换过程,直接用普通话表达,说普通话也就自然、流畅，甚至还够味儿。

（三）要做到用普通话思维，教学时老师首先要说比较标准、流畅的普通话，以起积极的示范作用，并且要求学生要多说多用普通话，养成说普通话的习惯，而把使用方言只当成临时的需要，尽量避免使用方言或其他语言的成分。还要大量学习、积累普通话词汇和丰富各种句式，以做到能用普通话自由表达思想感情。

还要注意学习、运用普通话的语调、语气，特别要注意普通话语气词的运用。这样才能真正学好普通话，并且有普通话的"味儿"。比如粤方言的语气词特别丰富，一句话的当中和末尾常常爱用语气词"咗""啩""嘢""唥""嘞"等，而且句尾语调往往拉得很长。有些粤区方言的人说普通话，往往把粤方言的这些特点带进去，形成不太好听的南腔北调，这是应当避免的。

（四）测试是否用普通话思维，主要是检查使用普通话时的速度和流畅情况，并且了解学生是否充分掌握普通话的词汇和句式，还要看使用普通话时是否出现方言词、句，以及是否出现用方言语气词作停顿等。比较好的测试办法是，教师用方言同学生自然谈话，或向学生提问，而要求学生用普通话说话或回答问题。这比较能够了解学生是否用普通话思维。

四

（一）编写普通话教材，要注意语言的规范化，特别要注意教材用的普通话是生活里人们实际使用的、规范的、优美的，还要尽量注意口语化。

（二）教材使用的普通话，应该是实际使用的、自然的，而不是生造的。下面的例句就不符合这个要求：

甲:您来了,有事儿吧? 请坐,请坐!

乙:别客气。

一般情况下乙方不这么说,而是回答说:"谢谢!"如果甲方停下工作什么的,忙着招待,则乙方才可以说:"请别客气。"

使用规范的普通话,这也很重要。例如:

请您做几样儿拿手好菜吧。

电话总机的号码儿是五四七九五三一。

这里的"几样儿""号码儿"普通话可以不儿化。

规范的普通话,提高一点儿要求,应当是人们的习惯说法。例如:

小刚高兴得合不起嘴巴。

他家的经济情形比较拮据。

"不行!"妈妈立刻反对:"养鸟工夫多,你每天功课都做不完,还有时间去养吗?"

"谢谢你们两位,真是谢谢!"他再也想不出别的感激的话来。

这里的"合不起嘴巴""经济情形""养鸟工夫多""谢谢你们两位",都不合普通话的习惯说法。应该是"合不拢嘴""经济情况""养鸟费工夫""谢谢你们二位"。"两位"计数的味儿较浓,后面常常带中心词语。"二位"多为当面称呼,尊称的味儿重些,后面往往不带别的词语。

(三)教材选用口语对话材料要照顾全局,不能顾此失彼。还要选用较为优美的语言材料,避免使用不很礼貌的对话。例如:

　　甲　请问几点钟啦？

　　乙　你没手表吗？

　　甲　手表坏了。

　　乙　怎么坏了？

　　甲　停了，不走啦。

　　乙　现在三点一刻。

听到甲问，乙不马上正面回答，而是连发两句反问，带有不礼貌的意味，答话不够优美。又如：

　　甲　荔枝多少钱一磅？

　　乙　荔枝论斤不论磅。

　　甲　一斤多少钱？

　　乙　八毛四。

乙的答话显得不热情，甚至有点儿不耐烦。应当是一开始就直接回答"八毛四一斤"，或是说了"荔枝论斤不论磅"以后，紧接着就说"八毛四"，这样比较自然、礼貌。

　　（四）有的教材选的是现成作品，这些作品有的也会使用一些不是标准普通话的词语，编入教材时，应当作必要的修改和说明。教材为一些难词作注，要特别注意准确性。例如：

　　　今天的事也非常偶然，要不是自动传送带出了点儿小毛病，我们还不打算进去哩！

教材为"偶然"作注说："刚巧。"最好改注为："事理上不一定要发生而发生的。"

又如：

> 他越想越怕，索性躲在床底下，动也不敢动一下。

教材为"索性"作注说："说话做事十分痛快。"似应改为："副词，干脆。"

　　另外，测试普通话水平，不仅看他的语音、词汇、语法、语义、语调等是否合乎标准，使用是否流畅，还要看他能否分辨别人使用普通话时的毛病，并且能否作一定的分析。

原载香港《中国语文建设》1985 年第 8 期

和内地《普通话》1986 年第 3 期

普通话基础方言词汇的初步考察[*]

一　引言

（一）普通话是"以北京语音为标准音，以北方话为基础方言，以典范的现代白话文著作为语法规范的现代汉语标准语"。说北方话是普通话的基础方言，是有广泛含义的，但主要是指词汇而言。本文试图对北方话词汇的基本面貌作一初步考察，为进一步研究北方话词汇及其与普通话词汇的关系提供一些线索和材料，并提出笔者对这一问题的粗浅看法。

（二）本文使用的资料主要是笔者和李行健教授主编的《北方话基本词汇集》，还参考了北方话地区某些方言词汇资料，如《河北方言词汇》《山西方言常用词语集》，以及某些省、市、县方言概况、方言词典、方言志和方言专著中的词汇资料。《北方话基本词汇集》是国家社会科学"七五"规划重点项目的调查研究成果，共收 90 多个地点的 3000 条左右词语。其中绝大部分是基本词汇，少部分是常用词语，还有一些表示新事物名称的词语。

（三）所谓基本词汇，就是表示社会生活中最重要事物的概念的那

　＊　本文是提交 1993 年 8 月在北京举行的第四届国际汉语教学讨论会的论文，发表时略有修改。原题目是《北方话词汇的初步考察》，本书收入时改为《普通话基础方言词汇的初步考察》。

部分词汇。它具有生命力强、稳固性强、构词能力强等特点,是各种语言或方言词汇系统中的主要词汇。

(四)下文所说的"基本相同的""有一定差别的"和"差别较大的"这三种类型,是根据有关的资料粗略统计得出的。当然,这几种类型的划分是有一定标准的。所谓"基本相同的",是指某些词语在北方话区或某次方言区各点的相同数约占百分之八九十。所谓"有一定差别的",是指某些词语在北方话区或某次方言区各点的相同数约占百分之六七十。所谓"差别较大的",是指某些词语在北方话区或某次方言区各点的相同数在百分之四五十以下。有些词语在北方话区或某次方言区的有些点虽然有细小的差别,但由于有差别的点很少,而且差别也很小,我们可以不加区别,而把它作为同一类统计;如果分得太细,那就显得很零乱,从整体上反而看不清它的基本面貌。如"彗星"一词,各次方言区绝大多数点都叫"扫帚星",只有西南方言区的某些点称"扫把星";"小风"一词,各次方言区绝大多数点都叫"小风",只有个别点称"微风"或"细风",对此我们都没有区分。又如"月亮"一词,西南方言区有的点又称"月婆"或"月婆子""月亮婆婆",我们把这三种叫法作为同一类处理。

二　北方话词汇的基本面貌

(一)在一种语言或方言中,词汇系统远比语音系统和语法系统复杂,北方话词汇系统也不例外。我们只能对北方话词汇的基本情况作些考察和分析,以窥视其大概面貌。

总的看来,北方话词汇内部的一致性还是比较大的,但也有一定的差异。其差异如同语音一样,大致可以分为北部方言、晋方言、西北方言、西南方言、江淮方言等几个大区[①]。而以河南省为中心的中原地区和胶(东)辽(东)地区,其方言词汇也有某些特殊性。

1. 根据对 3200 条词语的分析统计,这些词语在各地区基本相同的共有 1900 多条,约占三分之二。这当中,有些常用的口语词,各地的说法也是相同的,如"下水(猪牛羊的内脏)""里脊""棒槌""梭子""簪子""别针儿""衣襟""回门(婚后第一次同丈夫回娘家)""门槛儿""山墙""地窖""熬夜""上供""打尖(正餐以外吃东西)""淘米""择菜""擀面""炖肉"等。

如果从各个地区来看,北部方言区的词汇内部的一致性更大一些,在 3200 条词语中,全区相同或基本相同的共有 2700 条左右,约占 85%。

2. 北方话词汇内部有一定差异的词,共有 1200 多条,占总数的三分之一多。其中各地差别较大的仅有 178 条。这些词如"傍晚""除夕""膝盖""踝子骨""乳房""牙垢""乞丐""傻子""瘸子""厕所""大便""小便""毛巾""手纸""聊天",以及"祖父""祖母""伯父""伯母""丈夫""妻子"等亲属称谓词。

就地区来说,西南方言区和江淮方言区内部的词汇差异以及与其他方言区词汇的差异表现得明显一些。如"祖父"西南方言又叫"公""家公""爹""爹爹""老爹",江淮方言又叫"爹""爹爹""老爹";"把尿"西南方言叫"提尿""端尿""旋尿";"豁嘴"西南方言叫"豁豁""缺嘴(儿)",江淮方言多叫"豁子""豁嘴子";"褥子"西南方言和江淮方言除叫"褥子"外,又叫"霸絮""垫絮""垫褥"等;"肉末儿"西南方言又叫"肉渣渣""剁肉",江淮方言又叫"绞肉""肉糊子""肉削子";"霹雷"西南和江淮方言多叫"炸雷","下雨"多叫"落雨","失火"又叫"走火","白天"又叫"日里","中暑"又叫"发痧","汤药"又叫"水药"等等。

(二)北方话词汇内部的异同情况在各类词汇中有不同的表现,大致情况是:数词、量词、连词、表颜色的形容词,以及名词中的政法类、教育类、文体类、交通类、服饰类等的一致性最大。其次是一般形容词、常用动词、介词、指代词以及名词中的用品器具类、工业类、农业类、商业类、植物类、动物类、宗教祭祀类、饮食类、起居类、应酬类、房舍类、方位类等。差别较大的是名词中亲属称谓类、婚丧类、人体类、疾病医药类、时间类、人品类、天文类、地理类、人体动作类以及副词等。下面具体考察各类词汇的异同情况。

1. 名词共有 2550 条,占总数的比例最大。其中全区相同或基本相同的 1505 条,约占 60%;有一定差别的 906 条,约占 35%;差别较大的只有 139 条,约占 5%。差别较大的词如"灶""吝啬鬼""纸钱儿""耳屎""狐臭""鸡胗肝儿""蛋羹""钉锔儿(门扣儿)""衣兜儿(衣服口袋)""蝙蝠""蝉""蜻蜓"等。

从词义来看,各类词的异同很不一样,大致情况如下:

	相同或基本相同	有一定差别	差别较大
天文类	42	28	5
地理类	42	24	6
时间类	41	62	6
人品类	40	57	7
亲属称谓类	15	53	18
婚丧生育类	22	66	4
人体类	28	66	7
人体动作类	26	58	2
疾病医药类	55	50	17
用品器具类	105	51	11
饮食类	75	48	7
起居类	35	22	5
房舍类	35	25	5
服饰类	104	25	3
应酬类	22	12	

交通类	48	5	
工业类	65	20	
农业类	78	27	3
植物类	115	34	5
动物类	87	57	15
商业类	75	30	
政法类	65	3	
教育类	93	15	3
文体类	78	16	2
宗教祭祀类	38	16	2
普通名词[2]	48	13	4
方位名词	32	29	3

从上表可以看出,政法类、文体类、教育类、交通类等一致性最高,服饰类、宗教祭祀类、工业类、商业类、应酬类等的比例也不低,差别最大的是亲属称谓类、婚丧类、人体类等。

2.动词部分主要包括表示动作、行为、存在、变化、心理活动、使令、能愿、趋向等方面的常用词,共有 185 条。有些动词与名词有的类相关,归入名词相关类计算,这里不加统计。

在动词中,全区相同或基本相同的有 121 条,约占总数的 65%;有一定差别的 57 条,约占总数的 31%;差别较大的只有 7 条,约占总数的4%。一致性较高的动词,是表示一般动作,尤其是表示饮食、起居方面的词,以及表示能愿、趋向方面的词,例如"蒸、焖、烧、煮、洗、择(菜)、切(菜)、剁、炒、炖、烩、淘(米)、和(面)、揉(面)、擀(面)、捞(面)、发(面)、汆(丸子)、包(饺子)、舀、喝、穿、漱、刷、梳(头)、剪、刮、剃、烤、晒、躺、睡、起、坐、能、会、敢、要、应该、上、下、进、出、回、过"等。差别较大的动词,是表示某些动作的词和表示某些心理活动的词,如"玩儿、使(筷子)、搛(菜)、盛(饭)、撒(网)、收拾、喜欢、讨厌、怀念、犹豫、盼望"等。

3.形容词部分主要包括表示性质、形状、数量、感觉、状态、颜色等方面的词,共有128条。其中全区相同或基本相同的有93条,约占总数的73%;有一定差别的有25条,约占总数的20%;差别较大的有10条,约占总数的7%。一致性较高的形容词是表示形状、数量、颜色的词,如"大、小、长、短、粗、细、高、低、矮、鼓(出来)、瘪、圆、扁、厚、薄、宽、窄、深、浅、正、歪、斜、多、少、许多、全部"等。表示颜色的形容词,全区几乎都是相同的,例如"红、桃红、粉红、蓝、天蓝、浅蓝、绿、草绿、墨绿、黄、杏黄、焦黄、黑、白、灰白、灰、银灰、青、藏青、紫"等。表示性质的形容词,多数也是相同的,如"好、坏、不错、差不多(又'差不离')、丑、酸、甜、苦、辣、咸、淡、香、臭、涩、稀、密、肥、胖、瘦、硬、软、冷、热"等。差别较大的是一部分表示状态、感觉的形容词和某些表示性质的形容词,如"凑合、称心、晚(迟)、结实、舒服、难受、歹毒、机灵、聪明"等。

4.代词部分包括人称代词和指示代词,共有38条。其中全区相同和基本相同的有22条,有一定差别的7条,差别较大的9条。人称代词的一致性高一些,指示代词的差别较大。差别较大的词有"您、谁、这里、那里、哪里、什么、什么样、怎么、怎么样"。

5.数词、量词部分共有190条,其中数词64条,量词126条,都是基本的、常用的。这两类词的一致性都很高,请看下表:

	相同或基本相同	有一定差别	差别较大
数词	58	5	1
量词	118	7	1

两类词中有一定差别或差别较大的词数量很少,如"老幺(最小的儿子)、(一)头(牛)、(一)棵(树)、(一)座(房子)、(一)拃(宽)、一会儿、(一)桩(事情)、(一)担(米)、厘米"等。

6.副词、介词、连词部分共有 109 条,其中副词 55 条,介词 26 条,连词 28 条。各类词的异同情况请看下表:

	相同或基本相同	有一定差别	差别较大
副词	26	27	2
介词	14	11	1
连词	23	5	

从上表可以看出,三类词中连词的一致性最高,其次是介词,副词最低。有一定差别的词和差别较大的词如"刚好、也许、马上、趁早、早晚、幸亏、一起、顺便、故意、一共、大约、更加、终于、偶尔、稍微、差点儿、独自、被、把、替(～我值班)、顺着、靠着、给(为)、以及、既然、与其"等。

(三)现在再从方言区出发,考察北方话词汇在各地区的异同情况。考察的主要内容有二,一是各地区词汇的基本面貌,二是各地区词汇与普通话词汇的异同情况。我们从 3200 条词汇中,选出名词的天文类、婚丧生育类、房舍类、宗教祭祀类和一般形容词、代词、副词、介词等类的 529 条加以分析统计,作为论证的基本根据。为什么选择这些类的词来统计呢? 主要是去两头取中间,也就是这些类的词在各方言区的一致性和差异性都不是最大的,而是属于"有一定差别的"中间状态。当然,这些材料不一定全面,统计也未必十分准确,但可以从中看到大概的情况。

这些类的词如:天文类的"太阳、太阳地儿、阴凉、月亮、月牙儿、日食、月食、星、流星、彗星、银河、云彩、早霞、晚霞、风、大风、小风、旋风、雷、霹雷、闪电、雨、大雨、小雨、毛毛雨、连阴雨、雷阵雨、冰雹、虹、雪、雪花儿、鹅毛雪、雪珠儿、冰、露水、露珠儿、霜、雾、天气、晴天、阴天、地震、地球"等;

婚丧生育类的"婚事、媒人、恋爱、约会、对象、相亲、订婚、婚期、彩礼、嫁妆、结婚、媳妇、出嫁、喜糖、喜酒、新郎、新娘、新房、回门、离婚、改嫁、续弦、怀孕、孕妇、流产、接生、胎盘、坐月子、满月、双胞胎、遗腹子、独生子、生日、祝寿、寿星、丧事、孝子、咽气、遗体、棺材、寿材、入殓、骨灰、灵柩、灵位、戴孝、孝帽、孝服、哭丧棒、讣告、吊孝、花圈、送葬、纸钱儿、安葬、坟墓、墓碑"等；

房舍类的"房子、房基地、院子、篱笆、屋子、进深、面宽、里屋、外屋、正房、厢房、厨房、客厅、楼房、楼梯、栏杆、阳台、地板、厕所、牛棚、马棚、猪圈、羊圈、狗窝、鸡笼、鸡窝、地窖、大门、后门、门槛儿、门吊儿、门鼻儿、门闩、锁、钥匙、房顶、房檐儿、山墙、前墙、后墙、梁、檩条、柱子、柱石、天花板、走廊、窗户"等；

宗教祭祀类的"老天爷、灶王爷、佛爷、神仙、菩萨、神像、香、香炉、香案、上供、供神、长明灯、木鱼、拜佛、庙会、和尚、尼姑、道士、土地爷、财神爷、关老爷、龙王庙、城隍庙、迷信、占卜、许愿、还愿、阎王、判官、小鬼、算命、相面、教堂、主教、教徒、祷告"等；

一般形容词的"好、坏、次、凑合、称心、行、美、丑、要紧、热闹、清静、坚固、干净、肮脏、鼓、瘪、圆、扁、方、软、硬、正、歪、斜、多、少、大、小、长、短、宽、窄、厚、薄、深、浅、粗、细、高、低、矮、酸、甜、苦、辣、咸、涩、淡、香、臭、稀、密、稠、稀少、稠密、许多、全部、肥、胖、瘦、冷、热、舒服、难受、疼、痒、胀、麻、麻烦、调皮、缺德、窝囊、吝啬、小气、大方、实在、厚道、滑头、善良、歹毒、聪明、伶俐、糊涂、死板、愣、笨、利索、凉快、背静、地道、称心、早、晚、红、黄、黑、白、蓝、绿、灰、青、紫"等；

代词的"我、你、他、我们、你们、他们、咱们、它、您、大家、人家、自己、谁、什么、别的、这、这个、这些、那、那个、那些、这里、那里、这样、那样、这会儿、那会儿、怎么、哪里、怎么样、什么样、哪样儿"等；

副词的"本来、刚、刚好、刚巧、有点儿、恐怕、也许、差点儿、马上、趁早、早晚、幸亏、当面、一起、独自、顺便、故意、到底、根本、简直、一共、大约、白(吃)、偏(要)、胡(来)、先(走)、格外、一律、一直、十分、也、已

经、曾经、正在、永远、更加、偶尔、稍微、老(是)、怪(想)"等;

介词的"被、把、对、对着、由、朝、打、到、(扔)到、替、在、从、照、按照、顺着、靠着、和、向、比、除了"等。

有些与名词有关的词组归入名词类计算,如"起风、刮风、打雷、打闪、下雨、结冰、化冻、下霜、下雾、下露水、说媒、娶媳妇、嫁女儿、吃奶、尿床、做生日、烧香、赶庙会、信教",等等。

1.北部方言区,包括华北大部分地区和东北全部地区。北部方言区的方言可以称为"小北方话"。在这个方言区内,各地词汇的一致性是相当大的,在上述各类的 529 条词汇中,各地相同或基本相同的共有498 条,有一定差别的 30 条,差别较大的只有 1 条。与普通话相同的共有 505 条,说法不同的只有 24 条。这些与普通话有所差别的词,在北部方言区内完全一致,如"贼星(流星)、扫帚星(彗星)、天河(银河)、雹子(冰雹)、冻冰(结冰)、露水珠儿(露珠儿)、小产(流产)、尿炕(尿床)、拜寿(祝寿)、宅基地(房基地)、牛圈(牛棚)、门插关(门闩)、姑子(尼姑)、老道(道士)、冲着(对着)"等。这些词大多是口语词,与普通话词的差别,实际上是口语词和书面语词的差别,有的在普通话口语中也常用,如"扫帚星、结冰、小产、尿炕、宅基地、老道、冲着"等。

2.晋方言区,包括山西及其周边有人声的一些地区。晋方言区内,各地词汇的一致性也是主要的,但其差异程度比北部方言和西北方言大。在 529 条词汇中,各地相同或基本相同的共有 461 条,有一定差别的 57 条,差别较大的 11 条。各地说法相同或基本相同的词,绝大部分与普通话相同,只有 18 条不同。各地说法不同的词如"扫帚星(彗星)、天河(银河)、冷(弹)子(冰雹)、露水珠儿(露珠儿)、起雾(下雾)、小产(流产)、尿炕(尿床)、庆寿(祝寿)、牛圈(牛棚)、马圈(马棚)、地窨(子)(地窖)、供桌(香案)、姑子(尼姑)"等。这些与普通话不同的词,几乎都是口语词,其性质与北部方言的有关词的情况相同。

晋方言词汇有一定的独特性,有些词是其他北方话方言所未见或少见的,其数量还不太少。如"走星(流星)、早烧(早霞)、晚烧(晚霞)、对风(顶风)、霍雷、冲雷(霹雷)、蒙糁糁雨(毛毛雨)、霍雷雨(雷阵雨)、雪圪糁(子)、雪圪糁糁(雪珠儿)、冰凌(冰)、起面(发面)、怀娃老婆(孕妇)、小生(流产)、头首(头胎)、孝衫(孝服)、栅子(篱笆)、兀个(那个)、兀些(那些)、兀样(那样)、兀会儿(那会儿)、咬人(使人痒)、当下、跟手(马上)、一疙瘩(一起)、满共(一共)"等。

3. 西北方言区包括西北五省(区)的地区。西北方言词汇内部的一致性仅次于北部方言,在529条词汇中,各地相同或基本相同的词有485条,有一定差别的词37条,差别较大的词7条。差别较大的词是"顶风、雪珠儿、结冰、孝服、哭丧棒、瘪、那么"。485条各地相同或基本相同的词,大部分与普通话也相同,与普通话不同的词只有14条,如"扫帚星、炸雷、天河、露水珠儿、小产、尿炕、拜寿、上房(正房)、马圈、柱顶石"等。这些差别的情况,其性质与前面两种方言的有关词的情况差不多。

4. 西南方言区包括西南三省、重庆市及湖北大部、湖南、广西的部分地区。西南方言词汇内部的差异比较大,是五种北方话次方言之最。在529条词汇中,各地相同或基本相同的词有403条,有一定差别的词111条,差别较大的15条。这15条词中,如普通话的"鹅毛雪",西南方言有"鹅毛雪、大雪、棉花雪、泡雪、雪片片儿"等说法;"毛毛雨"各地有"毛毛雨、麻麻雨、毛飞飞儿雨、蒙松雨、凌毛儿雨、牛毛雨、麻纷雨"等说法;"独生子"有"独生子、独子、独儿、独崽、独丁丁"等说法。在403条各地相同或基本相同的词中,只有14条与普通话有别,如"扫把星(流星)、雪弹子(冰雹)、天干(天旱)、拜寿(祝寿)、孝衣(孝服)、堂屋(正房)、屋檐(房檐)、哪个(谁)"等。在126条各地有一定差别或差别较大的词中,每条词的普通话说法,西南方言有些地方也使用。从上述分析中可见,西南方言词汇与普通话词汇的相近程度还是比较高的。

5. 江淮方言区包括安徽、江苏、湖北的部分地区。江淮方言词汇比较接近普通话词汇,内部的差别也比较小。在 529 条词汇中,各地相同或基本相同的词有 470 条,有一定差别的词 51 条,差别较大的 8 条。差别较大的 8 条词是"流星、淋雨、冰雹、雪珠儿、娶媳妇、尿床、孝服、牛棚"。如"流星"各地有"流星、跳星、贼星、穿星、撒星"等说法;"牛棚"有"牛棚、牛栏、牛笼、牛圈、牛屋"等说法。470 条各地相同或基本相同的词中,与普通话有别的词只有 11 条,其中有的词在普通话口语中也使用,如"上冻(结冰)、小产(流产)"等。

6. 前文提到的中原方言和胶辽方言,其词汇也有一定的特殊性,有些词与周围的北方话方言词很不相同,这里不作细论。

另外,从总体上看,在北方话五个次方言中,靠北的北部方言、晋方言、西北方言关系密切一些,靠南的西南方言和江淮方言比较接近,对此有待进一步研究。

三　结论

从上文对北方话词汇的初步考察分析,似乎可以得出如下的几点主要结论:

(一)北方话词汇内部的一致性大于差异性。

(二)北部方言词汇的一致性大于晋方言、西北方言、西南方言和江淮方言词汇的一致性。

(三)北方话词汇与普通话词汇关系密切,北方话词汇是普通话词汇的基础。

附　注

① 几大方言区各包括的地域请参看下文(三)1,2,3,4,5。

② 所谓"普通名词",是一些不好归入"天文""地理""时间""人品"等26类的一般名词,如"事情、样子、尺寸、颜色、籍贯、情况、原因、办法、记号、名字、题目、影子、次序、关系、声音、胃口、气味、好处、福气、力气、道理、心愿、意见、意思、心思、精神、脾气、主意、习惯、生活、性命、功课、学问、知识、道德、品格、良心"等。

原载《中国语文》1994年第2期

普通话词汇规范问题

一　普通话词汇规范的原则、依据和做法

（一）对普通话词汇进行规范，是一项复杂的工程。这首先要确定规范原则。我以为普通话词汇规范（包括规范工作）的原则应当是"约定俗成，逐渐规范"。

"约定俗成"本有两层意思，不等同于"自然形成"，把它解释为"既约定又俗成"似无不妥。"约定"和"俗成"是密不可分的辩证关系，"约定"离不开"俗成"，"俗成"不能没有"约定"。语言规范有自发规范和自觉规范两种形式，自发规范是社会在语言应用中自然的调节行为，是比较消极的规范形式；自觉规范是人们对语言应用有意识地采取某些措施，进行必要的干预，以维护语言的纯洁，促其健康发展，便于社会应用，这是一种积极的规范形式。我们需要了解、重视自发规范，但更要研究、提倡、加强自觉规范。

语言既有系统性又有社会性，语言规范化离不开语言的这两种属性。而以"约定俗成，逐渐规范"为原则的普通话词汇规范，正是符合语言的这两种特点。也就是说普通话词汇规范既离不开普通话词汇系统的状况，又要充分考虑社会应用的有关需要；对普通话词汇既要按照一定的标准进行控制和规范，又不可以脱离语言应用的实际，过急地实行"主观规范"。

　　(二)为了更好地、有效地贯彻"约定俗成,逐渐规范"的原则,应当确立求实、辩证两个观点,即"宽容对待"和"重视动态"。这是因为:(1)普通话词汇系统比语音系统和语法系统复杂、多变。语音系统是封闭、具体的,声母、韵母、声调和音节是固定的,即使有所变化也极慢极小;语法规则也是基本封闭、固定的,基本句型有限,句型变换、活用不多。而词汇系统却不然,现代汉语通用词数以万计,可能超过十万,加上各行各业的专用词语,其数量多少难以说清,大概有几十万条。而且词汇应用灵活,规范标准比较宽泛,不大容易掌握,对它进行规范也就要困难得多,因此要求要切实可行,不宜太死太严。(2)词汇经常处于变动之中,即使是基本词汇,其变化也比语音、语法要快一些;有些词有时隐退有时又复现,实在不易把握。从"五四"以来,现代汉语词汇经历了几个重大阶段的变化,现在回过头去看"五四"时期乃至改革开放前的词汇,其变化之大是令人吃惊的。以通用称谓词为例,新中国成立前,主要使用"老爷""先生""夫人""太太""女士""公子""少爷""小姐"等,其中"先生""太太""女士""小姐"是社会通用称谓词。新中国成立后社会通用称谓词几乎只有"同志"一个;为区别夫妻关系与一般同志关系,采用"爱人"作为辅助称谓词。"文革"中阶级斗争观念强烈,"同志"不敢随便使用,而工人师傅社会地位提高,于是拿专用尊称"师傅"作为社会通用称谓词,"师傅"几乎盖过了"同志",直到现在"师傅"的使用率还不太低。改革开放以后,重新起用"先生""夫人""女士""小姐"等,再把专用尊称"老师"用作社会通用称谓词,同时保留"同志"和"师傅"。至于"爱人"一词,社会上还在使用,但用得越来越少,在知识阶层和商界就更少用了。现在对这些通用称谓词的使用,虽然有些混乱,但还是有一定的讲究,与过去有所不同。如称男性的"先生""老师""师傅""同志"等,称女性的"夫人""太太""女士""大姐""小姐""老师""师傅""同志"等,因对象、行业、场合等的不同而有所不同;有时可以互用,有时不能混用。这里无法细述。面对如此复杂、灵活、多变的词汇,进行普通话词汇规范时,如果缺乏上述两个观点,是难以做好的。

(三)规范普通话词汇,虽然难以确定具体标准,但应有所依据。然而过去所提的依据不够明确、具体、全面,需作进一步探讨与研究,以便逐渐使其完善。本文提出以下几条,作为现阶段判断和规范普通话词汇的依据。

1."现代汉语规范词表"中所收的词汇。这种词表的研制,主要目的是为了词汇规范,它应以大量题材多样的语料做基础,按词的使用频率进行统计、分析。"规范词表"是通用的,可以分为最常用、次常用和一般通用等几级,或称一、二、三、四等级,这是最主要的。另外还应有各行业使用的各种专用规范词表,可以同"规范词表"配套。现在已经发表的一些现代汉语词表,因为不为规范目的而研制,普遍缺乏规范性和权威性,一般只能作为规范的参考。据了解,信息界正在研制中文电脑通用词库,收词五万条左右。国家语委语用所正在研制现代汉语通用词表,收词近六万条。其他一些单位也在研制这类词表。当然,这种规范性词表不能一成不变;随着社会、事物、观念的发展变化,每隔一段时间词表要补充、修订一次,以作为新阶段的普通话词汇规范依据之一。

2.规范性、权威性语文词典所收的词汇。几十年来,海内外出版了许多中文词典,但够得上规范性、权威性的语文词典却极少。就大陆来说,当前社会上和学术界所公认的恐怕只有《现代汉语词典》一种。据了解,《现代汉语词典》很快将出版修订本。编者还在编写《现代汉语大词典》,收词十万条左右,不久将出版,这是令人欣慰的。一种《现代汉语规范词典》也正在编写,收词五万多条,每个词都标注词性,这部词典的问世,也将在普通话词汇规范中发挥一定作用。

我国是一个泱泱大国,使用汉语的人数又这么多,按说应当有更多更大更好的汉语规范词典,使普通话词汇规范有更好的遵循,如英国的《牛津英语词典》、美国的《韦氏新国际英语词典》和俄罗斯科学院的《俄语大词典》等。遗憾的是,到现在我们还没能做到,还需作更大的努力!

3. 语言比较规范的现代、当代重要著作使用的一般词语。这里有两个问题需要讨论:(1)什么样的著作算现代、当代重要著作? 笔者以为,"五四"以来用白话文写作的、语言比较规范、影响较大的著作,都是现代、当代的重要著作。其中当然是以文学作品为主,也应包括优秀翻译作品和内容宽泛的政论等著作。如鲁迅的《呐喊》《彷徨》《野草》《朝花夕拾》等,郭沫若的《屈原》《虎符》《蔡文姬》《武则天》等,茅盾的《子夜》《腐蚀》《林家铺子》等,老舍的《骆驼祥子》《四世同堂》《春华秋实》《茶馆》等,叶圣陶的《倪焕之》《叶圣陶短篇小说集》等,林语堂的《京华烟云》(中文版)、《红牡丹》(中文版)等,田汉的《丽人行》《关汉卿》《谢瑶环》等,巴金的《激流三部曲》《爱情三部曲》《寒夜》等,冰心的《冰心小说散文选》《我们把春天吵醒了》《樱桃赞》等,曹禺的《雷雨》《日出》《北京人》《王昭君》等,钱钟书的《围城》等,王蒙的《组织部新来的年轻人》《恋爱的季节》《失态的季节》等,张炜的《古船》《九月的寓言》《家族》等。(2)什么样的语言是比较规范的语言? 笔者以为,语言"完全规范"或"绝对规范"的著作恐怕很难看到。是否可以说,凡是作品使用的语言总体上符合社会普遍使用的语言习惯,用词鲜明准确,句子通顺,没有滥用方言词语、文言词语和外来词语,没有生造、晦涩的词语,这样的语言都是比较规范的语言。

4. 全国性重要传媒使用的一般词语。这里包括全国性的重要报纸、杂志,如《人民日报》《光明日报》《文汇报》《中国青年报》《经济日报》《科技日报》《瞭望》《当代》《十月》《中国青年》《中国妇女》等所用的一般词语；还包括中央人民广播电台、中央电视台用普通话播音的节目所用的一般词语。这里所说的"一般词语"，一指社会上普遍使用的词语，二指非专用词语，三指非生造、非生僻的词语。重要传媒使用的词语，也有不规范或不够规范的，但毕竟是少数，不会影响它们在总体上作为普通话词汇规范的重要依据。

5.北方话地区普遍使用的一般词语。这里所说的"一般词语"，主要指非专用、非生僻的词语。北方话是普通话的基础方言，北方话普遍使用的一般词语，尤其是基本词汇，应当而且可以作为普通话词汇规范的依据。北方话词汇同普通话词汇的差异一般在百分之五至百分之十，有的不到百分之五。从基本词汇看，其差异就更小了。而那些与普通话词汇有差异的词语，大多是土语词，自然不能作为普通话词汇规范的依据。北京话属北方话，有北方话的代表性，是普通话基础方言的基础方言。由于北京话的特殊地位和作用，它的一般词汇（除土语词外）更应当作为普通话词汇规范的依据。

6.普通话词汇有书面语词同口语词的差别。上述五条在总体上对书面语词和口语词的规范都适用，但在具体操作时当视情况而有所侧重；前三条较适用于书面语词，第四条既适用于书面语词也适用于口语词，而第五条则更适用于口语词。

（四）现在讨论普通话词汇规范的主要做法。普通话词汇规范比语音、语法规范更为复杂和艰巨，是一项经常、永久的任务。为做好这一难度很大的工作，应当采取这样几项主要办法：（1）尽快研制、公布普通话规范词表，并每隔一个时期加以修订和补充；（2）编纂出版规范性的现代汉语大词典，使其成为普通话词汇规范的权威标准；（3）加强传媒用词规范，发挥传媒对词汇规范的影响效应；（4）加强普通话词汇研究与教学，提高普通话规范水平；（5）成立"普通话词语审定委员会"，定期发表普通话词汇审定成果。前三项上文已述，这里仅就后两项作些讨论。

1.加强普通话词汇研究与教学,是做好普通话词汇规范的基础。过去对这方面重视得不够,研究成果不太多,词汇专著寥寥无几;教学工作薄弱,教学效果不佳,以致影响普通话水平的提高。其实这方面需要研究的问题很多,如汉语分词问题,词性问题,异形词问题,外来词问题(包括外语人名、地名的翻译问题),缩略语问题,口语词问题,文言词问题,常用词、通用词问题,等等。就词汇规范本身而言,从理论到实践也都有好多问题要研究。

关于词汇教学,重点应当加强对少年儿童普通话词汇教学,教给他们这方面的基本知识,从小掌握一定数量的普通话词汇,为学好普通话打下较好的基础。现在不少地方在幼儿园和小学开设"说话课",在师范学校开设"口语课",这是加强普通话教学的重要而有效的举措。在这些课程中,应当适当增加词汇教学的内容,以便收到更好的效果。在具体教学中,有几项值得注意。首先,要分清什么是普通话词和非普通话词,让学生具有这方面的基本知识和基本能力。第二,要教给一定数量的普通话词,让学生掌握常用词和次常用词。第三,要加强基本词汇教学,尤其是单音节基本词汇教学,并适当讲解构词法,让学生了解这方面的知识。第四,把词汇教学与学话教学紧密结合起来,以便在实践中收到更大的效果。

2.普通话异读词审音已由审音委员会专管,这方面的工作有了较大的成效,尽管这当中还有一些问题,但一般异读词读音有了一定的遵循。科技术语已有"全国自然科学名词审定委员会"管理,一般也有统一的规范。而人文社会科学方面的词语,至今没有一个专门的机构统一管理。应当尽快成立"普通话词语审定委员会",专门负责人文社会科学方面词语的审定工作,并指导普通话词汇规范工作。委员会应定期或不定期发表普通话词语审定成果,向社会推荐使用,使人们遵循或参考。

二 普通话词汇规范的几个具体问题

（一）当前,在改革开放大潮的冲击下,现代汉语词汇正经历一个大丰富、大变化、大发展的时期。其主要特点是:大量产生新词语和缩略语,大批吸收港台词语和外来词语。在普通话词汇规范中,怎样对待这些问题,需要很好地研究。下面具体讨论这些问题。

（二）自我国实行改革开放以来,社会各方面发生了极大的变化,新事物、新概念层出不穷。为称说大量涌现出来的新事物、新概念,现代汉语产生了一批又一批新词语;其产生的速度很快,每年以数百条乃至上千条递增。于根元和刘一玲分别主编的《汉语新词语》编年本,1991 年本收词 335 条(原资料收集近 800 条),1992 年本收词 448 条,1993 年本收词 461 条,1994 年本收词也是 400 多条。1995 年本正在编写,已收集资料近千条。

从最新的资料看,有相当一批新词语是不错的。如"茶会"(边喝茶边开会)、"军嫂"(对一些军人妻子的尊称)、"空嫂"(中年女航空乘务员)、"警花"(对女巡警的美称)、"黄业"(经营色情生产的活动或行业)、"黑车"(无照运营的客车)、"林事"(林业方面的事务)、"农情"(农业状况)、"炒家"(善做投机商者)、"欢乐球"(象征吉祥、踩后发响、让人欢乐的小气球)、"草帽官"(清廉、能干的农村基层干部)、"练摊儿"(摆摊做小生意)、"爆炒"(大肆吹捧、宣传)、"封镜"(影视完成拍摄)、"软拒"(婉转拒绝)、"抄肥"(从中渔利)、"返贫"(又回到贫穷的境地)等。而有些新词语却不甚好。如"唱药"(药剂师向取药人说明所取药品的用法)、"高人"(高血压、高血脂等患者)、"割肉"(赔钱、蚀本)、"排众"(与众不同)、"骗发"(以欺诈而发财)、"杀熟"(欺诈熟人或用行政式的经营手段挤压下属企业)、"休渔"(在一定的时间内禁止捕鱼)、"义拍"(义卖)等。近些年来,北京话里也出现许多新词语,其中一批已经进入普通话。如"帅""棒""派""大款""大腕儿""练摊儿""抄肥""放血""哥们儿""姐们儿""打住""面的""打的""走穴""滋润""倒爷""洋插队""没劲""拍板儿""添乱""窝儿里斗"等。而不少还属于土语词。如"铁""瓷"(都指关系密切)、"臭"(低劣、愚蠢)、"搬"(弄钱、搞钱)、"傍"(倚靠、陪伴有钱有势的人)、"傍家儿"(情人,相互依靠、陪伴的朋友和帮手)、"小蜜"(情人)、"酒蜜"(陪酒的女友)、"托儿"(被雇假充顾客帮经营者推销商品的人)、"板儿爷"(蹬三轮车挣钱的人)、"拔撞"(提高地位和威信)、"磕架"(打架,多谓打群架)、"底儿潮"(有犯罪前科)、"跌份儿"(丢面子)、"放份儿"(显示自己的气派、威风)、"佛爷"(小偷)、"加傍"(参加合作与协助)、"神哨"(胡吹、乱侃)、"毛片儿"(黄色影像片)等。其他各方言也都有或多或少的新词语,闽、粤、吴方言可能更多一些。这一批新近出现的新词语,大多属于非基本词汇,它们的寿命如何,一时很难判断;其中不少词恐怕会逐渐隐退或消失,而许多词可能使用较长时间,有的还会成为基本词汇。对待新词语总体上宜持热情、谨慎的态度,多进行观察、研究,必要时加以说明、引导,适当进行干预和规范;少作批评、指责,更不宜轻易判处其"死刑"。干预、规范新词语,重要而有效的办法是:权威机构定期或不定期公布经过认真研究、严格选定的普通话新词语词表,向社会推荐使用。每册词表按时间顺序编号,词条作简明的注释。在此基础上,再编写、出版规范性、权威性的新词语词典,并不断出版修订本或增订本,供人们应用、遵循。

(三)缩略语是现代汉语词汇系统中的重要组成部分。它包括简称和略语:简称一般是名词和名词性词组的简缩,略语多为非名词性词组的缩略。为了使语言简洁好用,现代汉语产生了许多缩略语。随着社会事物的变化和生活节奏的加快,这种缩略语越来越多,占现代汉语词汇相当大的比重。

　　新近产生的一批缩略语,从词形、词义看,多数合乎规范。如"暗荒"(暗地里让土地荒芜)、"案源"(案件来源)、"不争"(不必争论)、"保真"(保证真货)、"博导"(博士生导师)、"超售"(超额售票)、"春钓"(春天里钓鱼)、"车检"(车辆检查)、"打假"(打击假货)、"防损"(防止损失)、"迪厅"(迪斯科舞厅)、"揭丑"(揭露丑恶现象)、"瓶啤"(瓶装啤酒)、"罐啤"(罐装啤酒)、"国啤"(国产啤酒)、"纠风"(纠正不良之风)、"禁放"(禁止燃放鞭炮)、"家教"(家庭教师)、"家轿"(家庭用轿车)、"劳效"(劳动效率)、"换赔"(换旧赔新)、"解困"(解救困难户)、"减负"(减轻农民负担)、"专技"(专业技术)等。也有一些缩略得不太好,或是词形欠妥,或是词义不明,让人费解。如"过负"(过重负担)、"禁渔"(禁止滥捕鱼类)、"考任"(经考试合格而任命)、"考录"(经考试合格而录用)、"高博会"(高新技术产品博览会)、"监区"(监管犯人的区域)、"盘整"(盘查整顿)、"排查"(排队审查)、"严困"(严重困难)、"音害"(噪音伤害)、"迎保"(迎接保卫)、"造笑"(制造欢笑)、"整建"(整顿建设)等。在普通话词汇规范中,对缩略语的规范要给予充分的重视。对待缩略语,同样应持宽容、谨慎的态度,不宜简单判断它不合乎规范。当然,现在的缩略语太多,似乎有些过滥,而且还在大量地产生,对它严格一点儿,对那些不合"形简义明"要求的,进行一定的规范,这是必要的。

　　(四)所谓港台词语,是指香港、澳门和台湾话里的词语。这三个地方的词语虽有许多相同,但也有一定的差异,尤其是在所吸收的方言词和外来词方面,其差异更大一些。

　　我国大陆自改革开放以来,社会、政治、经济、文化、科技等有了很大的发展,人们的观念也发生相当大的变化。在这种大变革的态势下,新事物、新概念如潮水般涌现出来,而普通话和方言一时又没有那么多相应的词语来称说,于是一批批港台词语便随港台事物一起进入了大陆。有学者估计,近十年来进入大陆地区的港台词语大约有六七百个之多。其中一批已进入普通话。如"法人""资深""周边""转型""架构""酒店""宠物""蛇头""歌星""空姐""共识""传媒""相关""代沟""精品""分流""负面""举报""投诉""炒卖""新潮""氛围""爱心""多元""反思""举措""评估""界定""拓宽""拓展""研讨""认同""投入""看好""疲软""保龄球"等。有的正在进入普通话。如"水货""物业""斥资""写真""水准""诚聘""珍品""牛市""婚变""非礼""电脑""飞碟""洗手间""度假村""追星族""上班族""黑社会""发烧友"等。有的虽在大陆社会上有所使用,但似乎还没有进入普通话。如"饮茶""派对""空港""公屋""镭射""飞弹""影碟""录影机""录影带""私家车""升降机""穿梭机""太空船""太空人""飞翔船""即食面""公仔面""化妆间""即溶咖啡""草根阶层"等。这类词语有的可能会逐渐进入普通话,但一般不太容易被普通话所吸收,因为普通话已有相应的较好的词语。如"晚会""聚会""机场""公房""激光""导弹""电梯""私车""录像机""录像带""方便面""卫生间""洗手间"等。有的大陆暂时还很少或没有那种事物。如香港的"太空人""飞翔船"等。

可以预料,随着香港、澳门的回归,以及大陆、港、澳、台交往的频繁,今后还会有更多的港台词语陆续进入大陆地区。面对这样的态势,我们应当热情、宽容、冷静去对待,因为港台词语的进入,从总体看是有益的,但也会有一些负面作用。普通话词汇是开放性的,需要从各方面吸取养分来丰富自己的系统;继续吸收部分港台词语,是普通话词汇丰富、发展的途径之一。但吸收港台词语不可太快、太滥,对那些不可以吸收的词语应当加以排斥。笔者以为,普通话吸收港台词语,应当考虑以下几条:(1)普通话没有而港台话中有,且形、音、义都较好的港台词语,普通话可以而且应当吸收。如上文列举的已进入普通话的那类港台词语的一部分。(2)普通话有的,而港台词语比普通话好的那类港台词语,普通话也可以吸收。如"空姐""相关""负面""研究""电脑""拓展""国人"(国民、公民)、"牢居"(坐监狱)、"乐捐"(自愿捐款)、"帮丧"(帮助办丧事)、"交恶"(关系恶化)、"攀升"(向上爬)等。(3)不如普通话词语好的港台词语,普通话不宜吸收。如"飞弹"(导弹)、"本赋"(天赋)、"班房"(课室)、"空宇"(天空)、"扩阔"(开阔)、"烂然"(灿烂)、"即食面、公仔面"(方便面)等。(4)港台话中不甚好的外来词、文言词、方言词,普通话不应吸收,如"波士"(总经理、大老板)、"波迷"(球迷)、"派对"(晚会、聚会)、"便当"(盒饭)、"作秀、作骚"(表演)、"利是封"(红包)、"齿及"(说及)、"敕选"(命令选举)、"关防"(印信、关隘)、"过暝"(过夜)、"变面"(翻脸)、"白贼"(说谎者)、"靓女"(美女)等。(5)一时看不准的词语,最好是顺乎自然,观察其发展情况,而后抉择取舍。如"买(埋)单"(结账)、"收银"(收款)、"拜拜"(再见)、"私家车"(私车)、"化妆间"(卫生间),以及"……广场、……花园"(……大厦、商厦)等。

（五）随着改革开放的深化发展和国际交往的空前频繁,外来词语也以近几十年来从未有过的速度一批批进入中国大地。这次外来词语进入的形式,打破了汉语以往吸收外来词以意译为主,兼有部分音译或半音译半意译的传统方式,出现了复杂多样的形式。据笔者的初步观察,大体有六种情况:(1)直用原文(包括简称、缩写),这以商标、广告、商品名称、公司名称和科技名词为多。如"PHILIPS""Panasonic""CITIZEN""SHARP""CITROEN""SCAN""SONY""JVC""IBM""DAM""X. O.""CD"等;(2)据原文音译,如"迷你""的士""巴士""镭射""柯达""索尼""夏普""曲奇""力波""肯德基""巧克力""皮尔卡丹""雪铁龙"等;(3)据原文意译,如"鳄鱼衫""超短裙""移动电话""皇冠豪华车""大众汽车公司"等;(4)半原文半音译,如"T恤""卡拉OK""夏普29HX8""莫罗柯林K"等;(5)半原文半意译,如"BP机""CT扫描""DV光盘""LD功能""VCD影视机""DAM钓具"等;(6)半音译半意译,如"奶油派""柠檬派""拍里饼干""法兰西饼""汉堡包""奔驰车""镭射视盘""镭射影碟"等。这种情况到处可见,报刊上有,电视上有,商店里有,尤其是大百货商场和服装、食品、电器等专卖店更多。这种现象似有扩大的趋势。外来词语的大批进入,对改变汉语对待外来词偏于保守的状况、丰富现代汉语词汇、活跃国人语文生活等都有积极意义,但同时也不可避免地会带来某些负面作用。对此我们同样应以宽容、严肃的态度去对待,肯定并促进其健康成分的发展,纠正和规范其乱搬、滥用现象,让外来词语逐渐纳入正确的轨道。

(六)随着电脑互联网在我国的迅速普及,近些年来产生了相当数量的网络语言词语。网络语言是利用电脑在网络进行交际的形式,它有自己的特点,主要是简洁、风趣,富有人情味儿和个性化。现在网络在社会生活中影响越来越大,网络语言的词语也越来越多。广义的网络语言词语大体可以分为三类:一是网络专业术语。如"软件""硬件""鼠标""磁盘""光驱""主板""打印机""多媒体""攒机""描写""光纤""病毒""宽带""端口""超文本""主页""搜索""接入"等。二是与网络有关的专用词语。如"网吧""网民""触网""泡网""戒网""网文""网员""网人""上网""下网""网页寻呼""网络版权""网络查询""网络大战""网络教育""网络旅游""网络商场""网上大学""网上会议""网上广告""网上直播""网上文体""远程教育""远程办公""远程登录""网站炒作""网站联盟""网站论坛""信息安全""信息高速公路""数字战争""数据业务""数码扶贫""电子商务""宽带社区""宽带网络经济"等。三是网民在网上聊天的常用词语和符号。如"美眉"(妹妹)、"大虾"(大侠)、"大侠"(网络高手)、"斑竹"(版主)、"恐龙"

（不漂亮女子）、"菜鸟"（初级网民）、"飞鸟"（经验丰富的网民）、"蓝"（男）、"绿"（女）、"烂"（网络及电脑技术差）、"狼哥哥"（郎哥哥）、"老鸟"（老练的网民）、"跑牛"（泡妞）、"青蛙"（丑男子）、"水"（水平差）、"王八"（网吧）、"西西"（嘻嘻）等。还有用英文缩写或汉语拼音缩略及阿拉伯数字等符号的词语。如"UI/CUL"（再见）、"BB"（再见，宝贝）、"BBL"（过一会儿就回来）、"B4"（以前）、"BF"（男友）、"GF"（女友）、"IC"（我明白了）、"AI"（爱）、"DD"（弟弟）、"FQ"（夫妻）、"GM"（哥儿们）、"814"（不要生气）、"886"（再见）等。前两类词语比较稳定，对其进行规范困难少一些。第三类网民聊天用的词语相当灵活而且多变，今后还会有较大发展与变化。对待这类词语，社会上有较大的争论，有的认为它们生动、幽默、形象，对其持肯定的态度；有的认为它们混乱、多变，还有某些格调、品位不高的词语，应当严加管理、规范。我认为网民聊天用的网络词语正处于大发展大变化阶段，我们应当采取宽容、谨慎的态度，多观察，多研究，多引导，充分肯定健康、生动的词语，指出消极、混乱的词语，逐渐引导网络语言词语向健康、规范的方向发展，使现代汉语词汇更加丰富多彩。

参考文献

现代汉语规范问题学术会议秘书处《现代汉语规范问题学术会议文件汇编》，科学出版社，1956 年。

陈章太《关于普通话教学和测试的几个问题》，载湖北《普通话》1986 年第 3 期；《普通话测试论文集》，香港普通话研习社编辑出版，1988 年。

黄丽丽等《港台语词词典》，黄山书社，1990 年。

施宝义、徐彦文《汉语缩略语词典》，外语教学与研究出版社，1990 年。

雅坤、秀玉主编《实用缩略语知识词典》，新世界出版社，1992 年。

周一民《北京现代流行语》，北京燕山出版社，1992 年。

中国标准技术开发公司《海峡两岸词语对释》，中国标准出版社，1992 年。

张首吉等《新名词术语辞典》，济南出版社，1992 年。

于根元、刘一玲主编《（1991、1992、1993）汉语新词语》，北京语言学院出版社，1992年、1993年、1994年。

田小琳《香港流通的词语和社会生活》、《香港词汇面面观》，载《语文和语文教学》，山东教育出版社，1993年。

陈建民《普通话对香港词语的取舍问题》，香港《语文建设通讯》1994年第43期。

戴昭铭《规范语言学探索》，《北方论丛》编辑部出版，1994年。

朱广祁《当代港台用语辞典》，上海辞书出版社，1994年。

于根元主编《现代汉语新词词典》，北京语言学院出版社，1994年。

陈章太《北方话词汇的初步考察》，《中国语文》1994年第3期;《语言文字应用研究论文集》，语文出版社，1995年。

原载《中国语文》1996年第3期

论普通话水平测试等级标准

普通话水平测试等级标准,是普通话水平测试的基本依据。它的制定与实施,对现代汉语规范化和推广普通话有重要的意义,因此学术界对这一问题越来越加重视,开展多方面的讨论与研究,并陆续拟订了多种方案,这对普通话水平等级标准的发展与完善,无疑将起积极的促进作用。笔者从 1982 年写作《略论汉语口语的规范》一文开始,对普通话水平测试等级标准作过一些探索,后来又参加几个有关项目的研究,对这一问题有了一些新的认识和体会。现在拟就普通话水平测试等级标准的由来、背景和方案谈论一些情况,并对几个有关的问题,如制定等级标准的目的、意义,分级的原则、依据,等级的内容、描述,等级标准的掌握、实施,以及普通话普及的标准等问题,发表一些意见。

一

从 20 世纪初以来,我国各个时期都把推广国语和普通话作为一项重要的语文政策,做了许多工作,取得了不小实效。经过近百年,尤其是近几十年的努力,普通话已经成为全国通用的语言,各方言区和各少数民族地区,有越来越多的人掌握或基本掌握了普通话,普通话在有些地区逐渐普及,我国的语言生活发生了极大的变化。有人说,前半个世纪对国语既没有具体、完整的界定和描写,对推广工作又缺乏周密的计划,对不同情况没有规定不同的要求,只因社会需要就干起来了。中国的事情常常是这样,只要是社会需要就先干起来再说,然后边干边发展边完善,推广国语和普通话也是如此,这就是所谓摸着石头过河嘛。这并不是说前半个世纪我国推广国语和普通话就完全没有计划和依据。还是有的,各个时期语言政策中的有关规定就是计划和依据。至于具体依据,那就是语音基本依据北京音系,词汇大体参照社会通用词语,语法遵循现代汉语的一般表达习惯。关于对不同情况的不同要求,几十年来较少提出具体方案。但在实际工作中,对某些不同情况还是有不同要求的,50年代周恩来同志在《当前文字改革的任务》的报告中,就有这方面的论述。又比如对教育系统的要求比对其他行业的要求一般总是要高一些;对北方话地区要求要高一些,对南方方言区要求就低一些。尽管这都很少有具体、明文的规定,更没有成为制度,但对推广国语和普通话还是直接、间接地起了作用。过去在提倡、推广国语和普通话当中,之所以存在上述这些欠缺,主要是社会要求还不那么迫切,同时在理论上认识不够,在实际上顾不上。

到了50年代,由于政治、经济、文化、教育等的变革和发展,以及社会进步的迫切需要,国家组织了许多专家学者,研究、制定语言规划,召开重要会议,为普通话规定比较科学的定义,作出具体的界定,并在全国范围内有计划有领导地大力推广普通话,把学习普通话运动推向高潮,在社会上说普通话蔚然成风。只是由于全力投入实际工作,来不及研究、制定普通话水平测试和等级标准,这当然是个缺陷。

"文化大革命"结束以后,国家实行改革开放政策。为适应社会发展和各方面的迫切需要,从80年代初开始,加大语言文字工作力度。在这种背景下,语言学界对普通话水平测试和等级标准进行探讨,陆续提出一些具体方案。其中较有代表性的有:(1)北京市语言学会普通话等级标准研究小组的《普通话等级标准条例草案》(1982);(2)陈章太的《略论汉语口语的规范》(1983);(3)香港中国语文学会普通话测试研究小组的《普通话水平考试大纲(征求意见稿)》(1985);(4)全国语言文字工作会议主题报告《新时期的语言文字工作》(1986);(5)辽宁省语言文字工作委员会的《辽宁省教师汉语拼音及普通话等级考核方案(试行稿)》(1988);(6)香港考试局的《普通话水平测试》(1988)(以下简称《水平测试》);(7)河北师范大学的《普通话测试标准》(1988);(8)孙修章等的《普通话水平测试标准》和《普通话水平测试大纲》(1992);(9)戴梅芳主编的《云南省普通话水平测试大纲》(1992)(以下简称《测试大纲》);(10)国家语委、国家教委、广播电影电视部《关于开展普通话水平测试工作的决定》附件二《普通话水平测试等级标准》(1994)(以下简称《等级标准》);(11)香港理工大学中文及双语学系的《普通话水平考试》(1995)(以下简称《水平考试》);(12)云南师范大学语言文字委员会的《普通话标准化考试大纲》。

表一:分级情况

《等级标准》	《测试大纲》	《水平测试》	《水平考试》[①]	《等级和大纲》[②]
一级	一级	高级	A 等	1 级
甲等	甲等	及格	一级	2 级
乙等	乙等	良好	二级	3 级
二级	二级	优异	B 等	4 级
甲等	甲等	一般	一级	5 级
乙等	乙等	及格	二级	6 级
三级	三级	良好	C 等	7 级
甲等	甲等	优异	一级	8 级
乙等	乙等		二级	
			三级	
			四级	

①C 等三、四级为普通话入门水平,实际是预备级。②1996 年修订本改 1~8 级为三等五级:初等(一、二级)、中等(三级)、高等(四、五级)。

表二：具体内容

《等级标准》	《测试大纲》	《水平测试》		《水平考试》	《等级和大纲》	
语音	语音	听力	语音	语音	听	语音
词汇	词汇	译写	词汇	词汇	说	词汇
语法	语法	朗读	语法	语法	读	语法
语调	语调	说话	语调	语调	写	言语能力
表达	表达	会话	语速	表达	译	
		表达	表达	言语流畅		
			语句流畅			
			语言反应			

与此有关的也是较有代表性的有：(1)美国教育部核准、应用语言学中心的《汉语能力测试(CPT)考试指南》(1983)；(2)美国外语教学学会中文准则委员会的《中文(汉语)使用能力判断准则》(1984)；(3)中国对外汉语教学学会汉语水平等级标准研究小组的《汉语水平等级标准和等级大纲》(1988)(以下简称《等级和大纲》)。其他还有一些论著涉及这一问题。如(1)徐世荣《普通话测试的标准问题》(1985)；(2)姜玉星《国语——普通话水平测试上的语言水平层次及其标准问题》(1985)；(3)李英哲《美国外语教学学会对汉语使用能力程度的订定与能力测试编写的关系》(1985)；(4)植符兰《普通话水平测试大纲方案》(1985)；(5)缪锦安《有关普通话水平测试的一些问题》(1985)；(6)鲁允中《普通话水平测试刍议》(1987)；(7)庄守常《中师生普通话考核标准问题的探讨》(1987)；(8)庄守常《关于普通话测试标准的思考》；(9)吴积才等《普通话标准化考试的理论和实践》(1989)；(10)张日昇等《(香港)普通话水平考试(PSK)的设计与实施》(1995)等。

上述这些文件、报告和论著中，对普通话水平测试等级标准的划分，多数分为三级(一、二、三级，高、中、初级，上、中、下级)或三级六等，少数分为四级、五级、六级。等级标准的内容一般是普通话口语，以语音为主,包括词汇、语法,有的还包括语调和言语表达、言语流畅度。多数对等级标准作了描述,有的描述还比较具体、细致。现将几个有一定代表性的方案列表进行比较,表一为"分级情况",表二为"具体内容"(均见上页),表三为"失分率和得分率"(见下页)。

《等级标准》是全国性的标准,它从 1994 年开始实施,经过多次较大规模的实际测试,证明是比较科学、实用的,但也发现一些问题,需作进一步研究与完善。1996 年国家语委着手修订这个方案,在认真总结经验、广泛听取意见的基础上,对《等级标准》和《普通话水平测试大纲》进行全面修订。修订稿还未发表,可能还有改动。修订稿保持原《等级标准》三级六等的格局,但对其内容和表述作了较大的修改:(1)原《等级标准》只有"等"的描述,没有"级"的描述。修订稿增加"级"的描述,也就是先概括描述"级"再具体描述"等"。(2)原《等级标准》对"等"的内容描述前后不大一致,二级甲、乙等中还有举例。修订稿描述各级、等内容时,尽量做到统一、严整。(3)删去原《等级标准》各等描述中的"朗读和自由交谈时"一句。(4)把原《等级标准》的"表达流畅"改为"言语流畅"和"言语比较流畅"。因为"表达"不全是语言问题。第三级加上"言语不够流畅"一句,同一、二级的"言语流畅""言语比较流畅"相配合。(5)一级乙等没有提方言问题。原《等级标准》三级甲等中的"方言语调较明显"、乙等中的"方音特征突出、方言语调明显",修订稿改为"方言痕迹比较明显"和"方言痕迹明显"。(6)删去原《等级标准》三级乙等中的"外地人听其谈话有听不懂情况"一句。(7)对原《等级标准》一级甲等和二级甲等的失分率作了微调,改 3% 为 4%、13% 为 14%,这比较合理、整齐。(8)原《等级标准》的"测试总失分率在⋯⋯以内",修订稿改为"测试总失分率不超过⋯⋯",这比较准确。从总体上看,修订稿比较概括、准确、明晰、严整,作为一种标准,这可能更合乎要求。

表三：失分率和得分率

《等级标准》 （失分率）		《测试大纲》 （失分率）		《水平测试》	《水平考试》 （失分率）		《等级和大纲》 （得分率；总分 170 分）
一级	甲等 3%	一级	甲等 4%		A 等	一级 5%	1 级 35～42 分 （1.5 级 43～51 分）
	乙等 8%		乙等 10%				
二级	甲等 13%	二级	甲等 15%		B 等	二级 10%	2 级 52～59 分 （2.5 级 60～68 分）
	乙等 20%		乙等 20%				
三级	甲等 30%	三级	甲等 30%		C 等	一级 15%	3 级 69～76 分 （3.5 级 77～85 分）
	乙等 40%		乙等 40%				
						二级 20%	4 级 86～93 分 （4.5 级 94～102 分）
						一级 30%	5 级 103～110 分 （5.5 级 111～119 分）
						二级 40%	6 级 120～127 分 （6.5 级 128～136 分）
						三级 50%	7 级 137～144 分 （7.5 级 145～153 分）
						四级 60%	8 级 154～161 分 （8.5 级 162～170 分）

二

　　普通话包括口语和书面语，普通话水平测试是用于普通话口语的。由于白话文运动的胜利，普通话书面语也就比较成熟，社会上对评定普通话书面语的水平有一定共识，并有一定的标准。当然，这些共识需要科学化、具体化、标准化，已有的一些标准有待进一步规范与完善。普通话口语更易受方言等因素的影响，它在运用中比较灵活、多变，社会上评判普通话口语水平的共识也比较抽象、模糊，通常以标准、比较标准和不标准加以区分。因此研究、制定普通话水平测试等级标准就很有必要，它具有多方面作用：（1）促使普通话水平考试和评判科学化、规范化、标准化;(2)促进普通话的普及和提高,扩大普通话的作用和影响;(3)有利于普通话教学的改进和新教材的编写;(4)适应社会各方面(如招工、用人、入学、升职等)的需要。

制定普通话水平测试等级标准,应当遵循一定原则。我以为这些原则是:(1)科学、合理,能够恰当区分普通话实际水平的差别;(2)客观、具体,有一定信度和量化,可以操作,可行性强;(3)分级合适,级差恰当,便于掌握和处理;(4)恒定、一贯,不轻易变动、修改;(5)完整、全面,内容应当包括语言诸要素及言语表达;(6)简明、严谨,用语准确,表述一致,便于称说;(7)有利于普通话水平的全面提高;(8)有利于调动人们学习普通话的积极性。第 4 条原则不是说定下等级标准以后就不再改动,而是说根据语言相对稳定和语言生活实际情况而制定的等级标准,要管一个时期;只有在语言成分和语言生活发生较大变化以后,原定的等级标准才宜作相应的调整与修改。第 8 条原则可举例说明,如把普通话水平定为三级,那么第一级就是给人以榜样,让达标人保持最高水平,让一般人努力仿效;第二级给人以自信,让达标人继续鼓劲,攀登高峰;第三级给人以促进,让达标人多加努力,提高水平。

以上述几条原则来衡量,我以为《等级标准》修订稿是诸多方案中最好的一个方案,它具有比较科学、客观、完整、全面、简明、准确、规范、可行等特点。科学、客观主要体现在分级恰当,不粗不细,级中分等,界限分明,便于掌握,透明度高;同时还表现在对测试总失分率的正确处置:一级甲等的总失分率不超过 4% ,一级乙等不超过 8% ,各差 4% ;二级甲等总失分率不超过 14%(这比一级乙等多失 6%),二级乙等不超过 20% ,各差 6% ;三级甲等总失分率不超过 30% ,三级乙等不超过40% ,各差 10% ,而三级乙等的得分率应在 60% 以上,也就是在及格线以上。从各等级的总失分率看,可以很好地反映各级普通话的实际水平。完整、全面主要体现在各级标准的内容上,普通话语音、词汇、语法、语调,以及言语表达都包括在内。简明、准确主要体现在对等级标准的描写上,行文简洁,用词恰当,分寸把握比较好。规范、可行主要体现在层次清楚,表述一致,规定量化标准,便于测试、操作,能够科学、公正地评出等级水平。当然,《等级标准》修订稿可能还有可商榷之处,也有待进一步完善。

就我个人看来,有两个问题还可研究。(1)各级标准的描述前面,最好加一句总的描述语,如一级为"标准的普通话",二级为"比较标准的普通话",三级为"合格的普通话"。这既能概括、形容各级的特征,又便于人们称说。用"标准的普通话"来概括、形容一级普通话,用"比较标准的普通话"来概括、形容二级普通话,我想这比较准确、贴切,不会有什么问题。至于用什么总描述语来概括、形容三级普通话,我考虑了很久,最早在《略论汉语口语的规范》一文中(1983),提出用"不很标准的普通话";在起草全国语言文字工作会议主题报告时(1985),提出用"一般的普通话";在《从我国语言实际出发研究社会语言学》一文中(1988),提出用"及格的普通话";后来又提出"不标准的普通话""不太标准的普通话""基本标准的普通话""大体标准的普通话""基本合格的普通话""地方普通话",等等。显然这些都不太合适,最后提出用"合格的普通话"来概括、形容第三级普通话。我想这可能比较合适。首先,它表明这一级是普通话,是基本标准的普通话;第二,在含义和意念上与"比较标准"的二级普通话有一定差别;第三,用"合格"这个词,跟这一级的总失分率不超过40%相对称,都表明是及格的。(2)在三级之外,似可增设一个预备级(至少地方性的普通话水平测试标准可以补充这一级),称为"不标准的普通话",具体描述是:"语音不标准,词汇不规范,语法不正确,语调不自然,言语不流畅,方言色彩较浓。"测试总失分率不超过50%。预备级可不再分等。这样做可以鼓励广大方言区的人学习普通话,保护更多人的积极性,有利于普通话的推广和普及。用"不标准的普通话"来概括、形容预备级似乎是合适的,这既说明它跟三级"合格的普通话"有差别,又表明不是方言,是脱离方言向普通话靠拢的过渡语,所以称之为普通话的预备级。这两点意见是我一贯的思想,从写作《略论汉语口语的规范》至今,多次表达过这两点想法。尽管过去的思考很不成熟,有的说法不太准确、恰当,但经过反思,仍然认为这两点意见还有合理、可取的地方,所以在修订《等级标准》和《普通话水平测试大纲》时,我又提出这两点意见。对于各级开头加一句概括、形容本级特征的总描述语问题,修订组的同志先都表示赞成,并在前几稿加上了。后来因为第三级的总描述语难定,经反复研究,多数同志认为各级都有具体的描述,各等又有更具体的描写,再加级的总描述语似无必要;而且总描述语不一定能够很好概括各级的具体特征。对增设预备级问题,多数同志不同意在全国性普通话水平测试等级标准中增设这一级,认为那还不是普通话,不属普通话水平测试的范围;如果全国性的等级标准增设预备级,等于降低普通话水平。少数服从多数,我没有坚持个人的意见。现在写出来,是想就教于更多同行朋友,听取更多的意见。

普通话水平测试等级标准制定以后. 接着就是如何实施的问题。实施普通话水平测试等级标准,是一项复杂、细致的工作,涉及的问题较多,需作专题研究。这里讨论几个具体问题。

首先,要正确对待等级标准,全面认识等级标准在现代汉语规范化和推广、普及普通话中的重要意义,在普通话测试和教学中认真加以贯彻、实施,充分发挥等级标准的作用,并在实践中很好地总结经验,不断使其完善。

第二,应该看到,等级标准虽然是科学、恒定、严谨的,要求是具体、明确的,但也有一定的模糊度;等级的差别不是绝对的,而是有一定的相对性。如一级乙等与二级甲等之差,或二级乙等与三级甲等之差,有时恐怕不大好分,所以在确定总失分率时,把二级甲等的总失分率规定为不超过 14%,只比一级乙等多 6%,而不是按三级平均级差规定为 15% 或 15.5%,多 7% 或 7.5%;把二级乙等的总失分率规定为 20%,比三级甲等少 10%。这虽是一分或几分之差,可隐含了一定的合理性,从而反映一定的相对性。因此在实际执行中要看具体情况,从宏观上加以把握,适当进行处理。

第三,《等级标准》是根据普通话标准和语言生活实际制定的,它是全国统一的,总的要求自然应当统一不变。但在具体实施时,各地可以考虑被测人的不同情况,因地区、民族、职业、年龄、方言、文化程度、学习普通话起点等的不同,制定某些补充规定,提出一些不同要求。如对难点音、语调、言语流畅、方言痕迹、语音缺陷,以及词汇、语法的评判,就有一定的主观性,处理时可以稍宽也可以稍严。掌握等级标准和规定达标标准也可以有些灵活性;原则上一级要严,三级可以稍宽。这既执行全国统一的标准,又面对实际,承认差别,并适当照顾差别,总体上有利于普通话的推广和普及。

第四,标准的内容是全面、完整的,包括语言诸要素和语调、言语表达。但实际上是以语音为主,而语音标准又比较具体、明确,因此实际掌握时,对语音要严一些,对词汇、语法可以稍宽一点儿。另外,在具体测试中,应当适当增加说话的比重,因为说是学习、掌握、运用普通话的基础,它最能反映普通话的实际水平。

第五,要根据等级标准,制定科学、具体、可行的普通话测试大纲,把等级标准的内容和规定具体反映出来,以确保等级标准的正确、有效地实施。关于制定普通话水平测试大纲的问题,本专栏另有专文阐明,这里不多赘述。在制定大纲的同时,还应当设计、拟订若干套试卷,建立有相当规模的题库。试卷的试题要精当,听、说、读、写的比重要合适,题量要适中,评分办法要科学,并尽可能采用电子计算机判题,以便节省人力和时间,同时保证判题的准确性。是否可以根据不同情况,如地区、民族、年龄、职业、文化程度等的不同,拟订一些不同的补充试卷,这还需研究。

第六,要配合等级标准和大纲,编写、出版规范、实用、高水平的普通话统一教材,以利普通话教学,提高普通话水平。各地还可根据不同需要,编写、出版辅助教材和地方性普通话教材。普通话教材要充分反映等级标准和大纲的内容。

第七,要加强普通话水平测试的研究。普通话测试是对应试人掌握和运用普通话的能力水平的测试和评估,并确定他所达到的普通话水平等级。这项工作重要而复杂,早就应当加强研究,并制定出有效的办法。由于认识和实际的原因,直到近些年测试工作才开展起来。而我国的语言、方言和语言生活十分复杂,过去在这方面又没有太多的经验可以借鉴,这就需要我们从理论和实际两方面进行很好地研究,以促进普通话水平测试实现科学化、规范化和标准化,同时使普通话水平测试等级标准更加合理和完善。

三

这一节算是"余论",主要讨论普通话的普及标准问题。《等级标准》的制定与实施,主要是为了促进普通话的推广和普及,可见这一问题与《等级标准》有关。但它又不是《等级标准》所必须讨论的问题,所以作为"余论"来谈。

普通话普及的标准是什么,也就是什么样的情况算是普通话普及了。这一问题前人谈到一些,但少有具体的论述,今天有必要进行讨论与研究。这对我们了解、评估我国语言生活状况,制定、实施语言政策,推广、普及普通话等,都有积极意义。现在发表笔者对这一问题的一些不成熟的意见,算是参加讨论吧。我以为,评判普通话是否普及,以及普及程度如何,应当从宏观和微观,也就是总体与具体两方面去看。宏观、总体方面,主要看普通话在全国或地区是否被普遍用作行政、立法部门的公务用语,学校、教育部门的教育、教学用语,广播、影视部门的传播用语,公共服务行业的基本服务用语和社会公共场合的主要交际用语。微观、具体方面,主要看全国或地区学龄和青壮年使用普通话的情况:这部分人当中有百分之六七十以上的人会说三级乙等以上的普通话,全国或某地区就算基本普及普通话;有百分之八十以上的人会说三级乙等以上的普通话,全国或某地区就算普及普通话。这个百分比看来不高,但从我国目前这方面的状况看,可能比较恰当,比较符合实际。随着我国文化、教育水平的进一步提高和普通话的逐渐普及,普通话普及标准还可提高,百分比还可调整。因为我国的语言、方言纷繁、复杂,各地的经济、文化、教育水平相差较大,城市、乡村的情况很不相同,行业、部门使用语言很不一致,在掌握普通话普及标准和百分比时,应当允许有一定的灵活性。就地区来说,普通话基础方言区——北方话地区普通话普及标准和百分比应当高一些,南方方言区,尤其是闽、粤方言区可以低一点儿。就城乡来说,城市普通话普及标准和百分比应当高一些,乡村可以低一点儿。就行业、部门来说,行政、立法、军队、公安部门,各类学校和教育部门,广播、影视部门,公共服务行业等普通话普及标准和百分比应当高一些,其他行业和部门可以低一点儿。因为普通话是全国通用的语言,宪法规定"国家推广全国通用的普通话",同时考虑少数民族发展的实际需要,对少数民族地区使用普通话应当鼓励并可以有所要求。但这种要求要适当,具体如何要求,需作专题研究。

最后应当说明,普及普通话是一项重要而艰巨的任务,全国上下需要做许许多多艰苦、细致的工作,包括大量的实际工作和诸多理论问题的总结和研究,才能在一个时期内逐渐完成这一历史任务。

参考文献

北京市语言学会普通话等级标准研究小组《普通话等级标准条例草案》，1982 年。

陈章太《略论汉语口语的规范》，载《中国语文》1983 年第 6 期。

全国语言文字工作会议秘书处《新时期的语言文字工作》，语文出版社，1987 年。

香港考试局《普通话水平测试简介》，1988 年。

香港普通话研习社，香港中国语文学会编辑、出版《普通话测试论文集》，1988 年。

刘英林主编《汉语水平考试研究》，现代出版社，1989 年。

国家对外汉语教学领导小组办公室汉语水平考试部《汉语水平考试大纲》，现代出版社，1990 年。

孙修章《"普通话水平测试标准"的研制与实践》，载《语言文字应用》1992 年第 1 期。

戴梅芳主编《普通话水平测试指南》，语文出版社，1993 年。

刘照雄主编《普通话水平测试大纲》，吉林人民出版社，1994 年。

张日昇等《普通话水平考试（PSK）的设计与实践》，中国应用语言学会第一届学术研讨会论文，1995 年。

颜逸明主编《普通话水平测试指要》，华东师范大学出版社，1995 年。

国家对外汉语教学领导小组办公室汉语水平考试部《汉语水平等级标准与语法等级大纲》，高等教育出版社，1996 年。

原载《语言文字应用》1997 年第 3 期

关于普通话水平测试的效度问题[*]

所谓效度是指测试的有效程度,也就是测试目的实现的程度。我今天讲的效度问题,不是统计学所说的效度,而是从应用语言学方面讨论普通话水平测试的效度及有关的问题,有些内容会涉及通常说的"信度",所以题目用了"关于"一词。从普通话水平测试说,关系和影响测试效度的指标,包括测试内容是否合适,试卷构成是否合理,各部分比重是否正确,测试选择是否精当,命题是否准确,测试方法是否科学,考试方式是否得当,水平分级是否合适,成绩评定是否公正,还应包括测试环境是否良好,测试员条件(水平、经验、态度等)是否合格,等等。综合检验各项指标才能判定某项测试效度的高低情况。效度虽然是测试结果的具体显示,但与它有关的指标、因素却反映于测试的全过程。

普通话水平测试是一种母语口语能力的评价,是目标参照考试,其效度是普通话水平测试科学化、规范化、标准化程度的具体体现。由于这项测试实行时间不长,经验不足,研究不够,应当说目前普通话水平测试的科学化、规范化、标准化程度还不够高,也就是说这项测试的效度还不很理想,需要进行更多更细的研究,才能逐渐使其提高和完善。现在讨论几个同普通话水平测试效度有关的问题。

---

* 本文是笔者在香港理工大学中文及双语学系一次学术报告会上所作的报告稿。

一　关于普通话水平等级标准

1994 年国家语言文字工作委员会、国家教育委员会和广播电影电视部联合发布的《关于开展普通话水平测试工作的决定》附件二《普通话水平测试等级标准》(试行),和 1997 年国家语言文字工作委员会颁布的《普通话水平测试等级标准》(试行)的规定,普通话水平分为三级,各级又分为甲、乙两等,合起来统称为三级六等。我理解一级为优秀,属标准的普通话;二级为良好,属比较标准的普通话;三级为及格,属合格的普通话。水平达到三级六等,就是普通话。三级六等的格局比较恰当,基本能够考出应试者的普通话水平。全国各地的普通话水平测试,几乎都依照这个标准。我一直认为,学习、掌握普通话主要是为了交际的需要,普通话水平测试是促使应试者掌握并提高普通话水平,从交际的角度和掌握普通话的角度说,只要人们说的不是方言或其他语言,而是普通话,哪怕是非标准的普通话,甚至是很不标准的普通话,只要勉强能够交际,就应当肯定、鼓励;实际上不可能也不必要求所有学习、使用普通话的人都说一口标准的普通话,非标准的普通话是社会上普遍、长期存在的语言现象。因此我一贯主张在确定普通话水平标准时,在遵照全国统一标准之下,应当允许各地有一定的灵活性,如在三级六等之外,可以设置预备级或入门水平。这个预备级或入门水平是准普通话,它已基本离开方言,逐渐进入普通话范畴,这既合乎语言生活实际,又有利于鼓励应试者学习、使用普通话的积极性。在香港,这个问题更为现实,更有实际意义。现在香港的学生和居民从需要出发,学习普通话的人越来越多,这是很好的现象。但普通话在香港离普及还比较远,大多数人听、说普通话还很困难,短期内一般人不容易说好普通话,应当充分肯定并鼓励他们的积极性。普通话水平分级是否恰当,是否合乎实际,直接影响普通话水平测试的效度,值得很好地重视与研究。

二　关于测试内容

如同其他语言一样,普通话包括语音、词汇、语法三个要素,普通话水平测试的内容应当是:基本音系,即以《汉语拼音方案》所标写的语音系统,包括22个声母、39个韵母、4个声调和400个基本音节;基本词汇,北方话地区普遍通行和全国大体通行的基本词汇和常用词汇,如果制定现代汉语通用词表,大体可收词语五六万条,其中使用频率最高的12000条词语至15000条词语是测试内容应当包括的基本词汇,规范性词典(如《现代汉语词典》)中那些使用频率较高的词语也是基本词汇;基本语法格式,即典范的现代白话文著作所使用的、在全国基本通行的一般语法格式。轻声、儿化部分应当减少到最小的程度,主要是有区别意义的那些词语,以及少数最常用的习惯性轻声、儿化词语,对轻声、儿化的发音要求也可适当放宽。至于变调,现在一般的普通话水平测试都有这项内容。我个人觉得似可简化这项内容,甚至不考这项,因为北京话的变调本身就不稳定,如过去"七""八"连读时是变调的,现在一般不变了,逐渐趋于简化;再说一般人说话哪有认真注意变调问题,实际上变调并不十分重要。关于语调、语气,现在的一般测试也都包括这些内容,这是评测普通话水平的指标,但语调、语气很活,一般应试人不易掌握,测试员也不好把握,而且语调、语气影响交际不太大,人们说普通话时常会把语调、语气自然表达出来,似乎可以不把语调、语气作为测试指标。这个问题应当很好地研究、讨论。我以为当务之急是要制定更加科学、规范的普通话通用词表和基本词汇标准以及基本语法标准。关于轻声、儿化的问题,另一次讲座再进一步讨论。

三　关于试卷构成

现在的普通话水平测试,一般试卷由读单音节词和双音节词、朗读短文、判断词语和语法、说话、会话等几部分构成,个别地方的测试有听力的部分。我觉得,从普通话测试的目的出发,主要应考技能,也就是普通话口语表达能力,试卷构成应当以说话、会话为主,这部分所占的比重要大一些。读单音节、双音节词及朗读、判断是技能的基础,如果说话能力比较强,这些基础知识会自然融合进去,所以这些基础知识在试卷中不必占太多比重。尤其是北方话地区,这些基本知识较易掌握,测试时更可以减少比重。南方方言区,特别是粤、闽方言区的人,掌握这些知识对提高普通话说话能力还是有用的,在试卷构成中这些基础知识需要占一定比重。听力对母语水平测试不很重要,尤其是内地,广播、电视、电影绝大多数用普通话播音,学校教学大多也用普通话,即使是偏僻地区,一般人听普通话的机会也比较多,聆听普通话对内地多数人来说问题不太大,所以全国性普通话水平测试大纲没有这项内容。但聆听普通话对有些方言区的人还是有一定困难,对香港一般居民来说困难可能更大一些,所以香港的普通话水平测试有的有这项指标,这是必要的,但在试卷中占多大比重合适,需要很好地研究、试验,我觉得也不宜占太大比重。

目前一般普通话水平测试大致还没有离开以掌握知识为主的思路,这跟过去的语文教学与语文考试有关,对培养能力重视不够。至于各部分测试的选样,从数量到样例都得进行详细的研究与多次检验,才能达到可靠、有效。如读单音节词为什么选 100 个,样词为什么选这些,还有双音节词、短文、词语、话题等选样,现在的一般测试对此都研究、论证、检验不够,这都关系到测试的效度。学习、掌握普通话主要是为了交际,因此应当更加重视培训、测试普通话的表达能力,我们能不能改变一下思路,多从语言功能考虑,摸索一套更加适合实际需要更加有效的培训、测试办法。

四　关于测试方法

现在的普通话水平测试,大部分采用口试的方法,只有词语选择、判断部分用笔试。口试能够直接检测应试者的普通话表达能力,这种方法是适合、有效的。但口试有两大缺点:(1)有一定的主观性,很难做到客观、公正,特别是对那些不太具体、明确的问题,如语音缺陷、语音失误、语调语气等,评判标准可能不一。有时因测试员的不同,对同一应试人的测试情况的评价也有所不同,这是常常发生的。去年在王潮杯全国普通话竞赛的决赛中,我们几位评审人对参赛者的普通话水平,评判结果就有一些差别,有的差别还比较大,经过评审组的集体讨论和反复比较、研究,最后才评出了获奖者的名次,做到公正、合理。(2)口试只能当面进行,应试者一个人,测试员一般两位以上,而评判暂时还无法使用电脑,这种方法实在费时费力费钱,需要很好地改进,主要是加强考试的标准化,尽量使用电脑评判,提高测试员水平。内地有人正加紧研制适用语言测试的电脑软件,有一定效果,但不大理想,有些难题还没有解决。看来这是改进普通话水平测试方法、提高普通话水平测试效度的一条途径。

五　关于测试形式

普通话是一个完整的统一体系,普通话水平测试形式应当是统一性和灵活性相结合,全国性的普通话水平测试应当是统一标准,统一命题,统一测试,统一评卷,统一发证,但应当允许并给予地方性的普通话水平测试有一定的灵活性,在标准、命题、选样、测试形式等方面给予一些灵活性。内地目前的普通话水平测试基本上是这样做的,效果大体是好的。但如何处理好统一性和灵活性,给地方的灵活度多大,各方言区各地区是否有所不同,还有一些问题要研究。有时灵活性大了,或是测试形式不同,对标准掌握、等级评定的宽严度相差较大,有欠公正、合理,这会影响测试效度。

香港的普通话教学和普通话水平测试,近年来蓬勃发展,有些测试形式有所不同,这是很好的现象,可以相互促进。如理工大学把普通话作为正式课程,还从实际出发研制"香港普通话水平考试(PSK)"大纲,并积极建设题库,校方还决定:全校各专业学生毕业离校前必须接受普通话水平测试,这就很有特色,也有较好的效果,对提高学生的普通话水平,促进普通话推广和普及无疑将起积极的作用。测试的不统一和测试形式的不同,是不是也会有些负面作用,对普通话水平测试的权威性会不会有所影响,香港的普通话水平测试有无加强统一性和一致性的必要,能不能从香港的语言生活和社会需要的实际出发,制定出适合香港实际的普通话水平测试规划,逐渐实行统一标准,统一命题,统一测试,统一评级,统一发证;同时在统一测试下,给予有关部门、学校一定的灵活性。香港的普通话水平测试是分散好,还是统一好,还是既统一又有一定分散,需要实践和研究,并且做许多实际工作。在这方面我缺乏实践和研究,只是讲点儿想法,供香港的朋友们参考。

六　关于测试员条件

测试员的素质和水平同普通话水平测试效度也有密切关系,在相当大的程度上决定测试的成功或失败。在目前普通话水平测试的科学化、规范化、标准化程度还不太高,测试的主观性还比较大的情况下,测试员的条件就显得更为重要。应当尽快建设一支高素质的测试员队伍,主要是选拔这方面的优秀人才,他们应当是品格优秀,有较好的语言学基础,知识面较宽,普通话水平较高,审音辨音能力和语言敏感力较强,应变能力较好,在此基础上,再对他们进行专业知识能力和考试技巧等的培训,严格加以考核,让他们具有较强的测试能力,并对他们进行后续培训,补充他们所需的知识和能力,还要制定一套科学的测试员管理办法。测试员的培养与测试员队伍建设对香港来说更为重要和紧迫。

从以上所讲,可以归纳出几个主要观点:

1. 普通话水平测试是一种母语口语能力目标参照考试,测试的目的是评价应试人的普通话表达能力和实际水平,进而促使人们提高普通话交际能力,因此要特别重视普通话能力的测试,增加说话、会话的测试比重。甚或可以考虑只测试说话、会话,把基本音系、基本词汇和基本语法部分融入普通话说话能力的测试之中。

2. 为提高普通话水平测试的效度,测试应当加强统一性,增强可比性;同时要从实际出发,适应社会实际需要,讲求实效,增强实用性和合理性。具体测试要严谨、简便,有较好的可操作性和透明度。

3. 香港的普通话事业正在发展,学习和使用普通话的人越来越多,这是可喜的现象。但香港要普及普通话还相当艰巨,任重而道远!在实行"一国两制"当中,应当加大推普力度,以适应香港社会、经济、政治、文教、科技发展的需要。加强普通话水平测试的科学化、规范化、标准化,提高普通话水平测试的权威性,是加大香港推普力度的有效办法之一,具有重要的意义。这要顺乎自然,因势利导,做许多研究、试验和实际工作,并且长期坚持下去,才能奏效。

原载香港《中国语文测试》2002 年第 1 期

论汉字简化[*]

　　汉字的历史，如果从殷商时代算起，距今已有 3000 多年了。在这个漫长的时期里，汉字一直处于变动与相对稳定之中。汉字的演变，就其形体来说，有简化也有繁化，但主要还是简化，这是汉字形体变化的基本趋势。另一方面，为了使汉字便于掌握和应用，人们对汉字不断进行整理和简化。尤其是近几十年来，中国对现行汉字进行了有计划的简化，在这方面做了许多工作，取得较大的实效，也存在一些问题。对中国的汉字简化怎样认识，对未来汉字简化如何看待，这是使用汉字的国家和地区的语文工作者和社会上许多人共同关心的问题。本文拟对这些问题发表个人的意见，以就教于同道。本文所说的"汉字简化"是狭义的，具体指对汉字形体的简化，主要是精简汉字的笔画，不包括广义汉字简化中的异体字、生僻字以及字形、部件的整理和汉字字量的限制与减少。但是在行文时会涉及广义汉字简化的某些内容。

一

　　先简要谈谈中国汉字简化的情况。

　　中国的汉字简化早已有之，甲骨文、金文有简体字，小篆有简体字，

---

　　* 本文提交 1991 年 10 月在韩国汉城举行的"东亚语文政策国际学术研讨会"，并在会上报告。

隶书、楷书的简体字更多。唐宋以后,简体字逐渐由手写扩大到印刷,数量也随着大大增加。到了近代,太平天国将简体字应用于行政、文书及其他方面,连玉玺也使用简体字。

进入 20 世纪以来,不仅社会上出现更多的简体字,还有一些有识之士研究简体字,并提出各种汉字简化方案。最有影响的是 1921 年陆费逵发表的论文《整理汉字的意见》,1922 年钱玄同在国语统一筹备委员会提出的《减省现行汉字的笔画案》。前者提出了整理汉字的办法:限定通俗用字,减少汉字笔画;后者主张把简体字广泛应用于一切正规的书面语,实际上是号召把简体字作为运动来推行。这之后,陆续整理并出版了一批简体字专书,如《宋元以来俗字谱》(1930),《国音常用字汇》(1932),《简字标准字表》(1934),《简体字谱》(1935),《简体字典》(1936),《常用简字表》(1936),《简体字表》(1937)。这些专书收简体字大多在 2000~3000 字,最多的有 4000 多字。1935 年,民国政府教育部在总结、吸收过去简体字的基础上,正式公布了《第一批简体字表》,收字 324 个。这个字表因遭到一些人的激烈攻击,1936 年民国政府又下令收回。这个简体字表虽然短命,但对社会上应用、流行简体字还是有一定影响的。从过去有关的情况看,简体字比较简便好用,所以生命力很强,它不仅在随便的场合使用,在庄重的场合也使用,有些字书还收有不少的简体字。

中华人民共和国成立以后,对汉字进行了有计划的简化,并使简化字成为合法的规范字。1951 年公布《第一批简体字表》,收字 555 个。在此基础上,经反复讨论、研究和修订,1955 年提出并公布《汉字简化方案(草案)》,收简化字 798 个。"草案"最后经汉字简化方案审定委员会和全国文字改革会议慎重讨论、认真修订,并经国务院全体会议第二十三次会议讨论通过,定名为《汉字简化方案》于 1956 年正式公布。"方案"第一表收可以正式应用的简化字 230 个,第二表收先试用后修正推行的简化字 285 个,第三表收先试用后修正推行的 54 个可以类推的简化偏旁。1964 年,中国文字改革委员会根据国务院的有关指示,编辑出版了《简化字总表》,包括偏旁类推简化字在内,共收简化字 2238 个,其中"签""须"两字重见,实际收简化字 2236 个。1977 年在"文化大革命"的特定历史条件下,匆促公布了《第二次汉字简化方案(草案)》,收整体简化字 462 个,连同偏旁类推简化字,共 853 个。因"草案"很不成熟,问题较多,群众意见较大,先是在中小学课本中停止使用,后又于 1986 年经国务院批准正式废止。1986 年在废止《第二次汉字简化方案(草案)》的同时,重新发表《简化字总表》,并对原"总表"的个别字作了调整。至此,中国正式的汉字简化实际上暂告一段落。但是,汉字的简化民间仍在继续,不仅已废止的《第二次汉字简化方案(草案)》中的一些字有些人继续使用,社会上还不断造出新的简体字。

当今中国,简化字是法定的规范字,已广泛应用于行政、文书、新闻、出版、教育、影视、计算机等方面,掌握和使用简化字的人占识字人的绝大多数,达数亿人之众,这是不能忽视和无可改变的事实。中国的简化汉字还被有些国家所采用,成为这些国家华文教育的规范用字,世界汉语教学中,大多也把简化汉字作为规范字。

二

中国进行汉字简化有许多原因,我以为主要有以下几点。

(一)汉字繁难,不利于人们的学习和应用,这是汉字简化最根本的原因。汉字的繁难主要表现在字数多、笔画繁、结构复杂。根据一些字书的收字和一些重要文献的用字统计,先秦用字总量 7000 左右(实际字数可能要多一些),常用字占其中的一半,以后每年大体平均增加

20～30 字,到现在,汉字总数大概已达 60000 左右,其中通用字 7000 左右,常用字 3500 左右。这样的字数实在是太多了!笔画繁多也相当突出。根据《经籍籑诂》和《大汉和辞典》等字书收字的笔画统计,属 7 画到 18 画的字最多,约占各时期总字数的 80% 左右,而平均笔画大体是 12 画。《大汉和辞典》所收 50000 来字当中,20 画以上的字有 7000 多个,30 画以上的字有 200 多个。至于部件结构,据对《辞海》的 15000 多字的分析统计,共有部件 700 多个。有的对《辞源》的 9000 多字进行分析,归纳出部首和偏旁 1200 多个。用这么多部件组成的汉字,其结构怎么能不复杂呢?

汉字的繁难对人们学习和运用汉字确实造成了不小的困难,人们不能不对它进行必要的简化。

(二)为了扫除文盲和普及教育。中国长期处于封建社会,清末以来又沦为半封建半殖民地社会。在这样的社会里,广大群众很少有受教育的机会,社会上文盲众多,数以亿计,到 40 年代末期,文盲占全国同年龄段总人数的 80% 以上。这种状况严重地妨碍着人民素质的提高,影响了国家的发展和社会的进步。因此当时社会上一些有识之士和统治阶级开明派就曾积极主张简化汉字,以利于普及教育,提高文化,开发民智,增强国力。

中华人民共和国成立时,国家统一,百废待兴,最重要的是充分发挥人民大众的作用。然而全国有 80% 以上的人是文盲,他们的作用必然受到局限。为了逐渐解决这个问题,必须进行大规模的扫盲,同时大力普及教育,而简化字确实有利于这些工作,因此,50 年代时中国掀起了汉字简化高潮,研制并公布了《汉字简化方案》,60 年代上半期又编辑、出版《简化字总表》。即使是 1977 年匆促公布《第二次汉字简化方案(草案)》,主要目的也是这个,只不过急于求成,违反规律,效果不好,不得不告终。

（三）同政治变革和社会进步紧密结合。这种情况明显地表现在三个时期。（1）太平天国时期。太平天国是中国历史上一次重要的农民革命运动，它对政治、社会、文化实行一系列重大改革，对汉字也进行简化，并第一次使简体字取得合法地位。（2）从清末到民国时期。这个时期的汉字简化，同资产阶级民主主义革命相结合，同辛亥革命、五四运动和抗日救亡运动相结合，是这个时期政治革新和社会进步的产物。（3）中华人民共和国成立后时期。这一时期的汉字简化，同一系列政治改革和社会革新有密切关系，是为政治改革和社会革新服务的。这是因为政治改革和社会革新必然导致文化革新，而汉字简化是文化革新的一项内容。

（四）跟文字改革运动有密切关系。从清末以来，中国逐渐兴起文字改革运动。中国的文字改革，是要使文字更加简便，以利人们掌握和应用，其方向是想实行文字拼音化。而完成这项任务是长期、复杂的。为了便于学习和应用，汉字要先简化。1922 年钱玄同在《减省现行汉字的笔画案》中说："文字本是一种工具，工具应该以适用与否为优劣之标准。""改用拼音是治本的办法，减省现行汉字笔画是治标的办法……治标的办法实是目前最切要的办法。"1955 年 4 月，吴玉章在全国政协报告会上作题为《关于汉字简化问题》的报告时指出："在汉字拼音化以前，首先适当地整理和简化现在的汉字，使它尽可能减少在教学、阅读、书写和使用上的困难，就有迫切的需要。汉字的简化是汉字改革的第一步。"中国在 50 年代确定的文字改革三项任务，第一项就是简化汉字。

此外，宋元以来的话本、小说以及后来的地方曲艺等俗文学的产生与发展，也是社会上大量出现简体字的原因。现代科技的发达，特别是计算机的普及应用，也促使现代汉字进行必要的简化。

三

　　凡是使用汉字的国家和地区,在进行汉字简化时,都必须确立一定的原则和方法。中国 50 年代的汉字简化,总原则是"约定俗成,稳步前进"。这就是在过去汉字简化的基础上进行简化,首先整理、研究和肯定长期在群众中流行的、已经社会化了的简体字,只作必要的修改和补充;简体字的选定以最常用的字为限,不是每一个繁难的字都简化;所需要简化的字分期分批进行,不一次解决,也不一次推行。这样做既符合社会需要,又有群众基础;既便利初学者的学习,又照顾已识字人的习惯,有利于简化字的顺利推行。

　　这个时期中国汉字简化的方法,可以归纳为省略、改形、代替、新造四大类,具体有以下几种主要方法。

　　(一)保留原字轮廓。如:"慮"作"虑","蓋"作"盖","傘"作"伞","樹"作"树","齊"作"齐","竄"作"窜","齒"作"齿","龜"作"龟"等。

　　(二)保留原字的特征部分。如"聲"作"声","開"作"开","醫"作"医","糴"作"籴","麼"作"么","瘧"作"疟","寧"作"宁","遲"作"迟"等。

　　(三)改换形声字较复杂的声符或形符。如"殲"作"歼","劇"作"剧","彌"作"弥","擁"作"拥","億"作"亿","癢"作"痒","骯"作"肮","鹼"作"硷"等。

　　(四)改非形声字为形声字。如"態"作"态","郵"作"邮","審"作"审"等。

　　(五)同音代替。如"丑"代"醜","里"代"裏","台"代"臺","千"代"韆","困"代"睏","谷"代"穀","冬"代"鼕","出"代"齣"等。

（六）草书楷化。如"頭"作"头"，"東"作"东"，"書"作"书"，"馬"作"马"，"專"作"专"，"農"作"农"，"爲"作"为"，"韋"作"韦"，"會"作"会"等。

（七）改复杂偏旁为简单的象征符号。如"僅"作"仅"，"漢"作"汉"，"勸"作"劝"，"鷄"作"鸡"，"戲"作"戏"，"鄧"作"邓"，"學"作"学"，"與"作"兴"等。

（八）新造会意字。如"塵"作"尘"，"寶"作"宝"，"滅"作"灭"，"叢"作"丛"，"體"作"体"，"竈"作"灶"等。

（九）符号代替。如"义"代"義"，"币"代"幣"，"办"代"辦"，"枣"代"棗"。

（十）借用古字。如"云"代"雲"，"从"代"從"，"电"代"電"，"万"代"萬"，"胡"代"鬍"，"须"代"鬚"，"礼"代"禮"，"尔"代"爾"，"才"代"纔"等。

这些汉字简化的原则和方法不是凭空想出来的，而是在研究、总结前人简化汉字的做法和经验的基础上提出来的。1992 年钱玄同在国语统一筹备委员会提出《减省现行汉字的笔画案》中就明确指出："现在减省汉字笔画，应该根据现在通行于民众社会的简体字。"又说："自古以来，早有假借一书，凡同音的字彼此都可通用。"他还分析、归纳了历史上简体字的构成方式，共有八种：（1）全体删减，粗具框廓；（2）采用草书；（3）仅写原字的一部分；（4）原字的一部分用很简单的几笔替代；（5）采用古体；（6）音符改少笔画；（7）别造简体；（8）假借他字。这些过去简化汉字的原则和方法都被现在所吸收了，只不过现在的原则和方法比过去略为完善一些罢了。

四

《汉字简化方案》的制定和推行，以及《简化字总表》的编印和使用的事实证明,上述中国确定的简化汉字的原则是正确的,也是符合实际的,对汉字简化方法的运用基本上是恰当的,所以那一时期的汉字简化取得了较好的效果。

(一)减少了人们学习和使用汉字的困难,这是最大的效果。《汉字简化方案》中所收的 515 个字,多数是宋元以来长期在社会上流行的简体字,人们比较熟悉。这批字加上《简化字总表》收取的经过偏旁类推的简化字,简化字总数达到 2236 个,占现行汉字中 3500 个常用字的一大半。至于笔画,515 个字简化前每字笔画平均 16.08 画,简化后每字平均 8.16 画,减少了一半左右的笔画。这就大大缓和了汉字繁难与学习、使用的矛盾,减轻了初学汉字和使用汉字者的负担,节省了人们的许多时间和精力。

(二)在扫除文盲中充分发挥作用。到 20 世纪 40 年代末,中国的文盲人数约占全国同年龄段总人数的 80% 以上,这对中国建设和发展极为不利,因此从 50 年代到 60 年代,中国多次开展扫盲运动。扫盲中最重要的是解决识字问题,而汉字简化在一定程度上减少了汉字的繁难,对识字教学有帮助。有人在一些地方的扫盲班同时用简化字和繁体字进行扫盲试验,结果是用简化字扫盲比用繁体字扫盲效率高 20% 左右。事实证明,简化字在扫盲识字教学中很受教师和学员的欢迎,发挥了积极的作用。

(三)有利于普及教育。由于各种原因,中国的教育长期处于落后状况,儿童失学率很高,人才严重不足,影响国家发展和社会进步,因此普及教育、加快发展教育事业便成为中国 50 年代及以后的紧迫任务。普及教育,以识字教学为核心的语文教学是其重要内容。识字教学要求汉字结构简易化、部件规范化,简化字比繁体字更适合这样的要求,尤其是在书写方面更具优越性,因此简化字在普及教育中发挥了不小的作用。有些科研人员对小学语文教学的试验研究表明,在识字教学中,简化字比繁体字的效率要高 15% 左右,而在书写方面则高出 40% 以上。

(四)对现代科学技术的发展也有帮助。现代科技的发展以计算机为中心,计算机中的文字信息处理是重要的问题。《汉字简化方案》和《简化字总表》的公布和印行,对计算机用字的规范化、标准化,以及汉字编码输入输出、汉字自动识别等都有重要的意义,这已为中文信息处理学界所公认。

此外,汉字简化也为排版印刷、汉字机械处理等创造了便利条件。

当然,汉字简化也有"失"和"弊"的一面,这主要表现在:

(一)在一定程度上增加了某些学习者的负担。一批汉字简化之后,成为法定的规范字,但原来的繁体字有时还要使用,无法废止,这实际上增加了汉字的数量。有些人为了某种需要,往往在学习了简化字之后还要认识一些繁体字,如果不认识繁体字,阅读古籍以及其他用繁体字印刷的读物会有一些困难,这自然增加了学习上的某些负担。

(二)有些字简化得不太合适,造成认读和书写的某些困难。有些简化字容易跟相近形体的字混淆(特别是手写体),造成认读和识别的困难,如"儿—几,风—凤,没—设,治—冶,沂—诉,沧—沧,伦—伧,抢—抢"等。有些字失去汉字形体匀称的特点,字形欠佳,缺乏美感,如"厂、广、产、严、飞、习、亏"等。有些字形体上跟未简化的字相同,而音义有别,容易造成混乱,如"树叶(葉)"的"叶"和"叶韵"的"叶","后(後)面"的"后"和"皇后"的"后","剩余(餘)"的"余"和"余(我)"的"余"等。还有一些字不合原汉字的体系,学习时无法联想类推,只能死记,也给学习者带来某些不便。尤其是一些用符号简化的字,其字形同原体系离得更远,无音义可循,学起来费劲,如"对、邓、戏、鸡、劝、难、欢、汉、仅、叹、权"等。

(三)简化字数较多,而注意汉字规范化不够,一定程度上造成社会用字混乱。特别是《第二次汉字简化方案(草案)》公布以后,有些人误以为汉字可以随便简、随便写,于是社会上用字混乱现象日趋严重,不规范的简体字、错别字到处可见。当然,造成社会用字混乱的原因很多,主要原因也不是汉字简化,只是说这跟汉字简化时注意整体化、规范化不够有些关系。

尽管汉字简化的这些"失"和"弊"同"得"和"利"相比是次要的,但也应该很好地研究、认真地对待。

汉字简化工作和汉字简化方法也存在一些问题,最主要的是:

(一)指导思想上有急于求成的成分,对"稳步前进"的原则贯彻得不够坚决,所以简化的字数较多,对汉字简化的整体研究不够,尤其是匆促公布很不成熟的《第二次汉字简化方案(草案)》,造成重大的失误。

(二)过分考虑精简笔画数,因此对有些汉字简化方法运用得不够适当,如同音代替、草书楷化、符号代替用得过多,结果有些字简化得不太好。

(三)简化了一些不该简化的或可简化可不简化的字,而有些使用频率高笔画繁的常用字却没有简化。

还有其他一些问题,如简化后多出不必要的部件,增加汉字结构的复杂性,有的新部件不便称说等。对待这些问题必须实事求是,既要认真总结,也不可过分夸大。

从以上的情况看,汉字既不断发生变化又保持相对的稳定,汉字简化及其他汉字规范化、标准化工作,都必须遵循"约定俗成,稳步前进"的方针,切不可急于求成,匆促从事,这样才能取得良好的效果。

五

中国汉字简化的未来情形将会是怎样?

从汉字形体演变的基本趋势和长期以来社会上不断自发简化汉字

的情况看,中国现行的汉字形体还会继续发生简化。但从过去自觉进行汉字简化的正常情况和社会某些需要看,今后行政上对汉字简化必将极为谨慎,使现行汉字的形体在一个时期内保持相对的稳定。1986年1月在北京召开的中国"全国语言文字工作会议"明确宣布:从长远看汉字不能不简化,但今后对于汉字的简化,应持谨慎的态度,在一个时期内使现行汉字的形体保持相对的稳定,以利社会应用。1986年6月24日,中国国务院在批转废止《第二次汉字简化方案(草案)》的有关报告时也指出:"今后,对汉字的简化应持谨慎的态度,使汉字的形体在一个时期内保持相对稳定,以利于社会应用。"

　　这样说并不是说今后不再简化汉字了,汉字不再简化是不可能的。因为:(1)中国已公布的《汉字简化方案》和编印的《简化字总表》中少数字简化得不太合适,经过一个时期的使用,证明需要修改。过去汉字简化中还留有一些"尾巴",如《简化字总表》中的一些字只简化了整个字的偏旁部分,而没有简化这些字的其他繁难部分,这一工作需要"收尾"。已废止的《第二次汉字简化方案(草案)》中的有些简化字还是不错的,很受群众欢迎,至今还在社会上继续流行,这些字应该适当加以承认。这两件未了的事,不能永远搁着不管,而应该在适当的时候加以解决。(2)现行汉字中还有一些使用频率高笔画繁的字没有简化,这不符合社会和科技的实际需要。如中国国家标准《信息交换用汉字编码字符集·基本集》收入的6763个通用汉字中,就有138个字因结构、笔画繁难而不能在15×16的点阵字形中使用,如"量、膏、酬、蠢"等,信息处理学界对这些字不得不强行压缩笔画。这些压缩笔画的字属于不规范字,总要妥善处理。(3)人们自发简化的字,少数简化得合理并已约定俗成和社会化了的,经过认真研究后,应当在适当的时候予以肯定。

　　不过,可以预料,未来较长时期内,中国现行汉字的形体必将保持相对的稳定。汉字简化一定不会太快太多,已有的简化汉字在适当的时候经过一次谨慎、认真的修订和少量补充之后,将会稳定下来,中国的汉字简化也将告一段落。

汉字简化实际上不只是中国的事,凡使用汉字的国家和地区都存在这个问题,只是情况不完全相同罢了。为了合理有效地简化、规范现行汉字,必须切实加强国际合作。希望使用汉字的国家和地区在这个问题上能够很好地交流意见,加强合作,共同研究,努力寻求多一些统一,少一点儿分歧,这样才能使汉字更加适应现代社会和现代科技发展的需要。

六

几点主要结论。

1. 中国的汉字简化有其长远的历史,也是社会发展和科技发达的实际需要,而不是由谁主观、人为地搞起来的。简化汉字在中国已经广泛应用于各个方面,并且为一些国家所采用,使用者已达数亿之众,这是不能忽视和无可改变的事实。

2. 中国的汉字简化在总体上是正确的,但在具体工作中有缺点有问题;实际效果是较好的,但有某些副作用。对汉字简化中存在的问题应当认真对待,但不能过分夸大。

3. 中国的汉字不可能不再简化,但今后的汉字简化必须极其谨慎,不能常简多简。在今后相当长的时期内,汉字的形体必须保持相对的稳定,以利各方面应用。

4. 汉字简化不只是中国的事,今后的汉字简化必须充分考虑国际合作。希望使用汉字的国家和地区,在汉字简化和规范的问题上,今后能够很好地交流意见,加强合作,以利各有关国家和地区对汉字的使用。

原载《语言文字应用》1992 年第 2 期

"注音识字、提前读写"大有可为 [*]

　　现在世界上发达或比较发达的国家和地区,教育变化发展很快,往往是走在社会前面的,因为教育不先走一步,人才培养不出来,或是人才成长不理想,就会影响社会各方面的发展。在具体做法上,教育主要是紧紧围绕着信息化和"知识爆炸"这样一个特点来考虑的,这值得我们重视。从这里来看我们国家的教学情况,并且研究"注音识字、提前读写"教学实验的意义,这是有必要的。中国历史很长,文化悠久,传统的教育体制、教学方法有相当牢固的基础。这有好的一面,但是也不可否认,确实存在着很大的局限性,所以我们要大力改革教育、发展教育。尽管我们这些年来在教学上花了很大力气,进行了各种改革,但总的来看,进展并不理想。从语文教学来说,传统的教学方法是多读多写多练,小学以识字为主,先识字后读书再写作,延续了上千年的时间。我们过去的私塾老师教学生背书,用死记硬背的这套办法,当然不是说对孩子一点用处也没有,如果是这样看法,那就太绝对了。事实上还是起了一定的作用,今天有时还是需要的。但是,这套封闭式的教学方法确实给我们现在造成了很多问题。现在可以说是人才辈出,但是跟国家的发展还是不相适应,所以中央非常着急,一再强调教育的重要性,十分重视教育改革。但是由于各方面的原因,教育改革始终奏效不大,语文教学的改革也是非常困难的。过去一些改革虽然在不同程度上取

---

　　* 这是 1985 年 11 月笔者在山西省"注音识字、提前读写"教学实验研讨会上的报告。

得了一些成绩,包括识字教学、写作教学、阅读指导等等各方面的改革,但是并没有从根本上发生变化。小学语文教学使用的时间最多但效果不大好,这种状况延续的时间最长,所以引起社会各界人士的关注。我们用了很长时间教孩子认字,耽误了不少时间,影响了孩子的智力发展。六七岁的孩子,什么话都会说了,语言能力已经很强了,智力也相当发展了,然而,踏进校门还得一个字一个字地去认读,完全脱离实际。可是没有其他方法,你不这样教,孩子们就掌握不了文化。

"注音识字、提前读写"这个实验改变了传统的教学方法,正好,翻了一个个儿,先读书后识字再写作,或者是边读书边识字边写作。这个变化非常大!这种变化正在发展,因为它还不完善。这对传统的教学方法来说,有不小的改革,这种改革是有很大的说服力的。可以说"注音识字、提前读写"这个实验,是符合世界发达国家教育改革的精神,包括教学方法改革的趋向的,比较符合社会发展的客观需要。这项改革,除了对开发小学生的智力,发展他们的思维,提高他们的能力有积极作用以外,我觉得还有几点需要很好地认识。第一点,就是对传统的小学语文教学进行重大改革,这是最直接的。对这一点,大家都经历过,都有深刻体会,不必多讲了。第二点,促进中、小学其他各科乃至整个教学体系的改革。这方面现在刚刚起步,效果还不明显。比如说语文教学改革以后,自然地要触及数学和其他学科怎么改的问题。过去语文是拖了数学和其他学科的后腿;学生语文程度低,必然影响算术等水平的提高。现在学生提前识字、阅读、写作,语文水平提高了,智力也发展了,这就促进其他学科也要积极进行改革。这种改革一定会影响到中学,可能还会涉及整个教学体制的改革,包括学制、教学思想等等。近来有的地方已经在考虑这个问题。第三点,有利于现代人才的培养。现代社会发展很快,科学技术发展很快,知识的更新也很快。为适应现代社会需要的现代人才,应当具有知识广博,思维发达,思想敏锐,应变能力强等特点。因为现代社会对人才的要求是多方面的,一个专门人才,要有多学科的知识和能力,要能进行综合的研究。没有这样一个条件,就不能适应社会发展的需要。我们的"注音识字、提前读写"实验,在发展学生智力,增长学生知识,培养学生能力等方面都取得了显著的效果,对于培养现代人才,确实是非常有利的。第四点,对于提高全民族的文化科学水平,促进现代化建设,也有重要的意义。我们几次讨论这个问题,普遍认为这项实验对提高全民族的科学文化水平可以起积极的作用,当然这要通过一件一件事情来实现,有好多工作我们现在还没有做到。这项实验不管从哪方面来说,都符合邓小平同志提出的关于教育三个面向的要求。所以有的同志提得很高,比如在这次全国的"注音识字、提前读写"实验座谈会上,周有光先生说:"这项实验将会把我们带入 21 世纪",也就是为我们国家的现代化创造有利的条件。对于实验本身,我们不能仅仅把它看作只是小学语文教学的改革,要看得更广、更远、更深一些,这样才能把实验搞得更好。

再谈这项实验的指导思想和应当遵循的原则。总的来说,实验应当遵循积极而稳妥的方针。也就是态度上要积极,做法上要稳妥。因为实验确实有重要的作用,有深远的意义,当然我们要积极支持,积极参加,积极实践。但是实验毕竟是实验,而且时间还不太长,黑龙江仅有三年,而全国不少地区才一年到两年,可以说绝大部分地方的实验还没有一轮完整的经验,所以现在还限制在实验阶段,还不能全面推广。这样做,除了实验本身还不够完善,需要进一步提高以外,还鉴于我们过去吃了许多一哄而起一哄而散的苦头,所以在全国的会议上,柳斌同志代表教育委员会作了重要讲话,提出八个字:坚持、完善、扩大、提高。这是实验的指导思想和总原则,应当很好贯彻。我们完全赞成国家教委的意见,认为实验要脚踏实地地扎扎实实地搞,一定要讲求实效,不做表面文章,而且要不断地进行总结、研究,特别要多发现问题,并及时加以改进,使实验不断完善。还应当坚持实事求是的态度,从各地区、各部门的实际出发,从各学校的实际出发。我看了这次会议的材料,好多县的实验都是这么做的,这很好。你们并不是把黑龙江的做法生硬地搬过来用,大部分省、市确实是从本地区本学校的情况考虑。这包括各种条件,如领导思想,师资准备,学生条件,家长态度等等,各种条件都要考虑到。实验一定要实事求是,包括一系列的具体做法,也要遵循从实际出发的原则,这样才能真正取得实效。

　　下面谈谈在实验过程中应当处理好的几对关系。第一对关系是语文科的改革与其他各科改革的关系,特别是与数学课改革的关系。最重要的是要设法使各科的改革同步进行,互相促进。北京、上海已经在考虑这个问题,只有这样,才能全面地提高小学教学的水平。第二对关系是"注音识字、提前读写"的教学方法与传统的教学方法以及其他有关教学方法的关系。前面我讲了,传统的教学方法有某些局限性,但是也有一定的科学性,有可继承和发扬的地方。那么怎样把"注音识字"的教学方法跟传统的或其他的一些方法结合起来,吸收有用的成分,这是值得很好地研究的。现在有些地方在这方面处理得不错。我看了这里的一些材料,觉得这里的一些处理方法也很不错。我们现行的小学语文教材,体现一部分传统的教学方法,有些地方搞实验把这套教材全部撇开了,结果遇到一些新的问题,正如我们这次会上提出的考试、升级一类的问题。有的地方把传统的教材、教法与实验的方法结合起来,尽量设法把它们糅合在一块儿,这也有可取之处,比如万荣。这项实验在指导识字、阅读、写作的同时,怎么把过去在识字、阅读、写作方面可取的经验吸收进来,这需要很好地研究。对过去的方法需要作全面研究,我觉得这样做要求是很高的。高明的老师可以这么做,能够运用自如,一般的老师做起来可能困难大一些。这个拼盘怎么拼,拼得好,既好看又好吃;拼不好,效果自然相反。所以希望同志们都来当高明的老师,在实验方面作出新的贡献。第三对关系是实验当中各个环节的关系。如拼音、说话、阅读、识字、写作之间的关系。先教拼音、直呼音节,真正掌握了拼音,然后大量阅读,再进行说话写话的训练,通过这些训练,把识字教学、阅读教学、写作教学等贯串在一起。现在一般的做法都是这样,但是各个环节要配合得很好,那还是不容易的,有必要进行深入的研究。

最后,谈几个具体问题。第一是加强领导问题。实验工作确实很重要,要把实验搞好,首先要加强领导,包括领导思想的转变,具体措施有力。为了搞好实验,国家教育委员会和中国文字改革委员会紧密配合,把这件事情抓起来了。我们交换过意见,以国家教委为主,文改会尽可能配合。现在国家教委在北京会议上提出要落实到初教司、教育科学研究所等单位。有些省市已经成立了实验领导小组,听说山西也准备成立实验领导小组,这是很重要的。因为有了领导小组以后,这项实验才能更有计划、有步骤地进行。这次"注音识字"研讨会的召开,充分说明山西对这项实验活动加强了领导,也说明教育厅、教研室的同志重视和支持这项实验。如果成立一个领导小组,这项实验就一定会搞得更好。领导小组应从上到下设立,这样才不至于架空。

第二是师资问题。实验工作要进一步开展,师资普遍跟不上。实验中最重要的问题是老师问题。怎么办? 我们同国家教委交换意见,认为还是层层培训为好。中央可以继续举办培训班、研究班,但是数量毕竟很少,远水解不了近渴,一下子不能适应大规模实验的需要。省里、地区和县里都要培训师资,最重要的还是县里就地培训或者是两三个县联合培训。指导实验的老师,一般要先培训一下,最基本的内容要掌握,如实验的意义,具体的做法等,大体上都让老师有所了解,心中有数,这样才能很好地发挥实验班老师的主动性和积极性。师资培训方面,除了教师进修学校的这个系统外,还要尽可能地发挥师范学校,包括师范大学、教育学院等院校的作用。现在有些地方,还没有把这些学校吸收进来,让他们也参加实验活动,他们的力量还没有充分发挥出来。就山西来说,山西大学、师范大学、教育学院以及几所师专,力量恐怕没有充分发挥出来。还要充分发挥有教学经验的各学校老师的作用。培训并不是一次就完了,两三年之后还可以办一两期研究班,让搞实验的老师在一起共同讨论、研究一两个月,实际上也是互相培训,进一步提高,这样才能把实验不断推向前进。

第三是教材问题。教材问题是实验当中很重要的一环。全国没有统一的教材,这怎么适应各地实验的需要呢? 国家教委本来想指定教育科学研究所和人民教育出版社负责编一套统一使用的实验教材,但是有困难,什么时候编出来,编出来能不能适应需要,都不好说。全国语言和方言差别很大,要求不一样,所以说全国的教材不好编。可以研究一下,能不能以黑龙江那套教材为基础,吸收其他地区比较好的教材,统编一套试用教材,看来目前还不大能够落实。现在有的地区用统编教材,适当吸收黑龙江教材,自己再补充一些,山西有些地方就是这么搞的,这是一条新路子。还有一条路子,就是以黑龙江教材为主,参照其他教材包括统编教材在内。有的是完全自编,如上海、广东、福建等地。看来不能等统编教材了,还是自己先找出路,研究一下如何解决。

第四是读物问题。这很复杂,也不是一下子能够解决的。山西的《小学生拼音报》编得很好,可以先用它,北京、上海的拼音报也都办得不错。有几家出版社最近出了一批拼音读物,但是发行很不方便,买不到,书也比较贵,这要靠出版社赔钱来解决不可能,恐怕得另想办法。听《小学生拼音报》的同志说,他们准备再编一本拼音杂志、一本画刊。对此,我们是赞同的。这是好事,为少年儿童提供必要的拼音读物,创造学习条件,我们支持,相信大家也会支持。

第五是学制问题。刚才谈了，很复杂，我们同国家教委交换过意见，教委有初步设想，现在实验暂时不涉及学制问题，因为太复杂了，实验的目的还是围绕减轻学生负担，培养学生能力，开发学生智力，提高学生的语文水平来进行，以后可能会涉及学制问题，但现在还不行。当然，有些地方也在研究这个问题。有两种办法：一种是提前毕业，参加毕业班统一考试，并参加初中考试，考上的念初中；考不上的再念普通班，继续提高。还有一种是三年实验以后，后两年进一步提高语文水平，包括初中的一些语文知识，还是围绕着培养实际能力。这些问题还需要进一步研究，不是一个地区能解决的，要通盘考虑。

第六是加强对实验的研究问题。希望在整个实验中加强研究，这一点，万荣是做得不错的。只有加强教学实验研究，才能提高教学水平，这对提高老师自己的水平也很重要。

第七是经费问题。普遍反映实验班没有一定的经费，对此，我们只能这么说：在教育经费比较困难的情况下，希望各个教育行政部门能够给这项实验适当地拨一点儿经费，有条件的多给一点儿，没有条件的少给一点儿，总要给一点儿嘛。实验总是要有条件的，应该提供最必需的人力物力。有的地方条件好，一下子给几万元，大部分地区没有这个实力，只能要求提供最必要的条件。还可以争取各方面的支持，采取各种渠道解决。我建议这次会议开完以后，向省里写一个报告，把会议情况和问题汇报一下，请求支持。你们应该主动地向领导汇报、请示，争取领导的支持。要实事求是地汇报，不要讲得神乎其神。我知道，教育经费是很紧张的，尽管这几年有所增加，但总不够。第一，各级真正重视教育还要有一个过程；第二，国家经济还有困难，因此，我们要争取各方面的支持。

我们国家经历了发展时期，也经历了挫折时期，现在又进入复兴时期。大家都很清楚，国家是大有希望的，教育事业大有希望，国家的现代化建设大有希望！教育战线的同志都深深感到，在这样的大好形势下，自己的责任是重大的。希望大家在已有成绩的基础上更上一层楼，把“注音识字、提前读写”实验进一步开展起来，而且扎扎实实地进行下去。前面说过，山西省尤其是运城地区搞这项实验有较好的基础，有一批老的积极分子，老的骨干，也有一批新的积极分子，包括在座的老师们，希望你们能够创造新的经验，总结出一套比较全面、系统的语文教学改革经验，向其他地区推广。过去我们的工作没有做好，没有同先进地区、先进单位保持经常的联系，这是应当改进的。这次看到你们在继续前进，感到十分高兴！这次会议的顺利召开，就是你们的实验工作进入新阶段的标志。预祝同志们取得更大的成绩，希望大家做出更大的贡献！

原载《教学研究》1982 年第 2 期

吕叔湘先生与当代中国的语言规划

  吕叔湘先生是享誉国内外的语言学大师,是我国现代语言学的开拓者与奠基人之一,也是当代中国语言规划的积极参与者与领导者之一。在近半个世纪里,他从国家和人民的利益出发,十分关注我国社会语言生活和语言规划工作,并将语言研究与语言应用紧密结合起来,在语言本体规划和语言地位规划方面做了大量工作。他具有科学的语言规范观,积极投入语言规划实践,参加各个时期的语言规划活动。他还重视语言规划科学研究和语文知识普及,发表相当数量的有关论著,并且重视专业人才培养和专业队伍建设,从学术和人才等方面支持我国语言规划工作。作为著名学者、社会名人和学术机构学术团体的领导人,他还与国家语言规划的职能部门中国文字改革委员会以及后来的国家语言文字工作委员会密切协作,在语言规划工作中充分发挥作用,对当代中国的语言规划作出了重大的贡献。

一

  语言规划是一项庞杂、艰巨的系统工程,吕叔湘先生深知这项工程关系到国家、社会乃至子孙后代的利益,应当认真做好。而要切实做好这一意义和难度同样很大的工程,需要有正确的语言规范观作指导。从吕先生的论著、随笔、散论、谈话等有关语言规划的论述中,可以看出先生在语言规划问题上,具有科学的语言规范观。这些语言规范观表现在：

（一）认为语言必须规范，语言规范要有明确的标准。这是吕先生语言规范观中最主要的观点。作为一位著名的语言学家和语文教育家，他认为语言作为人类社会的交际工具，必须满足社会交际的需要，同时它在社会交际中又会发生变化与变异，这就要求我们对语言及其应用必须进行一定的规范。吕先生在《现代汉语规范问题》这篇重要论文中指出："语言是人们用来交流思想的工具，必须有一个共同的标准，才能使人们正确地互相了解。……我们所需要的是一种高度发展的语言，我们所需要的是一个统一的、普及的、无论在它的书面形式或是口头形式上都具有明确的规范的汉民族共同语。只有这样一种民族共同语才能够胜利地担当团结人民、发展文化、提高人民文化水平的重要任务。……无论从哪方面看，我们都需要有一个规范明确的、普及各地区的民族共同语。再说，我国是一个多民族的国家，汉语已经成为民族间交际的语言；同时，我国的国际地位日益重要，汉语也已经成为国际间重要语言之一。要更好地完成这些方面的任务，必须首先使汉语本身的规范明确起来。"在同一篇论文中他还指出："正如一切自由都有限制一样，语言的使用也不可能有绝对的自由。写文章和说话可以有种种自由，可是不能有'不通'的自由，这是语言作为人类社会交际工具不可避免地要产生的限制。"又说："语言是发展的，所以语言的规范也不可能一成不变。"在《普通话基础方言基本词汇集》序言里他说："一个民族或一个统一的社会，必须有一种共同的语言，才便于相互交际，促使社会的进步和发展。这个事实，在我们建立社会主义市场经济和信息时代到来的今天，显得更加重要和突出。因此，研究如何更好地建设高度规范的共同语，就是语言工作者责无旁贷的任务。给语言建立明确的科学规范，并将这种'规范'努力推广，就是促进语言健康发展和高度统一最重要的手段。"吕先生的这一观点，在其他的著作、文章中也有所表达,可见他对语言必须规范和语言规范标准的重视。

（二）主张语言规范要求实、稳妥。翻开《吕叔湘全集》,在有关语言规范的论著中,吕先生一再强调,语言规范是一项复杂、艰巨的任务,它涉及社会生活和语言生活诸多因素,对语言及其应用进行规范,必须坚持实事求是和积极稳妥的态度,才能取得实际效果,达到规范的目的。在《现代汉语规范问题》一文中,吕先生强调指出:"我们认为规范化只是把语言里没有用处的东西淘汰掉,一切有差别的语言形式,不论是在词汇方面还是在语法方面,不论是在基本意义方面还是在修辞色彩方面,都必须保存下来。语言规范化与文体多样化是不矛盾的,和个人风格也是不矛盾的。"在同一篇文章中还说:"拿汉语规范化这个问题来说,就是一个内容十分丰富的问题,包含很多可以讨论的题目。语言能否进行规范化,是曾经有人怀疑过的,现在这种怀疑是基本上消除了。虽然如此,对于规范化各方面的工作,哪些该做,哪些能做,以及怎样做,恐怕也未必意见都一致,完全可以展开讨论。"而在《四方谈异》(《吕叔湘全集》第六卷)中,吕先生更是明确地指出:"普通话为全民族服务,方言为一个地区的人服务,这种情况还会继续很长一个时期。在不需要用普通话的场合,没有必要排斥方言,事实上也行不通。甚至'只会说普通话的人,也要学点各地方言,才能深入各个方言区的劳动群众[①]。'但是这不等于提倡用方言。比如用方言写小说,演话剧,偶一为之也无所谓,可不必大加推崇,广为赞扬,认为只有用方言才'够味儿'。普通话也挺够味儿的。""我们现在不能再满足于'蓝青官话',而要求有明确标准的'普通话',不能再满足于这种普通话只在某一阶层的人中间通行,而要求它在全民中间逐步推广,这都是我们的时代和我们社会的性质决定的。"对汉语规范化和推广普通话持这种观点,对待汉字简化,吕先生也认为要求实、稳妥。他在《文字改革》一文中较早就指出:"有些同志对汉字简化有一种片面的想法,认为简化的字越多越好,笔画越少越好,不但是十笔以上的字全得简成十笔以下,就是原来已在十笔以下的字也要减它一笔两笔。这种想法之所以是片面的,因为只看到文字需要简易,忘了文字也需要清晰,还需要稳定。"

(三)认为语言规范需要大众参与和坚持不懈。在长期从事语文工作和参与语言规划活动中,吕叔湘先生深深感受到,语言规范关系到社会各行各业,是政府行为与社会行为相结合的重要工作,不是少数人所能做好的,而是需要社会大众积极参与,并长期坚持不懈地付诸行动,才能完成语言规范这个任务。1985 年我们在起草全国语言文字工作会议的主题报告时,多次向吕先生请教并讨论有关的问题。在谈到20 世纪 50~60 年代的语文工作时,吕先生说:当时的汉语规范化、文字改革和推广普通话等之所以取得那么大的成绩,除了中央的正确领导、支持,重要的一条是广大群众的积极参加和坚持不懈地工作,这要很好地总结。我们听取了吕先生这个意见,并写进了主题报告中。在《社会主义建设和语文工作》一文中,吕先生说:"标准语的规范化工作和推行工作是社会主义建设中有重要意义的一环,是我们文化生活中的一件大事,而且是一个长期的工作。在这里边,每一个使用汉语的人,尤其是知识分子,都有一份工作可做,也都有一份责任要尽,我们必须群策群力地把这项工作做起来。""我们必须使语言规范化变成一个社会运动,群策群力地来进行,才能早日完成这个光荣的任务。"在1990 年举行的"普通话与方言问题学术讨论会"的发言中,吕先生说:"拨乱反正以后,恢复推普工作,采取稳扎稳打的方针,我想是对的。推广普通话是一项艰巨而细致的工作,不是搞运动的方针所能见效的。……普通话的普及是一种渐变的过程,不可能是一种突变的过程。"在《错字小议》一文中提出:"天天看书看报,天天看见错字。……让所有写稿子的、编稿子的、排字的、校对的,乃至于广大读者,联合起来,向错字宣战! 并且把号召变成行动!"1981 年在"高等院校文字改革学会成立大会"讲话中,吕先生更明确地指出:"文字改革本来是以一个文化运动的面貌开始的。由一个国家机构来实施这个政策,就是文字改革委员会。但是如果光有这样一个机构,没有群众中积极分子的配合,工作就很难做好,就会慢慢地变成一种'机关工作',办些例行公事,收不到多大实效。"

（四）认为语言规范要在科学研究和认真讨论的基础上进行,这是做好语言规范的重要基础,应当认真做好这些工作,促进语言规范化工作不断向前发展。在《现代汉语规范问题》中吕先生说:"有人说,'应该从发展上看问题'。是应该从发展上看,但是要结合汉语发展的整个方向来看,不能孤立地看每一个'发展'。不是每一个变动都是发展。……兼收并蓄既不合于规范化原则,就不得不要求他们钻研汉语发展的内部规律,用来做权衡取舍的根据。所有关心祖国语言的健康发展的人也都应该参加这类问题的研究和讨论,这对于规范的确定是会有帮助的。"在这篇论文中吕先生还说:"语言学家应该研究语言的规范,并且通过这种研究促进语言的规范化。……为了语言使用者的利益,对于语言的规范进行整理,把明确的肯定下来,使不明确的明确起来,减少分歧,增加一致,并且通过教育和宣传扩大规范的影响,这就是语言规范化的工作。""语言规范是人们在实践中逐渐形成的,规范的模糊或分歧不是出于偶然,因而规范的整理也不能草率从事。武断和教条是不能解决问题的,需要的是虚心和谨慎,勤恳的调查,耐心的研究。要能够从语言实际中找出信而有征的规律,人们才会乐于接受。"

此外,吕先生还认为语言规范要重视调查,要发挥人们的主观能动作用。吕叔湘先生的上述语言规范观无疑是科学、正确的,是合乎我国的语言及语言生活实际的,对指导当代中国的语言规划工作有重要意义。

二

从 20 世纪 50 年代初开始,吕叔湘先生即积极投入当代中国语言规划的实践之中。他担任同语言规划有关的各种重要职务,参与研究、制定国家语言政策和重要的语言文字规范标准,参加各个时期的语言规划活动,与国家语言规划的职能部门中国文字改革委员会及以后的国家语言文字工作委员会密切协作,做了大量的实际工作,在当代中国的语言规划中发挥了重要作用,作出了重大贡献。

(一)从 20 世纪 50 年代到 90 年代,吕叔湘先生先后担任同语言规划有关的各种重要职务,积极促进我国语言规划的健康发展。吕先生担任这方面的职务主要有:1954 年兼任人民教育出版社副总编辑;1954 年 3 月任《宪法》起草委员会语文顾问;1954 年 7 月任中国科学院语言研究所副所长;1954 年 11 月任中国文字改革委员会委员,11 月任语言研究所代所长;1955 年 1 月任中国文字改革委员会词汇研究部主任,3 月任《中国语文》杂志常务编委,5 月任中国文字改革委员会《中国大辞典》编纂处副主任,10 月任中国科学院词典计划委员会委员;1956 年 1 月任中央推广普通话工作委员会委员,3 月任词典计划委员会词典编辑室主任兼《现代汉语词典》主编;1957 年任中国文字改革委员会汉语拼音方案委员会委员;1962 年 9 月任中国文字改革委员会《汉字简化方案》修订小组成员;1963 年 10 月任语言研究所所长;1978 年 1 月任复刊后的《中国语文》主编;1979 年 6 月任全国人大法制委员会委员,12 月任全国中学语文教学研究会第一任会长;1980 年 3 月任新组建的中国文字改革委员会副主任,6 月任语文出版社社长,10 月任新成立的中国语言学会会长;1982 年 12 月任语言研究所名誉所长;1983 年任全国"注音识字、提前读写"研究小组组长;1984 年 8 月任中国文字改革委员会顾问;1986年1月任国家语言文字工作委员会委员;1988年任《现代汉语大词典》编辑委员会委员,又任中国少数民族双语教学研究会名誉理事长;1992年10月任中国辞书学会顾问,12月任中国语文报刊协会顾问。凡是跟吕先生共事的人都知道,吕先生担任这些职务认真负责、尽心尽力,为我国语言规划的进行与发展,尽到他的最大力量! 这使我想起了1983年上级调我到中国文字改革委员会工作时,吕先生对我说:"文改工作很重要很实际,你去到那里以后,不管担任什么职务做什么工作,都要认真做好,尽自己最大的热情和力量去工作。"

(二)在语言规划实践方面,吕叔湘先生还参与国家语言政策和语言文字规范标准的研究与制定。20世纪50年代,吕先生多次参加中央或有关部门召开的关于加强汉语规范化、进行文字改革、推广普通话和民族语文工作的会议,参与这方面政策的研究与制定。最重要的是参加1955年由教育部和文改会联合召开的"全国文字改革会议"的筹备,和同年由中国科学院召开的"现代汉语规范问题学术会议"的筹备与组织,参与文字改革和现代汉语规范化方针政策的制定;20世纪80年代多次参加新时期语言文字工作方针政策的讨论与制定。在这两个时期语言政策问题讨论中,吕先生都发表了很好的意见,被当时制定的语言政策所吸收。如在现代汉语规范化中,吕先生提出要明确文学语言的规范标准,要重视词汇、语法规范,要编纂规范性词典,要正确处理语言规范化与语言发展及个人风格的关系;要认真纠正报刊语言文字的错误,要重视中小学语文教学等。在推广普通话问题上,吕先生提出要促成标准语的确立和普及,要重视学校推普,发挥中小学和各级师范学校的推普作用,要重视并发挥电台广播员、电影和话剧演员的作用,要开展普通话审音工作等。关于推广普通话,1984年胡乔木同志曾告诉我:1982 年在起草新《宪法》的时候,一些人士曾提议将推广普通话作为基本国策写入《宪法》,提议人也有吕叔湘先生,这一提议被起草委员会接受,正式写入 1982 年的新《宪法》。在制定新时期语言文字工作方针任务时,吕先生提出要认真总结过去语文工作的经验教训,要加强语言信息处理的研制与管理,要重视并加强语言应用与语文规范的科学研究工作等。吕先生的上述这些重要意见,对 50 年代和 80 年代两个时期制定语言政策和语文工作方针任务产生了积极的影响,有的被有关的文件直接吸收。

从 50 年代到 90 年代,吕叔湘先生还参与重要的语言文字规范标准的制定,如《第一次汉字简化方案》《第一批异体字整理表》《简化字总表》《汉语拼音方案》《汉语拼音正词法基本规则》《标点符号用法》《普通话异读词审音表》等,其他有些语言文字规范标准,吕先生也间接参加制定。

(三)参加某些重要文件稿本的语文修正工作,如 1954 年 3 月被《宪法》起草委员会聘请为语文顾问,从 3 月初开始,与叶圣陶、钟敬文等每天开会研究,专注修正宪法初稿、草稿的文字,提出详细意见,提交以邓小平为主任的《宪法》起草委员会讨论,并参加《宪法》草案的最后修改及关于《宪法》起草报告的修改,中央主要领导人经常听取意见并参加讨论,直至 9 月 14 日才告完成。后来还参加新《宪法》及其修正案的文字修正工作,还参加其他一些重要文件,如 1958 年周恩来在全国政协会议上所作的报告《当前文字改革的任务》,1956 年国务院《关于推广普通话的指示》,1955 年召开的"现代汉语规范问题学术会议""全国文字改革会议"和 1986 年召开的"全国语言文字工作会议"一些主要报告和文件,及《人民日报》重要社论《正确地使用祖国的语言,为语言的纯洁和健康而斗争》(1951)、《为促进文字改革、推广普通话、实现汉语规范化而努力》(1955)等的修改,在语言规划的实践和语言规范化方面作出了贡献。

（四）经常参加与语言规划有关的各种工作会议和学术会议，如关于汉语规范化、推广普通话、文字改革、汉语拼音化、语言信息处理、语文教学和对外汉语教学、术语规范、翻译问题、语文现代化、语言文字工作、民族语文问题和民族语文工作等会议，广泛讨论、研究语言规划问题，积极促进语言规划工作。

（五）积极支持、促进成立与语言规划有关的学术团体，并在有些学术团体中担任领导职务，指导并发挥学术团体在语言规划中的作用。吕先生支持、促进成立与语言规划有关的学术团体，如中国语言学会、中国少数民族语言学会、中国应用语言学会、中国辞书学会、中国语文现代化学会、中国少数民族双语教学研究会、世界汉语教学学会、中国对外汉语教学学会、中学语文教学研究会、小学语文教学研究会、中国语文报刊协会等。

三

吕叔湘先生十分重视语言规划的科学研究，并发表和出版相当数量的有关论著，他同时非常重视普及语文知识和专业人才的培养，在这些方面倾注了许多心血，做了大量的工作，从学术和人才等方面支持我国语言规划工作。

（一）对当代中国语言规划的有些重要问题，吕叔湘先生都认真进行研究，并发表和出版有关的重要论著。

在现代汉语规范方面，他发表和出版的论著主要有：《语法修辞讲话》（与朱德熙合作）、《现代汉语八百词》（主编）、《现代汉语词典》（前期主编）、《现代汉语规范问题》（与罗常培合作）、《谈谈现代汉语规范化工作》《汉语规范化问题大可争鸣》等，还有一批评论语言应用和纠正语言使用混乱的短小精悍的文章,如《语文常谈》和《未晚斋语文漫谈》中的一些文章。《语法修辞讲话》连载于 1951 年的《人民日报》,1952 年出版单行本。书中全面、系统地讲解现代汉语语法修辞知识,并联系语言应用实际,从语法、修辞、逻辑等角度分析语言应用中普遍存在的病句,说明哪些格式是正确的、好的,哪些格式是不正确的、不好的。本书内容充实,写法深入浅出,对当时及以后的社会语言应用和语言规范影响很大。《人民日报》在开始连载这部著作的同时,发表了题为《正确地使用祖国的语言,为语言的纯洁和健康而斗争》的重要社论,在全国掀起了学习语法修辞、重视语言规范的热潮。这部著作对现代汉语规范化作出了重大贡献,对后来的语言规范化产生了深刻影响。《现代汉语词典》是 1955 年"现代汉语规范问题学术会议"确定编写的任务,它以词汇规范为目的。吕先生是这部词典的前期主编,从组建编纂机构,建构全书框架,草拟发凡体例,全面搜集资料,到拟定词条、具体编写,他都认真组织并亲自动手,胜利完成《现代汉语词典》初稿的编写。词典主编后来由丁声树先生接任,经过多年的精心编写、反复修改和细细打磨,直到 1977 年才告完成。这部词典已经发行 4000 多万册,影响了上亿人的语言学习与使用,成为现代汉语词典的范本,对汉语规范化的影响深远。《现代汉语词典》经过时间和读者的检验,其历史地位和实际作用应当充分肯定。但是语言在变化,社会在发展,读者的要求在提高,词典需要修订得更好,并且编辑、出版《现代汉语大词典》,以满足广大读者的需要,并完成吕先生的心愿!《现代汉语规范问题》一文,是吕叔湘先生与罗常培先生合写的"现代汉语规范问题学术会议"的主题报告。报告集中论述了现代汉语规范化的意义、对象、标准、做法以及民族共同语的形成,语言规范化与语言发展、个人风格,语言规范化与语言学家的责任等问题,内容实际,论述深刻,是一篇学术性和实用性很强的现代汉语规范化的纲领性文件,对语言规范化有重要的理论意义和指导作用。吕先生还具体指导《暂拟汉语教学语法体系》的研制,这个语法体系经教育部批准在全国使用,对中学语法教学和现代汉语语法规范影响颇大。此外,吕先生还主编我国第一部语法词典《现代汉语八百词》,这部书在现代汉语规范化中也发挥一定作用。

在推广普通话、文字改革、制定推行汉语拼音方案方面,吕叔湘先生发表了《认真推广普通话》《在普通话与方言问题学术讨论会上的发言》《文字改革》《字形规范问题答客问》《在汉字问题讨论会上的发言》《汉字和汉语拼音的比较》《汉语拼音方案浅说》《(汉语拼音方案)是最佳方案》《拼音字母有哪些用处?》《"注音识字、提前读写"实验的重大意义》等。这些文章对推广普通话、文字改革、推行汉语拼音方案等的意义、作用、做法、应当注意的问题,以及相关的问题,进行认真分析与论述,深入浅出地把问题说透彻,在语言规划中发挥了积极作用。

(二)吕叔湘先生经常关注社会用语用字,十分重视普及语文知识和培养语文专业人才,在这些方面花费了许多心血。他平时读书、看报,很自然地注意书报上对词语、文字的使用,发现问题随手记下,并写成文章分析、纠正。他还写了大量普及性文章,结合语文生活实际,从正面简明扼要地介绍语文知识,帮助读者提高语文水平。这两类文章、读物,主要收在《吕叔湘语文论集》《语言和文字》《语文常谈》《语文杂记》《未晚斋语文漫谈》《语文散论》几个专集里。这些文章大多短小精悍,分析细致入微,知识十分精当,对读者尤其是青年读者学习、掌握语文和正确使用语文很有指导意义,在语言规范化中收到较大的实效。

(三)在培养语言专门人才和语言规划专业干部方面,吕叔湘先生也做了大量工作。1954 年 2 月,吕先生就同当时任中国文字改革研究委员会委员兼语言研究所副所长的叶籁士"讨论语言工作干部的培养问题","拟分下列项目定计划:(1)十年内的语言工作干部;(2)需要干部人数和规格;(3)现有基础;(4)如何培养——机构、师资、教材等"。"此后,多次与有关同志讨论干部培养问题"(据《吕叔湘全集》十九卷《吕叔湘生平事略》)。1956 年教育部和中国科学院语言研究所共同创办普通话语音研究班,为推广普通话和普查汉语方言培训专业人才。从 1956 年到 1960 年共举办 9 期(1959 年以后中国文字改革委员会参加合办),培养语言和语言规划专业干部 1666 名。在创办普通话语音班过程中,吕先生付出了很多精力,起到至关重要的作用。吕先生亲自到研究班讲授汉语语法知识与语法研究,扩大学员的视野。吕先生还到处呼吁并大力支持地方举办普通话培训班,在有条件的大学设置语言专业,开设语言文字课程,培养语言专业和语言规划人才。正是由于从 20 世纪 50 年代开始就重视对语言与语言规划专业人才的培养,才在我国较早地建立了一支有较好素养的语言规划专业队伍,为当代中国语言规划的进行创造了最基本的条件。

吕叔湘先生对当代中国语言规划的贡献是杰出的,留给我们的宝贵财富是丰富的,我们应当认真学习吕先生对我国语言规划的那种科学求实和锲而不舍的精神,将我国语言规划工作继续推向前进!

附　注

① 这句话引自周恩来《当前文字改革的任务》。

参考文献

全国文字改革会议秘书处《全国文字改革会议文件汇编》,1955 年。
现代汉语规范问题学术会议秘书处《现代汉语规范问题学术会议文件汇

编》,科学出版社,1956 年。

全国语言文字工作会议秘书处《新时期的语言文字工作——全国语言文字工作会议文件汇编》,语文出版社,1987 年。

费锦昌主编《中国语文现代化百年记事》,语文出版社,1997 年。

吕叔湘《吕叔湘全集》,辽宁教育出版社,2002 年。

原载《中国语文》2004 年第 5 期

胡乔木同志对语言文字工作的特殊贡献

——怀念乔木同志

　　我的岁数还不太大,却很怕写纪念性文章;这实在是件忧伤的事,我不愿有那些伤心事发生。然而令人悲哀的事偏偏发生了,我深深敬重的乔木同志过早地离开了我们! 1992 年我在日本讲学期间,听到这个不幸的消息时,不敢也不愿相信这是真的。1993 年我回国后,有两三家杂志要我写纪念乔木同志的文章,我也想这样的文章应当写,因为从 1983 年到 1991 年的近十年时间里,在工作中跟乔木同志有较多的接触,得到他许多指导和教诲;乔木同志既是我的一位好领导,又是一位关心、帮助过我的忠厚长者,我真诚地感谢他敬重他! 后来考虑乔木同志是一位重要的政治人物、大学者,而我是一个普通百姓,是比他小20 岁的后学,我写纪念他的文章似乎不大合适,也就迟迟没有动笔。文章虽然没有写出来,但内心总不平静,怀念之情时时油然而生。现在,经中央批准,乔木同志的故乡——江苏盐城市要在 6 月 1 日为他举行塑像揭幕仪式,这是纪念乔木同志最隆重的活动。在这样的时候,我理应写一篇文字,讲述乔木同志对语言文字工作的特殊贡献,同时借以表达深切怀念乔木同志之情,也让逝者知道他生前的这个小辈朋友在思念他!

　　我在青年时代曾经读过乔木同志的重要著作《中国共产党三十年》,觉得那本书写得简明、深刻,让人读后对中国共产党艰苦卓绝奋斗的历史有较清晰的认识,并会产生无限崇敬之情。那时只知道乔木同志是一位理论家,而不认识他。即使他任中国社会科学院院长、我当社科院语言所副所长期间,也只是在一些会议上见过面,从没有单独谈过话。1983 年初文改会的老领导病倒了,代管单位社科院调我到文改会负责日常工作,而时任中央领导的乔木同志对文改工作一直非常关心和支持,从此以后,我跟乔木同志也就有了较多的联系。

在跟乔木同志的接触交往中,他给我的印象是待人诚挚,感情丰富,思想深沉,不苟言笑,作风稳健,生活简朴,工作细致,说话缓慢,语言简练而富有哲理。随着时光的流逝,对乔木同志的这种印象愈来愈深刻,它将永远留在我的记忆之中!

乔木同志是一位知识渊博的理论家、哲学家和历史学家,也是一位对语言文字工作作出特殊贡献的语言文字学家。他尊重知识,爱惜人才,关心和尊重知名学者,在学术界结交了许多朋友。就语言学界来说,他同吴玉章、黎锦熙、罗常培、王力、吕叔湘、丁声树、季羡林、罗竹风、叶籁士、陈原、倪海曙等都有交往。有人说,乔木同志的学术素质很好,这方面的灵性很高,如果专治学问,肯定是一位成就卓著、出类拔萃的大学问家。这话是有根据有道理的。

对语言文字工作,乔木同志一贯十分重视和大力支持,对语言文字问题有较多的研究,并有深刻、独到的见解。50 年代,他主持撰写《人民日报》重要社论《正确地使用祖国的语言,为语言的纯洁和健康而斗争》,部署《人民日报》同时连载吕叔湘、朱德熙的长文《语法修辞讲话》;支持、策划召开"全国文字改革会议",在闭幕式上作总结发言,并任中国文字改革委员会委员,为促进文字改革和推广普通话做了许多工作。紧接着他还支持、策划召开"现代汉语规范问题学术会议",在会后同与会代表的长篇谈话中,对现代汉语规范化的一些原则问题发表了很好的意见。两个大会之后,他又策划、安排《人民日报》发表题为《为促进文字改革、推广普通话、实现汉语规范化而努力》的社论。这是一篇高水平的文章,对当时我国的语言文字工作起到了重要指导和积极促进的作用。尤其是文字改革、推广普通话和现代汉语规范化处于低谷、困难时期,乔木同志总是站在高处,多方支持这方面的工作,这更显示他的特殊作用和杰出贡献。

进入 80 年代以后,乔木同志为恢复、发展文字改革、推广普通话和现代汉语规范化工作,组建文改会几届领导班子等,花费了不少精力。他多次在文改会全体委员会议和有关的会议上发表重要讲话,深刻总结历史经验,指出这方面的工作要适应新时期实现四个现代化的需要,工作不能故步自封,不能搞老一套,要有新内容新路子,让人们感到这方面的工作跟社会、科技的发展息息相关,要争取社会各界的更大支持。他积极支持 1984 年 10 月在北京怀柔召开的文字改革工作座谈会,要求会议认真总结过去文改工作的经验教训,讨论在新时期如何更好地开展文改工作。会议期间,他生病不能到会,但在他家里认真听取我们对会议情况的汇报,并提出几点意见,要我向会议传达。为表示对会议的关心和对他讲话的负责,他在病中特意给与会代表写了一封亲笔信。信中指出:"文字改革工作的继续前进,需要向社会各方面作有说服力的耐心而持久的宣传,不能求成过急。语言文字是全社会的交际工具,社会各界人士对语言文字使用的习惯和看法不同,这是我们必须承认的客观事实。至于对语言文字应用规范的确定和对新字的审定,这是一项不可避免的工作,是一切文明的国家民族都不能不进行的,这也是任何人所不能否认的客观事实。……由于国家在各方面要求现代化,要求高效率,要求普及初级教育和扩大中等高等教育,要求扩大商品流通和建立统一的国内市场,要求进一步扩大对外开放和国际交往,这些不可抗拒的客观趋势,终将使愈来愈多的人认识到在全国全社会范围内推广普通话(同时也就推广汉语拼音字母)和对汉字继续进行稳步改革的必要性,这是无可置疑的。"会后乔木同志还认真修改我根据他的几点意见写成的传达稿,并在"语言文字具有历史的继承性和很强的社会性,因而它是相对稳定的,同时又是逐渐演变的。我们进行文字改革,必须遵循这个规律,顺乎自然,因势利导,做促进工作,而不能违反这个规律,这样才能取得成功"这一段话及其他几处重要的地方画了着重号,批上"很好""重要"。在另一处加写这样一段话:"还有同志建议把文字改革工作改称为语言文字工作,这既表明这项工作的范围广泛,不限于改革,也免得一部分人一听说文字改革就认为文字就要改革,天天都要改革,或者认为文改会的工作就是要马上改革文字。这个意见值得我们考虑。"在"汉字在我国已有几千年的历史,有浩如渊海的文献资料,在中国人民心中扎下了很深的根,在实际应用上也发挥了很大的作用"这一段话后面加了一句:"这一定要承认。"可见那时乔木同志已经对文字改革问题进行了更加深沉的思考,所以多次严肃指出:进行文字改革要从实际出发,按科学办事,不能急于求成,不能脱离群众。这都是真知灼见,对当时的文字改革乃至后来的语言文字工作都有重要的指导意义。

1985 年到 1986 年,在研究、制定、实施新时期的语言文字工作方针任务,文改会改名为国家语言文字工作委员会,筹备召开"全国语言文字工作会议",创建语言文字应用研究所,《文字改革》杂志改刊为《语文建设》,以及废止《第二次汉字简化方案(草案)》,重新发表《简化字总表》,制定几项语言文字规范标准等方面,乔木同志发挥了至关重要的作用。他多次同文改会和国家语委领导成员谈话,指示工作,发表意见,提出建议,有时还搬出他的研究资料和卡片,跟我们讨论一些具体问题。那一时期,他多次强调:语言文字有很强的社会性和科学性,开展语言文字工作要十分谨慎,即使是改动一个字形,或审定一个字音,都要考虑到社会和科技的应用,广泛听取人们的意见,绝不能搞

"吾辈数人,定则定矣"。他明确指出:国家语言文字工作委员会是一个专业性很强的政府职能部门,它既要充分发挥行政作用,又要认真加强科学研究,忽视哪一方面都搞不好工作。他曾经风趣地说:"国家语委改变名称,工作范围扩大了,新班子开始工作时要有新面貌,不能刚登台亮相就把裤子掉了。"乔木同志这么说,实际是对我们当时工作的鼓励和鞭策。

为筹备1986年1月在北京召开的"全国语言文字工作会议",写好会议的主题报告,我们就有关的几个重大问题,如对过去文字改革工作如何评价,汉语拼音方向要不要重申,《第二次汉字简化方案(草案)》怎样处理,新时期语言文字工作的方针任务如何确定等,多次向党中央和国务院报告、请示。党中央和国务院有关领导同志都作了口头指示或书面批示。乔木同志当时任党中央政治局委员、书记处书记,直接领导我们的工作。他多次听取我们汇报,详细了解情况,同我们讨论问题,或是给我们写信,对我们请示的上述问题,他都发表重要的意见。

关于对过去文字改革工作如何评价的问题,他认为过去这方面的工作有很大的成绩,对国家的经济建设和文化建设作出了显著的贡献,这是社会公认的事实。当然过去的文字改革工作也有挫折和失误,有急于求成和对科学研究不够的缺点,"文革"中更遭受严重的破坏。"文革"后的几年,文字改革工作又得到一定恢复和发展,这除了继续推广普通话和推行《汉语拼音方案》,以及研究、整理汉字取得成就以外,还表现在"注音识字、提前读写"实验的成功和推广,以及汉语拼音在电子计算机的扩大使用等方面。

关于《第二次汉字简化方案(草案)》的处理问题,乔木同志认为这个方案不够成熟,简化字数过多,许多字简得不好,难以在社会上推行,同意先行废止。对其中较为合理、社会基础较好的那些简化字,留待以后对简化汉字进行修订时加以吸收。

关于要不要重申汉语拼音方向的问题,乔木同志赞成新时期的语言文字工作方针任务中不提汉语拼音方向问题。他认为这不是重要的,重要的是要多做研究实验、宣传推广和大量艰苦细致的实际工作,让汉语拼音在新的时期里发挥它应有的作用。为此,他在1986年"全国语言文字工作会议"闭幕式上的讲话中,用较长的篇幅专门谈了这个问题,其观点鲜明,态度诚恳,道理透彻,语言婉转,令人十分信服。

乔木同志对语言文字问题有较多较深的研究,这从上面提到的他发表的有关文章、有关讲话、有关信件,以及主持实施的有关工作,都可以看出来。"文革"中他身处逆境,仍孜孜不倦地研究语言文字问题,积累许多资料,还写出数万字的《汉字部件论》,其材料丰富,内容充实,富有新见。可惜这篇有价值的长文至今没有发表,希望以后能够问世! 1989年秋的一天,我去中南海他的临时住处看他,上午10点多钟见面后,他即让秘书搬出两盒卡片,同我具体讨论某些汉字的简化和审音问题。他的兴趣很浓,谈得十分认真、投入,以致到了吃午饭的时间还不罢休;要不是他夫人谷羽同志催着吃饭,恐怕还要继续讨论下去。

乔木同志对语言文字工作的特殊贡献,可以归纳为这样几点:(1)几十年如一日关心、支持和推动文字改革、推广普通话和汉语规范化工作,在这些方面作出了重要的贡献;(2)在文字改革和语言文字工作处于困难时,他总是站在高处,积极支持,充分发挥他的特殊作用;(3)在制定新时期语言文字工作方针任务,促进语言文字规范化、标准化方面起到了至关重要的作用;(4)直到逝世以前,一直十分重视并潜心研究语言文字问题,并在这方面取得了可喜的成果。

1983年五六月间,我从社科院正式调到文改会不久,有一天乔木同志叫我去他南长街南口的住处谈话。他住的不是深宅大院,而是一幢旧式楼房,房子已经很旧了,客厅的摆设也很简单,一点儿没有大官邸那种豪华的气派;这一切完全像房主人的作风一样,平平常常、朴朴实实的。那次见面主要谈文改会的工作。他说经历了"文化大革命"以后,文改工作刚得到一些恢复,实际上还很困难。文改会的老同志又病倒了,这就更加困难了,国家正在进行现代化建设,文改工作应当继续前进,以适应社会的需要。你到了文改会,应当正视困难,更重要的是要有信心和决心,和大家一起努力改变文改工作的局面。他还说:进行文字改革是全社会的事,一定要从实际出发,不能求成过急,要多做实事,加强研究实验,取得实际效果,让人们感到文改工作对社会有用,是客观的需要,这样才能成功。在新的时期里,文改工作要有新内容、新方法,要把推普作为首要任务,保持汉字形体的相对稳定,并加强语言信息处理工作。乔木同志的这个思路是完全正确的,实际上为制定新时期语言文字工作方针任务奠定了基础。这次谈话对我有很大的启发和指导,使我明确了应当怎样工作,增强了信心。我衷心感谢乔木同志对我的关怀和帮助!

事隔几个月,乔木同志办公室的杨秘书打电话给我,说乔木同志要找我。这次主要谈文改会领导班子的组建问题。他同意我有关报告中提的请一位老同志主持、领导文改会工作的建议。在谈话中,乔木同志还感慨地谈到:过去因为受阶级斗争为纲的影响,许多事情不按科学办事,连有些学科也被扣上伪科学的帽子而不受重视,甚至不予承认,如社会学、心理学等。这是形而上学的认识,是不正确的。乔木同志对那些学科的态度是实事求是的、科学的。听说这些学科在"文革"中受到的摧残最厉害,"文革"后是在乔木同志和其他有关同志的呼吁和支持下才恢复、发展起来的。

1986年全国语言文字工作会议之后,为废止《第二次汉字简化方案(草案)》和重新发表《简化字总表》、纠正社会用字混乱,国家语委给中央书记处和国务院写了请示报告。为妥善处理这件事,乔木同志多次同国家语委领导成员谈话。有两次还是在病房里谈的,使我们很受感动。他认为《简化字总表》总体上是好的,它的发表有其历史背景和当时的社会条件,实用效果也是好的。但总表中有少数字简得不太好,应当趁重新发表的机会加以改正,并提出拟改字的具体方案。国家语委党组和主任会议对此多次进行认真研究,认为乔木同志的意见很重要。但考虑到语言文字使用的社会性和约定性,《简化字总表》已推行20多年,人们已经使用习惯了,为保持汉字的相对稳定,《总表》中的字暂时不宜改动,但需认真研究,待条件成熟时,对过去简化的汉字进行一次总的修订;改正《总表》不大好的字,吸收"二简"中合理的字,再少量吸收社会上广泛使用、科学合理的简体字,并调整过去发表的几个字表中有矛盾的字。当时的设想是在适当的时候研制并公布一份现代汉字规范字表,稳定使用相当一个时期。我们多次向乔木同志报告上述意见,甚至同他进行争论,有时争论还比较激烈。乔木同志没有利用他的职权来压制我们,而是以一种灵活、民主的方法来处理同我们的争论。他给我写信说:"关于重新发表'总表'时改字的问题,已经讨论多次了,我不能说服你们,你们也不能说服我,那么我们就各自向中央书记处申诉吧。"于是我们又向中央报告我们的意见,乔木同志也给书记处写了一封长信,说明他的主张。最后他又给我们写信,说他理解我们的想法和意见,可以不改动那么多字,但有 7 个字必须改(就是重新发表《简化字总表》的说明里作了调整的"叠、覆、像、啰"和"瞭、馀、雠"7个字),并具体说明改这些字的理由。我们勉强接受乔木同志的意见。《总表》重新发表后,群众对改动的字有意见,尤其是"像""象"分开不易掌握,应用效果不好。从这件事可以看出:乔木同志对待工作是极其认真的,对同志是宽容的,作风是民主的,但有时也有失误。这正好说明,乔木同志也不是"完人",而是一个平常的人,有平常人的思想和作风,也有平常人的缺点和局限。

在处理废止"二简"、重新发表《总表》的过程中,有一次乔木同志把我和傅永和同志叫到北戴河去。为赶时间,我们坐硬席半夜 2 点多钟到达北戴河火车站。因为走得匆促,事先没有给乔木办公室打电话。我们想这只好在车站坐等天明,然后乘汽车去乔木同志的住处。没想到一下火车,乔木同志的秘书和司机就在站台上接我们,说这是乔木同志安排的。这使我们喜出望外,并很受感动。第二天上午,乔木同志还在发烧,并输着氧气,但他带病听取我们的汇报,并发表他的意见,有时还进行争论。过后想起这件事,我总感到内疚,觉得不应该在那种情况下同乔木同志争论,实在是对不起他。可乔木同志并不在意,仍以平常态度对待我们。在谈完工作以后,他请他的司机开车送我们去山海关参观。离开北戴河时,又请厨师帮我们买了几斤海螃蟹,让我们带回北京。这虽然是些小事,但说明乔木同志有平常人的心,有平常人的感情,有平常人的友谊!

1988 年以后,我不再担任语委的行政工作,同乔木同志也就很少见面了;偶尔他要我去他家,也只是谈论语言文字问题,或者问问语言学界他一些朋友的近况,关心他们的身体、生活和学术活动。看得出来,他那时的身体已不太好,在谈话当中有时要歇一小会儿。

1991 年初,我在赴日本讲学前,有一天上午去看望乔木同志,他的身体更不好了,脸色苍白,说话不多,声音低沉,显得十分疲乏。他说:"你去日本讲学很好。进行学术交流可以开阔学术视野,也是学者的一项任务。"临别时他握着我的手说:"你在外头要注意身体。"停了一下又说:"你回国后也许我们不能见面了。"我听后感到有些惊异,又有一些伤感。我哪里知道乔木同志患了绝症,而且已到晚期,更没有想到这次见面竟会成为永别!要是事先了解这个情况,我一定会在乔木同志身边多待一会儿,哪怕是静静地看着他,多一两分钟也好!

原载《语文建设》1997 年第 7 期

再谈乔木同志对语言文字工作的贡献
——读《胡乔木谈语言文字》

　　1997年5月，在得知江苏省暨盐城市将于当年6月1日在盐城图书馆举行胡乔木同志塑像揭像仪式时，出于崇敬和怀念乔木同志，我曾写了《胡乔木同志对语言文字工作的特殊贡献》的文章，记述我与乔木同志联系、交往中所了解的他关心、支持、指导语言文字工作的一些事实，以及我的一些真实感受。后来又参加讨论《胡乔木谈语言文字》一书的编辑问题，并仔细阅读了全部书稿，对乔木同志对语言文字工作的贡献有更多的了解和更深的感受，所以再写此文，作为前文的续篇，也是对前文的补充。

　　看了摆在我们面前的《胡乔木谈语言文字》一书后，深深感到乔木同志对语言文字工作的贡献是全面、重大的。说全面，是说乔木同志对我国语言生活十分了解，对语言文字问题很有研究，所谈涉及写作、文风、翻译、语文教学、语文评改、语言修养、诗歌押韵、词典编纂、汉字简化、汉语拼音、推广普通话、现代汉语规范化等，方面很广，谈论很深。只要粗读一遍乔木同志的这本书，便会被他丰富的语文知识和对语言文字的敏锐观察力所折服；他对语言文字的论述，内容实际，说理透彻，很有见地。毫不夸张地说，乔木同志确是一位出色的语言学家！

　　说重大，是说乔木同志以一位革命者和马克思主义理论家的胸怀和眼光，把我国的语言文字工作看成是人民的新语文建设事业，从广阔的视野观察、研究语言应用和语文问题，这些问题大多是我国语言生活中影响面较广的重大问题,如文风问题、语言修养、词典编纂、文字改革和现代汉语规范化等。同时,乔木同志常常是站在高处从深层次来论述这些问题,指出方向,阐明有关的政策,对重要问题发表意见,在党和政府制定各时期的语言文字工作方针、政策和解决重大语文问题中,发挥重要的作用。

简化汉字、推广普通话、制定并推行汉语拼音方案是我国文字改革工作中的三大任务,现代汉语规范化是我国语言生活中一件带全局性的大事,乔木同志深知这些问题与我国的社会、政治、经济、文化、教育、科技等的关系密切,因此他对这些问题给予特别的关注,发表了许多重要的谈话、文章和信件,深刻阐述合乎实际、科学、独到的见解,具体主持和积极参与研究、制定有关的方针、政策和工作计划,有力地领导和推动我国的文字改革和现代汉语规范化工作,作出了卓越的贡献。

在这些方面,有几件事值得特别重视和充分肯定。(1)中华人民共和国建国初期,由于旧中国留下来的文化、教育的落后,加上建设工作繁忙,顾不上语言文字工作,因此造成语言应用的严重混乱,影响各方面的工作。乔木同志看到这种状况,即主持撰写《人民日报》社论《正确地使用祖国的语言,为语言的纯洁和健康而斗争》,并组织吕叔湘、朱德熙写作重要文章《语法修辞讲话》,亲自报请毛主席批准后,《人民日报》于1951年6月6日发表了这篇重要社论,并开始连载吕、朱的文章,在全国范围内掀起学习语法修辞知识、加强语言规范化高潮,这在国内外是没有先例的,其影响很大,直到现在还发挥着积极作用。(2)1955年10月,全国文字改革会议和现代汉语规范问题学术会议相继在北京举行,这是20世纪50年代语言文字工作的两件大事。会议为我国的文字改革和现代汉语规范化确定了有关标准,制定了方针政策,这标志着我国的语言文字工作从此开始成为政府行为,其意义是重大的。乔木同志为策划、筹备这两次大会付出了极大的努力,并亲自在会议上作总结发言和发表重要讲话,其影响至今犹存。(3)两个会议之后,乔木同志又组织撰写《为促进文字改革、推广普通话、实现汉语规范化而努力》的《人民日报》社论。这是一篇高水平的社论,对当时及以后一个时期我国语言文字工作的发展,有重要的指导作用。1956年2月6日,乔木同志亲自撰写的《关于推广普通话的指示》由国务院发布。这两个文件的发表、发布,大大促进了普通话的推广工作。(4)我国实行改革开放以后,为恢复、发展文字改革、推广普通话和汉语规范化工作,乔木同志做了大量实际工作,并多次发表有关的讲话和文章,如文集收入的《关于当前文字改革工作的讲话》《关于文字改革工作的谈话》《继续努力,取得新的成就》《关于推广普通话的通信》等。在这些谈话和文章中,乔木同志指出:"在很长时间内,很可能是拼音文字和汉字长期并存,各用其长的局面。""对于推进我们的文改事业所存在的困难和工作的艰巨性,要有充分的认识和估计……需要做许许多多艰苦踏实的工作,才能打开局面。""文字改革工作的继续前进,需要向社会各方面作有说服力的耐心而持久的宣传,不能急于求成。"这些意见是十分正确的,有效地指导着文字改革和汉语规范化工作从低潮中逐渐恢复、发展起来。(5)在《同中国文字改革委员会领导成员的谈话》《在全国语言文字工作会议闭幕式上的讲话》,以及他所做的有关工作中,乔木同志对我国过去的文字改革和汉语规范化工作作了科学总结,对新时期的语言文字工作进行了深入思考,发表了极为中肯的意见,指出语言文字工作要多做实事,耐心宣传;要顺乎自然,因势利导,稳步前进;要充分重视并切实加强普通话的推广和普及工作,继续扩大《汉语拼音方案》的使用,加强语言文字信息处理工作,使语言文字工作很好地适应国家现代化建设的需要。这为我国制定新时期语言文字工作方针政策奠定了坚实的基础。

乔木同志是一位忠诚的革命家和杰出的理论家,也是一位学识渊博的百科全书式的大学者,他对国家和人民的贡献是多方面的,而对语言文字工作的突出贡献是其中的重要部分。《胡乔木谈语言文字》一书的出版,对我国的语言科学研究和语言文字工作,无疑将起积极的促进作用,我们将十分珍惜这部书,学习它,研究它,珍藏它!

乔木同志关于汉字问题的信件和手稿

　　1983 年我奉调从中国社会科学院语言研究所到中国文字改革委员会工作不久，前文改会副主任叶籁士同志交给我一包资料，说是关于文字改革方面的资料，要我保存。当时我没有打开看即把这包资料放进办公室的柜子里，后来一直没有动过，籁士同志也没有再问。因为我保存的资料较多较杂，而且记性不好，时间长了就记不起这件事了。所以后来傅永和告诉我，乔木同志在"文革"中曾研究汉字问题，还写出《汉字部件论》，材料丰富，很有见地，但那份资料不知在哪里。我听后也没有将这件事与我保存的那包资料联系起来。1997 年我写《胡乔木同志对语言文字工作的特殊贡献》（载《语文建设》1997 年第 7 期）时，提到乔木同志的《汉字部件论》这件事，还是据傅永和所说写的。直到 2001 年夏天，我彻底整理放在办公室的图书、资料时，才发现这包资料。打开一看竟是乔木同志的一封亲笔信和四篇手稿①，信没有抬头也没有落款，文章也没有署名，内容都是关于汉字部件和汉字简化问题。这实在是太珍贵了！真是踏破铁鞋无觅处，得来全不费工夫！不过在惊喜之余，不免深感愧疚；由于我的粗心和过失，没能早日发现这份珍贵的资料，在乔木同志生前物归原主。如果乔木同志生前得到他自己花了心血研究的这些手稿，他很可能还会认认真真地进行修改，以求更加成熟、更加完善，这是乔木同志的习惯和作风；他写东西总是深思熟虑，并一改再改，有时要改好几遍，真是字斟句酌，准确、严谨！这些手稿当时交给乔木同志的女儿胡木英保存。

　　上述乔木同志的长信和手稿谈的都是汉字问题,这是乔木同志对语言文字和语言文字工作情有独钟的具体表现。在革命年代和新中国成立初期,如同多数革命者和领导者一样,乔木同志对文字改革也比较激进。经历了"文化大革命"以后,他对我国过去的文字改革工作进行了反思,并对今后的有关工作作了深入思考,认为文字改革要顺乎自然,因势利导,稳步前进,不能急于求成;要多作研究,多做实事,多作宣传。汉字简化要有全面的观点和科学的态度,不能搞得面目全非。这都是很有见地的。这些重要而正确的观点,在"文革"后的关于文字改革工作的谈话、文章、信件中充分表现出来②。《关于文字改革的通信》和《一点建议》,以及《关于整理义旁部首的一些参考意见》《对新简化字方案草案二稿意见》《关于人名地名用字的两个字例》等文章,就是在对文字改革和汉字简化等问题进行反思后写成的。乔木同志在《关于文字改革的通信》中说:"我确信汉字的任何合理改革都必须把现有的汉字从头到尾摸几道,全面地弄清它的内在联系,抓紧它的历史发展的根本趋势,也就是说,要根据辩证法,才好对目前的种种问题和群众的种种意见作出适当的回答。'目无全牛'的办法必然顾此失彼,并且往往因小失大。"在《一点建议》中指出:"汉字的进一步简化要有全面的长远的规划。所谓全面的规划,就是要就全部汉字作一有系统的考虑。具体说来,就是要对所谓形声字的全部义旁和声旁逐一进行研究……整理的范围要及于全部通用字,只要是现在还用得到的人名地名用字、古名物字、成语用字等,以及残存的异体字和已简化而不够简或不合理的少数简化字,都不例外,这样才不至停顿在枝枝节节的解决上。所谓长远的规划,就是简化要有一定的基本原则,而这些原则应以便于机械化和利于向拼音化发展为前提。为了这一目的,要使所有简化后的汉字尽量采用组合式,组成的部件要能尽量独立成字,这些部件的形体和大小要尽量标准化、通用化,组合方式也要力求规整化。"这些观点无疑是全面、正确、重要的,是符合汉字简化的客观规律的,对深刻总结过去的汉字简化乃至文字改革工作,指导今后科学简化汉字及其他语言文字工作,都有十分重要的意义。

在《一点建议》中,乔木同志已经意识到我国新的现代化时代就要开始,强调汉字简化要适应现代化、机械化的需要。他在文中指出:"只有把汉字变成由可以分析的若干个组成单位所合成(这些组成单位和合成方式当然都是愈少愈好,反之,每一组成单位的使用频率是愈高愈好),才能迅速便利地把文字变成为光、电、声、数等各种信号,并把这些信号迅速便利地还原为文字,进而利用各种最现代化的新技术(复印远不能代表这些技术,电子计算机才能作为目前比较适当的代表)。"在 1973 年就有这样的见解,真是难能可贵,可见乔木同志作为哲学家和历史学家,具有敏锐的眼光和远见卓识。今天我们读到乔木同志的这些论述,感到格外亲切,同时也很受启发,从中悟出看待社会和事物要把握发展方向,对待文字改革和语言文字工作也应如此。

乔木同志是一位学识渊博的领导者和百科全书式的大学者,他对国家和人民的贡献是多方面的,而对语言文字工作的突出贡献是其中的重要部分。我们将很好地学习他,永远怀念他!

附　注

①　这封信收入《胡乔木书信集》(人民出版社,2002 年),编者加上的标题是《关于文字改革的通信》。《书信集》同时收入四篇手稿中的一篇,标题是《一点建议》。其他三篇手稿是《关于整理义旁部首的一些参考意见》《对新简化字方案草稿二稿意见》和《关于人名地名用字的两个字例》。

②　请参阅《胡乔木谈语言文字》,人民出版社,1999 年。

后　　记

　　这是一本论文集,是我近期研究语言规划的一些心得。其中多数是在报刊上发表过的,少数几篇未曾发表,或是提交某学术会议的论文,或是在某种场合的报告稿,或是新近写作的。因为写作的时间较长,情况和认识都有所变化,所以有的内容、观点前后不太一致。这次编集成书时,对已发表的文章的内容、观点、资料一般未作修改;有的只改动标题,有的只改动文字。书中收入的文章,按内容大致分为四部分,并在目录中加上分类标题,文章归类有的不一定准确。本书得以出版,应当感谢同行朋友的热情鼓励和商务印书馆的大力支持!

陈章太

2004 年 4 月